HUMANITIES AND SOCIETY

从道德到美德

Michael Slote

[美国] 迈克尔·斯洛特 著 周亮 译

译林出版社

图书在版编目（CIP）数据

从道德到美德 /（美）迈克尔·斯洛特（Michael Slote）著；周亮译．—南京：译林出版社，2017.10（2022.3重印）
（人文与社会译丛 / 刘东主编）
书名原文：From Morality to Virtue
ISBN 978-7-5447-6954-9

Ⅰ.①从…　Ⅱ.①迈…②周…　Ⅲ.①伦理学－研究　Ⅳ.①B82

中国版本图书馆 CIP 数据核字（2017）第 136661 号

著作权合同登记号　图字：10-2013-538 号

从道德到美德［美国］迈克尔·斯洛特 / 著　周亮 / 译

责任编辑　陶泽慧
装帧设计　胡　苨　黄　晨
校　　对　梅　娟
责任印制　单　莉

原文出版　Oxford University Press, 1992
出版发行　译林出版社
地　　址　南京市湖南路 1 号 A 楼
邮　　箱　yilin@yilin.com
网　　址　www.yilin.com
市场热线　025-86633278
排　　版　南京展望文化发展有限公司
印　　刷　江苏凤凰通达印刷有限公司
开　　本　880 毫米 ×1230 毫米　1/32
印　　张　11.125
插　　页　2
版　　次　2017 年 10 月第 1 版
印　　次　2022 年 3 月第 3 次印刷
书　　号　ISBN 978-7-5447-6954-9
定　　价　58.00 元

主编的话

刘　东

总算不负几年来的苦心——该为这套书写篇短序了。

此项翻译工程的缘起,先要追溯到自己内心的某些变化。虽说越来越惯于乡间的生活,每天只打一两通电话,但这种离群索居并不意味着我已修炼到了出家遁世的地步。毋宁说,坚守沉默少语的状态,倒是为了咬定问题不放,而且在当下的世道中,若还有哪路学说能引我出神,就不能只是玄妙得叫人着魔,还要有助于思入所属的社群。如此嘈嘈切切鼓荡难平的心气,或不免受了世事的恶刺激,不过也恰是这道底线,帮我部分摆脱了中西"精神分裂症"——至少我可以倚仗着中国文化的本根,去参验外缘的社会学说了,既然儒学作为一种本真的心向,正是要从对现世生活的终极肯定出发,把人间问题当成全部灵感的源头。

不宁惟是,这种从人文思入社会的诉求,还同国际学界的发展不期相合。擅长把捉非确定性问题的哲学,看来有点走出自我囿闭的低潮,而这又跟它把焦点对准了社会不无关系。现行通则的加速崩解和相互证伪,使得就算今后仍有普适的基准可言,也要有待于更加透辟的思力,正是在文明的此一根基处,批判的事业又有了用武之地。由此就决定了,尽管同在关注世俗的事务与规则,但跟既定框架内的策论不同,真正体现出人文关怀的社会学说,决不会是医头医脚式的小修小补,而必须以激进亢奋的姿态,去怀疑、颠覆和重估全部的价值预设。有意思的是,也许再没有哪个时代,会有这么多书生想要焕发制度智慧,这既凸显了文明的深层危机,又表达了超越的不竭潜力。

于是自然就想到翻译——把这些制度智慧引进汉语世界来。需要说明的是,尽管此类翻译向称严肃的学业,无论编者、译者还是读者,都会因其理论色彩和语言风格而备尝艰涩,但该工程却绝非寻常意义上的"纯学术"。此中辩谈的话题和学理,将会贴近我们的伦常日用,渗入我们的表象世界,改铸我们的公民文化,根本不容任何学院人垄断。同样,尽管这些选题大多分量厚重,且多为国外学府指定的必读书,也不必将其标榜为"新经典"。此类方生方成的思想实验,仍要应付尖刻的批判围攻,保持着知识创化时的紧张度,尚没有资格被当成享受保护的"老残遗产"。所以说白了:除非来此对话者早已功力尽失,这里就只有激活思想的马刺。

主持此类工程之烦难,足以让任何聪明人望而却步,大约也惟有愚钝如我者,才会在十年苦熬之余再作冯妇。然则晨钟暮鼓黄卷青灯中,毕竟尚有历代的高僧暗中相伴,他们和我声应气求,不甘心被宿命贬低为人类的亚种,遂把迻译工作当成了日常功课,要以艰难的咀嚼咬穿文化的篱笆。师法着这些先烈,当初酝酿这套丛书时,我曾在哈佛费正清中心放胆讲道:"在作者、编者和读者间初步形成的这种'良性循环'景象,作为整个社会多元分化进程的缩影,偏巧正跟我们的国运连在一起,如果我们至少眼下尚无理由否认,今后中国历史的主要变因之一,仍然在于大陆知识阶层的一念之中,那么我们就总还有权想象,在孔老夫子的故乡,中华民族其实就靠这么写着读着,而默默修持着自己的心念,而默默挑战着自身的极限!"惟愿认同此道者日众,则华夏一族虽历经劫难,终不致因我辈而沦为文化小国。

一九九九年六月于京郊溪翁庄

献给大卫·刘易斯与德雷克·帕菲特

美德与道德这两种彼此配合又相互独立的善好之间有着清晰的区别，如果没有这种区别的话，我们将很难解释如下事实。那就是，如果我们把目光从道德哲学书籍上挪开，而去观看莎士比亚作品对人类生活与行动的生动解释，我们会惊讶地发现，道德哲学的讨论与现实生活的事实之间的距离是如此遥远。

H.A. 普理查德，《道德哲学是否建立在错误之上？》

致 谢

这本书在完成过程中得到了许多帮助。第一章与第三章的一些部分曾出现在欧文·弗拉纳根与阿梅里耶·罗蒂编辑的《同一性、品格与道德：道德心理学文集》(Bradford/MIT, 1990）一书中。我要感谢马西娅·巴伦、拉里·布鲁姆、基思·坎贝尔、路易斯·波伊曼、乔治·雷伊、阿梅里耶·罗蒂、厄尼·施莱尔茨基、杰里·施内温德、南茜·谢尔曼、彼得·辛普森，并且特别感谢德雷克·帕菲特与牛津大学出版社的两位审读者，感谢他们提供的有益批评与建议。我也要感谢特里·麦基提供的文书协助。

目　录

第三部分　美德伦理学与功利主义

第四部分　偏好美德伦理学的理由

引 言

近些年来，哲学家对美德伦理学的兴趣复苏了。长久以来，伦理学被一种对对和错的关注所支配着——这种关注居于康德主义伦理学、功利主义和常识道德直觉主义的核心。但近年来，有许多人都尝试着去说明这个或那个（道德）美德的本质，去把各种不同的美德联系起来，甚至去概括性地刻画美德的概念，也就是说，去说清楚美德是什么，或，成为美德意味着什么。还有一些人主张伦理学的整个主题只有通过对（诸）美德的讨论才能得到最好的引介，而另一些人则呼唤一门能在对伦理现象的总体理论说明中驱散对对和错的关注，或者至少让这一关注处于次要或第二等地位的美德伦理学。

然而，这些对另一条进路的呼唤是否能得到任何合理的正面回应，这仍然是不清楚的。人们出于这样或那样的理由对当代伦理学的那些支配性理论、对那些在根本上对对和错的关注超过对任何其他实质性伦理主题的关注的理论的不满，到目前为止还没能引发对这些进路的系统性替代。人们所给出的大多是一些补充性的途径，也就是说，人们通过在一定程度上系统地解释"朝向正当或善的倾向性何以在道德生活中具有本质性”，来补充某种或另一种关于对和错的观点。然而，一般的美德和各个特定的美德，一旦被理解为这种倾向性，就显然只能在伦理学中具有第二性或衍生性的地位。虽然，还有一些人摆出了朝向一门真正独立的美德伦理学的姿态，但还未曾有人对（诸）美德给予足够确切的基础性或非衍生性的解释，从而使我们能看到这种建设性的伦理学构想如何能够与那些标准的伦理学构想（比如，康德主义、功利主义和常识道德直觉主义）相对立，这些构想代表了任何新的系统性的美德伦理学的最显而易见且无法避免的竞争者。在这样一种伦理学以
xiii 充分的广泛性和确切性被清晰地阐述，从而能够在各种活跃的系统性伦理理论中占有一席之地之前，更进一步地，在美德伦理学能够处理由功利主义、直觉主义和康德主义提起的各种概念和理论议题，并且拥有充足的结构以使这些概念和议题与它自身的有效性产生关联之前，关于基础性的美德伦理学进路的想法将仍然仅仅停留于一种猜测性的可能性。

在《从道德到美德》中，我为对一种确切形式的美德伦理学的一般性说明提供了基础，而这种确切形式的伦理学能充分地适应概念性/结构性的议题，并能确切说明什么可以被视为美德，从而使得我们能将它的价值与那些当前占优势的伦理学进路的价值相比较。我们的讨论既不会被纯粹的理论考虑所主导，也不会被从直观上充分地描述各种特定的美德及其样例的尝试所主导；我们将在普遍性的不同层面上运作，并试图指出在不同层面上的断言如何能在一个单一的并且相当系统性的对伦理现象的看法之下连贯起来。我还将论证，相比于我们今天最熟悉的各种伦理学主要构想，我们有理由偏爱本书中所引介的这种特定版本的美德伦理学。

一些人曾经论及，什么是或能够是一个真正的美德伦理学进路的

独特特征；在这种伦理学中，美德起着基础性作用，而非次要的或衍生性的作用；他们通常聚焦于两个特征，这两个特征或许能将一门整体性的美德伦理学与康德主义、功利主义和常识直觉主义等那些更为人熟悉的理论区分开来。他们说，这样一门伦理学将更关注有美德的个体的有美德的品格，而非这些个体的行为；他们还说，美德伦理学将奠基于善好和卓越（及其对立面）的德性论（aretaic）概念，而非诸如“应该”、“正当”、“错误”和“必须”等道义论（deontic）概念。这两个标准中的前一个标准存在棘手而有趣的歧义性，我们将在本书的后面给予处理；但就目前而言我可以说，本书所采用的进路将同时满足这两个标准。

然而，由于今天所有经过严肃考虑的伦理观都给予道义论概念以重要或核心的角色，一门恰当的伦理学要是从不使用这些概念，这看起来几乎是不可想象的。我们可以承认，一门不包含道义论概念的伦理学可以代表我们最终追寻的伦理学的一个重要**片段**，但我们无法想象一门完整的伦理学完全不用这些概念也玩得转。因此，我现在可以说，我希望能够向读者展示，道义论概念如何能够从德性论概念中衍生出来，并被运用于伦理法则和戒律中。当然，一个人也许会疑惑，衍生性 xiv
的道义论概念是否可能拥有像基础性的或独立于德性论的道义论概念那样大的感染力；但我将论证，一个对伦理现象的充分客观的解释并不需要具有这种更大的感染力的判断，我的论证将部分地基于一个与功利主义相似的想法，即我们应该把两个方面区分开来，一方面是理论上有效的伦理标准与判断，而另一方面是那些用来管理日常生活的，在实践上有用，且或许更强有力的伦理原则/法则/建议。

至少对一些人来说，关于一门独特的美德伦理学的想法已经具有显而易见的吸引力，而我相信，鉴于当下占优势的主要伦理学进路都面临的那些批评，发展这样一门伦理学的理由将变得更加强劲，甚至紧迫。近年来，伦理学领域的大量工作都聚焦于我们的常识性道德思考的悖论性特征。举例来说，我现在想到的就有内格尔和威廉姆斯对“道德运气”的处理，舍夫勒对日常道义论的怪异性和困难的讨论，以及我自己对日常道德中自我–他人不对称性导致的奇怪的甚至悖论性的后果的讨论。鉴于这些近年来的讨论以及其他已提到的因素，我在本书中将首次提出，我们可以表明常识道德以及任何将常识道德包含在内的整体性伦理观都面临着即便并非无法逾越也相当严重的困难，而我将在接下来的书中试着表明，相当类似的因素也威胁着康德主义伦理学。本书第一部分的论证之后的结果，将是我们需要改良康德主义的和常识的伦理/道德观；不过行为功利主义和（至少）一种美德伦理学并未被这些批评所触及，而既然它们仍未遭损坏，我们便值得进一步探索和评估它们，以确定它们的优点和缺点。（当然，也可以尝试着彻底地修正常识伦理学和/或康德主义伦理学，但这样做的障碍将在第一部分中被指出。）

功利主义和我想要提议的美德伦理学的一个共同点是，自我–他人的**对称性**，而这个特点正是常识伦理学和康德主义伦理学所缺失的。对后两者来说，未能帮助他人可能是错误的，然而以同样的方式未能帮助自己则似乎直观上并非错误；而且，一个人的一个行为可能因为它给其他人带来了更多的幸福而比另一个行为在道德上更好，然而，一个行
xv 为却并不因为它给行为者自身带来了更多的幸福就在道德上更好。但是，功利主义和我所提议的美德伦理学则以基本上相同的方式，既将那些对行动者的益处和害处视为是与行为的道德评估紧密相关的，也将对他人的益处和害处视为是与行为的道德评估紧密关联的；这样的结果是，它们都避免了不对称性，功利主义和美德伦理学由此以一种对于

康德主义或常识(直觉主义)伦理学来说不可能的方式安全地展开。

但是,何种类型的美德伦理学才能避免自我-他人不对称性,如果这种不对称性像我所提示的那样,以普遍的方式渗透于常识的道德思考之中?因为,如果这种渗透确实存在,那么(我想我们应该假设)常识性的道义论道德判断和常识性的德性论道德判断都受制于较弱形式的自我-他人不对称性,而这很可能意味着,一种在关于什么是道德上有美德或道德上好的方面诉诸常识观点的常识主义美德伦理学,也将像(作为一个集合的)常识性的道义论判断那样面临批评。这是否意味着美德伦理学应该放弃常识而青睐某些其他可能的进路呢?

在某种意义上,是的;然而,正如我们将看到的,在另一种意义上,毫无疑问并非如此。一方面,鉴于上面已提到的尽管尚未深究的批评,美德伦理学应该放弃常识性的德性论道德判断,但另一方面,认识到下面这一点也很重要:我们的常识性的伦理思考**使用了某些并不专属于道德方面的德性论概念**。

想一想某个美德的概念或某个值得赞赏的行动、人或特质的概念。所有这些伦理概念都是德性论的,但没有一个是和道德评价特别绑定在一起的。一个对行动者本人而言有用或有益的行为也许因此不能算作是道德上好的或拥有道德长处或有价值的,但我们仍然赞赏这样的行为,把它看作是值得赞赏的,并把它视为某种涉己美德的范例。换句话说,甚至常识也区分一方面的道德美德或能被视为道德美德的东西,与另一方面的能被视为某种根本美德(virtue ueberhaupt)的东西。粗略地说,只有那些关系到行动或特质的拥有者之外的其他人的美德才能在直观上被视为道德美德或道德上好的;然而,根据常识,助益他人和助益自己的特质或行动都可以是值得赞赏的,都可以是美德或美德的样例。去描述和评估诸如精明、坚忍、漫不经心、谨小慎微、判断力差等主要是涉己的特质，显然是伦理学工作的一部分（尽管也许不是严格意义上的道德的一部分）。

我将要发展的美德伦理学将抛弃道德专有意义上的德性论概念，而青睐可赞赏性与美德等“中性”的德性论概念。由于在常识用词中，后者既适用于涉己（self-regarding）美德也适用于涉他（other-regarding）
xvi 美德，而且，这些德性论概念能够产生出涉己的和涉他的衍生性道义论概念，故而我们的美德伦理学将覆盖我们的常识性思考本来所覆盖的一大部分领域；然而，这样做并不会陷入那些困扰着常识道德的悖论和困难。

那么，功利主义呢？我不是曾宣布功利主义同样避免了常识道德和康德主义伦理学的困难吗？显然，我们必须考虑功利主义，而且，如果我们要捍卫美德伦理学，就要表明为什么它优于功利主义（和/或更一般而言的后果主义）。为了这一目的，我将在第一部分的最后一章考虑功利主义，并从第二部分开始对功利主义和美德伦理学进行比较。功利主义的“行动者中立性”蕴含着对每一个单独个体的关切的根本平等，相反，常识性的美德伦理学则专注于（德性论形式的）原则或法则，这些原则或法则仅仅推荐一种对一个人自己和**被视为一个集合的其他人**之间的关切的**平衡**。

此外，第三部分将会显现出，美德伦理学会**排除**某些专属于道德的概念。常识道德以不对称的，从而也是矛盾的方式运用这些概念（在这里我有些简化了问题），功利主义则倾向于**还原**这些（以及其他一些）概念。功利主义允许理性、审慎、义务和正义等概念，而这些概念都通过“产生人类福利的总体好结果”的方式而被理解，而“总体好后果”通过被等同于（总体的，平衡的）幸福、快乐或欲望满足，又可以被还原为经验性的和非伦理性的形式。

当我们考虑美德伦理学将会如何谈论一方面的美德和可赞赏性与另一方面的个体利益或福利之间的关系时，功利主义与美德伦理学的对比将会进入下一个回合。对功利主义而言，一个特质能被视为卓越的或可赞赏的，或被视为美德，是因为它对人类福利的总体后果能被设想为可以被还原成幸福或快乐。然而，我们的美德伦理学既没有排除个人福利或利益的概念，也没有排除可赞赏性或美德的概念，并且，出于某些此后将会探讨的理由，即便不再把个体福利进一步还原为快乐/幸福，美德伦理学也没法一致地将可赞赏性/美德还原为个体福利。这是否意味着，一方面，美德伦理学必须保留两个彼此独立的概念（可赞赏性的概念和个人福利的概念），而另一方面，功利主义却具有如下的可以想见的优势：把每种伦理概念都还原为个人利益或个人福利的单一伦理概念（其中个人福利概念还可以进一步还原为非伦理的概念）呢？ xvii

并不必然如此。因为除了还原论之外，至少还存在另外一种把概念融合或同一起来的方式。我们将在第三部分以相当的细节来探讨的是，斯多葛主义和伊壁鸠鲁主义作为美德伦理学的两种形式之间的反差，可以使我们看到这另一种方式是如何可能的。如同功利主义那样，伊壁鸠鲁主义把所有的美德都还原为被理解成享乐的个人福利，但它与功利主义的不同在于，它并不把任何给定个体的美德与总体上的人类快乐（或对痛苦的避免）绑定起来，而是只以一种利己主义的态度把它与那些有美德的人的快乐绑定在一起。对伊壁鸠鲁主义来说，一个人是高贵的、有美德的，仅当这个人通过行动来确保他长期而言能最大限度地摆脱痛苦。（这可能涉及帮助其他人，但这种乐于助人在伊壁鸠鲁主义看来仅仅在衍生意义上是高贵的。）

相比之下，斯多葛主义通过宣称美德是唯一的内在的个人善，反转了对概念进行同一或统一的方向。通常，我们把美德以及我们实践美德的能力视为我们自身之中、我们的生活之中比单纯的快乐、比我们实现快乐或福利的能力都更高的方面。伊壁鸠鲁主义认为，前者，也就是那一般认为的人类生活中的更高的要素，可以被还原为、被降低到单纯的快乐或福利的层面。但斯多葛主义认为，我们的福利、我们的人类利益无异于（被利己地设想的）美德或有美德的生活。它把通常认为地位低于美德的福利看作是无异于或不低于美德的。换句话说，它把所有福利或个人利益方面的区别，等同于美德或可赞赏性方面的区别；如果使用我们此后要用到的术语，我们可以说，斯多葛主义把福利（方面的区别）**提升**到了美德或有美德的生活（方面的区别）的高度。

还原和提升都是将一方面的美德、可赞赏性与另一方面的个体利益、福利结合到一起的可能方式。虽然本书中的美德伦理学远远不是利己主义的，但是出于上面提到的关于平衡涉己关切和涉他关切的论证，我们的美德伦理学如果愿意的话，也完全可以从斯多葛主义中借用一些东西。即使它不能以功利主义或伊壁鸠鲁主义那样的方式把可赞赏的东西还原为对个人来说是好的东西，它仍然可以尝试把对个人来说是好的东西提升到（自我-他人对称的，但非利己主义的）可赞赏的东西的层面，而这将使它能够把它的所有伦理概念都集合到可赞赏性的单一概念之下。

因此，通过逐一进行排除和提升的策略，美德伦理学能够在它的复杂系统中获得一种统一性，这种统一性完全可以与功利主义通过还原
xviii 所得到的统一性相媲美。然而，在第三部分中，我将论证，无论在理论上多么美妙，追求这种统一性都将付出令美德伦理学变得不可接受的代价——特别是对一门建立在关于可赞赏性和美德的地位的常识观点的基础之上的美德伦理学而言。我们也将看到，功利主义在面临排

除主义时，需要对自己的还原主义进行辩护；这种排除主义宣称，没有什么东西是好的或正当的，一切的一切都只是快乐、幸福以及有助于快乐、幸福的行动（以及动机等）。从第四部分开始，本书的重点也将从对功利主义与美德伦理学的方法和后果的比较，转向对功利主义的直接批评。

功利主义不仅能够直接评判行为，也能根据行为对人类或动物的幸福所产生的后果来直接评判动机和品格特质。在第四部分我将试图表明，功利主义关于在人们身上什么是可赞赏的或卓越的构想会产生高度反直觉的理论后果，而（毫不意外地）常识美德伦理学则并不遭受这些后果。（看起来，类似的批评也同样适用于一般意义上的后果主义。）此外，第四部分还将论证，所有特定形式的功利主义由于受制于功利主义所特别依赖的那些方法论假设和基础性假设，都具有未确定性。事实上，在与功利主义自己独有的那些辩护理由相关的不止一个方面上，功利主义都是未确定的。由于对任何一种特定版本的直接功利主义（行为功利主义或动机功利主义）来说，给出这样的辩护都是不可能的，这种不可能性便让我们有另一个理由去放弃功利主义，而把美德伦理学当作可行的理论选项。

由于我们的美德伦理学并不依赖特定的道德概念，而所有将被我们抛弃的当下流行的伦理理论却都各按所需地调用这些概念，我们所提出的美德伦理学的独特性就很明显了。除了像一门真正的美德伦理学所应该做的那样聚焦于品格并且将德性论概念视为基础性的之外，它还把自己限制于非道德性的德性论和道义论概念中，在这个意义上，这种我们正在发展的美德伦理学与现有的主导性的功利主义、康德主义、常识主义等之间的距离，将比许多期待一种不同的、新的美德伦理学进路的人所预想的距离还要远得多。

然而,我们放弃道德概念的动机,并不是(像尼采那样)因为这些概念有一些会被指摘的一般性缺陷,也不是因为一些从任何道德观点中都能被找出的缺陷。相反,对道德概念的拒绝,是通过一步步地(以一种明显的罗尔斯式的方式)从当下重要的或有希望的其他伦理理论的
xix 清单中逐一排除来进行的。(此后我将提到,为什么没有采用一种特定的柏拉图主义或亚里士多德主义形式的美德伦理学,也没有讨论罗尔斯、高蒂尔以及其他契约论理论家的特定观点。)我们抛弃了道德概念,但不是以尼采那样自以为然和兴高采烈的方式,而是在一个漫长的论证之后不得不勉强这样做。而且,与尼采以及其他一般认为的利己主义者不同,我们在抛弃道德的同时,仍然青睐那些允许一个人将内在价值赋予其他人,赋予关心其他人的福利(或可赞赏性)的行动的常识性观点。平心而论,可以说我们的美德伦理学对他人的关心并不比常识道德或康德主义差多少,但对付出行动或拥有可赞赏的特质的行动者自己的幸福的关心,却比这两者要多得多。

近些年显现出来的是,功利主义在它的基本假设方面远远比我们的日常道德思考更加规则和对称。总的来说,我认为,一种强调不同的伦理或道德观各自的潜在结构的伦理学进路,近年来已经引导我们获得了对康德主义、功利主义和常识直觉主义道德的更好的批判性理解。然而,那些提倡发展一门独特的美德伦理学或从事对美德或各个特定美德的分析的人,很大程度上还对上面这种争论保持着疏远态度。而我相信,事实上,任何为一门独特的美德伦理学进路提供充分基础的尝试,都必须考虑结构性问题,并表明美德伦理学未必具有那些与常识道德和康德主义联系在一起的结构性的不规则性或缺陷。这便是我将在
xx 第一部分主要关注的主题,让我们现在开始。

第一部分

康德主义、功利主义与常识伦理学

第一章

美德伦理学的一些优点

人们时常说，行为功利主义和更一般的行为后果主义对道德行动者要求得太多了。按照标准的说法，这两种理论都要求一个人尽可能地产生最优的总体后果。而且，要是它们表达了合理有效的道德构想的话，那么按这些构想，在大多数个别事例中，一个人都必须牺牲自己的利益乃至自己最深的个人关切来顺从道德的要求。常常，常识的直觉性道德思考的辩护者会批评后果主义对道德行动者提出了不合情理的要求，而常识道德在对待我们最基础、最重要形式的行为评价时，在大多数情况下都不要求功利主义或后果主义道德所要求的那种个人牺牲，而这被视为常识道德的一大优点。当然，仍然有一些情形，在这些情形中即便常识似乎也要求一个行动者去牺牲她最深的关切，甚至她的生命。但一般来说，常识道德思考似乎允许个体追求她自身的利益或福利，只要她克制自己不伤害他人，并在很大程度上也为其他人谋福利。而这正是（行为）后果主义看起来所不能允许的，因为它要求一个人总是做那些在非个人意义上被视为对全人类最好的事。

不过，在这第一章，我想要论证的是，出于一些和上面所说的有些不同的理由，常识伦理学和康德主义伦理学也可以同样地被认为只是对道德行动者的利益或福利给予了不充分的权重，并且由此在一种重要的意义上轻视、贬损或降低了这些行动者。相反，一门被恰当地构想的美德伦理学既不像后果主义通常被认为的那样轻视我们这些道德行动者，也不以我将表明的常识伦理学或康德主义伦理学的那种不太常见的方式来轻视道德行动者。而这构成了美德理论的一个主要优点，
3 也许会有助于为最近美德伦理学的复兴增加动力。许多最近对美德伦理学的兴趣都聚焦于对特定美德的分析和比较，以及对美德的讨论能以何种方式重要地补充伦理学对行为的正当性或错误性的讨论。不过，在接下来的部分，我将要论证的美德理论所具有的一些优势，这些优势将在更深的意义上支持美德伦理学。如果（功利主义式的）后果主义、康德主义和常识主义的道德都只对个体行动者的利益给予了不充分的权重，那么也许一种能避免这种困难的美德论进路实际上将提供能为我们的伦理思考**奠基**的最佳方式。

道德的不对称性

在过去的几年中，大量的研究精力被用于对所谓常识道德的批判性评价上，而我将要对常识道德思维和康德主义道德思维所进行的许多批评都建立在这些讨论的基础上，尽管在一些重要的方面我试图超越这些讨论。例如，人们已经多次指出，对对和错的常识性思考在私人领域中在方式和程度上都比行为后果主义以及最常见的行为功利主义更宽松纵容。（今后我将用“后果主义”和“功利主义”来简称上面两种主义。）刚才，我说到我们的常识容许我们追求自己的私人计划和关切，

即使这样做要以被计算出的总体的或非个人的利益为代价。在最近的工作中，后果主义和日常道德在这方面的区别被表述为，后者授予行动者以道德许可，允许他们以并非最优的，并不产生利益的最大总体结余的方式去追求清白的计划和关切。[1]这些道德许可允许行动者在一定程度上相对其他人而言更偏爱自己：在某些情形下即便帮助他人能造成更多的利益，仍然可以只追求她自己的利益，而这当然是标准的功利主义所不允许的。在当下的语境中，我把这种许可称为**偏爱行动者许可**，因为接下来我将对比一下这类常见的常识道德许可，和另一种不那么常见的道德许可；后者在道德上允许行动者忽略，甚至实际上阻挠自己的私人计划或关切。

如果一个人拒斥她实际最想要的东西，或者使自己毫无必要地痛苦或受伤，我们的直观道德思考似乎把这视为完全可允许的，尽管当然不会把这视为值得推荐的或理性的。（在这一点上常识道德与康德主义 4
伦理学的观点相异，对后者的批评将在后文中进行。）即便没有人从上面这样的自我牺牲中受益，即便没有任何道德义务的理由，这样一种自我牺牲的行为仍然不是道德上错误的[2]，我们可以恰当地把这一新类别的许可称为**牺牲行动者许可**，以标示它和伦理学文献中已广为人知的偏爱行动者许可之间的对比。这两种许可都允许非最优的行动，然而，牺牲行动者许可还进一步地允许那些对行动者自己的利益或关切也没有用的非最优行动。因此，如果说偏爱行动者许可是允许用行动者自己的利益取代后果主义用以作为正当行动的标准的最大总体利益的话，那么“牺牲行动者许可”则在道德上允许那些不能被任何关于“什么是好的或最好的”的理由所辩护的行动，并实际上允许那些与偏爱行动者许可相比难免显得愚蠢、荒谬或不合理的行动。然而，我们不应马上就假设常识道德不能对它自己体察不到的行为做出明智的道德调整，因此，就目前而言，我们只须聚焦于这一事实：常识道德看起来确实允许这些无意义或愚蠢的行为。

考虑一下，在我们怎么对待**他人**这个方面，我们的日常道德思考看起来允许什么、禁止什么。出于疏忽而伤害他人，似乎在某种程度和意义上是道德上错误的，但出于疏忽而伤害自己似乎就不是道德上错误的。（如果一个人伤害自己以使自己无法完成某些义务，这可能是道德上错误的，但我这里说的是更简单的情形。）类似地，如果一个人可以轻易地避免他人的痛苦，那么通常人们认为如果他没这么做就是错误的，但如果一个人没有使自己免受类似的痛苦就只是看起来疯狂或不理性，却不是道德上错误的。因此，考虑到我们所描述的这种常识性的牺牲行动者许可，我们现在可以来讨论与常识所允许的东西粘连在一起的**牺牲行动者**（或**偏爱他人**）的自我-他人不对称性了。有多种方式允许一个人与自己的利益或福利对着干，但以同样的方式和他人的利益或福利对着干则是常识上不被允许的。[3]

然而，想想我们归给常识道德思考的偏爱行动者许可，事情不是还有硬币的另一面吗？我们通常认为人们有权利去忽略他们自己的利益，但我们不也相信一个人可以在一定程度上被允许去偏爱自己的利益超过他人的利益，并且这后者不也引起了某种偏爱行动者的自我-他
5 人不对称性吗？如果是这样，我们不就面临这样一个显著的难题，即，如何解释我们的常识许可怎么能同时产生偏爱行动者的不对称性**和**牺牲行动者的不对称性？

不过，这些困难可以避免掉，如果我们认识到我们的偏爱行动者许可并没有为不对称性提供明显的基础的话。我可以被允许去违反（对人类）总体最优的选项而追求我自己的关切；但只有当关涉**他人**的类似说法在常识看起来很可疑的时候，才会产生偏爱行动者式的不对称

性，而事实上并非如此。正如一个人可以以总体非最优的方式偏爱**他自己**的利益或特殊关切一样，以总体非最优的方式去帮助**另一个人**直观上看起来也没什么错误。

然而，对于我们在常识道德中找到的牺牲行动者的自我-他人不对称性来说，情况就要麻烦得多。我们到现在为止主要关注我们的常识道德许可中的不对称性，但我们也曾简要地指出这种不对称性也存在于我们对（正面或负面的）道德价值的观点中；现在，我们该去关注一下，“牺牲行动者”类型的自我-他人不对称性如何适用于“许可”这一领域之外的情形。道德理论家倾向于假设道德评价是我们最基础和/或最重要的伦理评价。但我们现在将要关注的自我-他人不对称性的情况，将迫使我们去质疑究竟常识道德或康德主义道德能否恰当地完成这一任务。

也许，通过与（功利主义的）后果主义的一个广为人知的方面进行对比，我对常识道德和康德主义道德的看法才能得到最好的说明。后果主义既不准许我们上面所描述的牺牲行动者许可，也不准许偏爱行动者许可，因为它是总体上行动者中立的：没有一个人可以以任何与其他人根本不同的方式被对待，而这种对待人的统一性既跨越了自我和他人之间的边界，也跨越了不同的他人之间的边界。在后果主义这里，如果一件事对某个个体而言是允许的，那么，只要道德判断所基于的因果性-评价性事实保持不变，这件事就对任何其他个体而言也是允许的。举例来说，如果在“不伤害另一个人时我本可以创造更多的总体利益”的情况下，我去伤害另一个人是错误的，那么，在类似的“不伤害自己时我本可以创造更多的总体利益”的情况下，我去伤害自己也是错误的。如果我通过更多地偏爱自己和更少地助益他人可以取得更大的总体利益，那么即使我伤害自己是为了帮助他人，我的行动仍将被视为

错误的。[4]而且，如果行动者只能从完全相同程度的自助和助人之间选
6 择，那么对任何可识别的后果主义而言，这两个行为选项便具有相同的道德价值，在道德上一样好。但如果行动者必须从帮自己获得较多的利益和帮他人获得较少的利益之间选择，或者从帮他人获得较多的利益和帮自己获得较少的利益之间选择，那么，对后果主义来说，道德上更好的行为将总是那个取得最多利益的行为。[5]这一点不管是对于仅仅与行动者利益有关的选择来说，还是对于仅仅与他人利益有关的选择来说，都同样成立。因此，我认为我们可以说，后果主义在进行“赞成哪个”的道德评估时总是平等地考虑行动者的利益和任何他人的利益。

注意这一点与利己主义之间的对比。利己主义者大体上不假思索地认为，对行动者助益更多的东西比对行动者助益较少的东西在道德上更好；但在关涉他人的时候，他们并不做出类似的比较性判断。只有当行动者的利益（偶然地）与他人的利益牵连在一起时，行为对他人的效果才会对利己主义的道德评价具有意义，才会对利己主义的比较性道德判断有意义。在某种意义上，利己主义是不对称的，而后果主义显然不是。那么，在这幅图景中，常识道德是什么模样呢？

不同于利己主义，我们的日常思维倾向于认为，在其他方面相同的情况下，向他人给予得较多比向他人给予得较少在道德上更好，更值得称赞。但当我们转向那些行动者的行为以某种方式影响到了自身的情形时，就会浮现出一幅不一样的图景。早先我们已看到，常识道德允许行动者伤害自己或不帮助自己。而当我们讨论比较性道德判断时，行动者自己的利益甚至显得无关了。如果我必须从对自己帮助很小和对自己帮助很大之间选择，后者通常并不被视为是道德上更好的：后者也许更明智、更理性、更审慎，但并不**在道德上**更好。在这里，常识道德与后果主义和伦理利己主义这后两者之间有一个显著的对比，但对比还

不限于此。当行动者的利益与另一个人的利益都需要我们考量时，我们的日常道德判断似乎没有给前者分配任何正面权重。在自己的较大利益和另一人的较小利益之间选择前者，也许更理性；但就常识道德而言，这并不是道德上更可取的，而且，在自己的较大利益和另一人的较小利益之间选择另一人的**较小**利益，甚至似乎是道德上更好的选项。在这里，常识道德与利己主义和后果主义这后两者之间也形成对比。[6]

当然，对行动者自身有益的东西通常会被视为具有间接的道德价值。也许，如果一个家庭或一个国家的福祉依托于我对健康的保持，那么在意自己的健康就比对自己的健康漠不关心在道德上更好。但是， 7
如果为了让一个对行动者自身有益的行为具有道德价值，我们通常必须把那行为和益处与其他人的福利联系起来，这一事实就只是突出了我刚才所强调的比较性评价的不对称性。现在，我们应该去看看，我们对美德的常识性理解是否具有任何不对称性，以及如果对美德的常识性理解能够免于上述不对称性，我们是否能利用这一差别来论证美德伦理学进路的优越性。

美德的对称性

在其开辟性的论文《道德信念》中，菲利帕·富特假定，如果一个品格特质不能有益于其拥有者或满足其拥有者的需要，这一特质就不能在严格意义上被视为美德。她注意到，在《理想国》中，柏拉图理所当然地认为“如果正义对一个正义的人而言不是好的，那些将它推荐为美德的道德家就是在欺诈”。她指出，与当代的道德哲学家不同，尼采似乎采取了和柏拉图相似的看法。[7]

然而，后来富特自己撤回了这一假定。在她的一些后期著作中，她把“什么能被视为美德”的问题与“行动者有理由去做什么”的问题分离开来，并且将“一些并不利于其拥有者的特质仍然可以被恰当地视为美德”的观点看作是直观上无法反对的。[8]在当代常识思维看来，一个特质大致能使**他人**受益这一点就足以让它成为美德了。（正如富特自己注意到的，在像刀具这样的功能性对象中，被视为美德的东西并不使刀具自身受益，而是使那些使用它们的人受益。）

富特的撤回构成了对美德的常识思考的让步，我也认为富特在撤回她的早期假设和认识到美德可能并不有利于其拥有者这两件事上是正确的。然而，如果从这一点就推断出，我们关于美德的常识思考受限于我们在常识道德中发现的自我-他人不对称性，那将是个错误。我们对一个品格特质能否被视为美德（以及一个例示了某个品格特质的给定行为是否也例示了一个美德）的评估总是受到这一特质是否使他人而非特质拥有者自己受益这一因素的正面影响。不过这评估同样也受到这一特质是否对其拥有者有益或有用这一因素的正面影响。在我们的日常思考中，一个通常对其拥有者有益的给定特质并不**必然**具有美
8 德的地位；但“通常对其拥有者有益或有用”这一特点确实**有助于**任何给定特质获得美德的**资格**；事实上，我认为，“有助于拥有者和有助于他人这二者能够彼此独立地、相当平等地赋予一个特质以美德的地位”这一看法和常识观点是全然吻合的。让我们首先在一个相当抽象的水平上想一想这个问题：如果我听说人们通常需要某个给定的特质，并且通过拥有它而受益，我一般会认为，我已经得到了很好的理由来把这个特质视为美德。[9]同样地，如果我发现某个品格特质通常对其他人而非其拥有者有用，我会自然地或一般性地认为我已经有理由来把这个特质视为美德。

当我们更进一步地审视那些通常被视为美德的全体特质，我们再

一次发现，涉己和涉他的因素都能够构成我们对各种特质的高度评价的基础，而正是这些高度评价使我们把这些特质视为美德。正义、友善、正直与慷慨都主要是因为那些它们引导其拥有者对他人所做的事情而受到赞赏，而审慎、敏锐、细心、镇静、坚韧等美德则主要是因为其涉己的方面而被尊敬；还有一些美德，如自制、勇气、（也许还有）在实践事务中的智慧，则既因为它们对拥有者的贡献也因为它们引导其拥有者对他人所做的贡献而被赞赏。[10]

值得注意的是，由于涉他性理由而被赞赏的特质相对于那些主要是涉己的美德而言，并不具有任何一般的、会导致我们在常识道德方面所讨论过的自我–他人不对称性的优先性。（我认为，相反的问题，也就是涉己性美德的优先性的问题与我们的讨论无关。）上面提到的涉他性特质，相比于涉己性美德而言，并不具有任何（隐含地）被认为是更高尚或更重大的地位，而那些像勇气或自制这样的混合型美德看起来也一点不比像正义和友善这样主要涉他的美德更低级或低下。我们赞赏正直与公平，我们也欣赏许多涉己和混合型的美德，因此我认为，我们在这个领域的日常思考并不会引起刻画着日常道德的那种显著或极端的自我–他人不对称性。

不过，考虑一下休谟的看法。他认为“当一个人被说成是有美德 9
的，或被称为有美德的人时，我们主要是考虑他的社会品质”。[11]我并不想否认休谟这里所说的，但我认为我们必须区分一方面的美德和美德性，与另一方面的那些使某个事物成为**一个**美德的东西。“（不加修饰语的）美德”与“有美德的”有时在一种限定的意义上用来指女性在性方面的品行。但当我们说某个特质是一个美德，或谈论各种各样的美德时，“美德”并没有类似的意思。当“有美德的”和（不加修饰语的）“美德”以更宽泛的方式被使用时，它们有一种在我们谈论特定美德时所不具有的道德含义。人们经常指出，在更广泛的用法中，“有美德的”粗略地等同于“道德上好的”，在类似的意义上，“有美德的人”这样的词组则粗略地等同于**道德上的好人**。[12]休谟当然是正确的，如果他假设我们对“有美德的”的讨论总是特别强调社会性的美德，强调涉他性的特质或倾向的话。然而，这是因为这些概念根本上是道德性的，尽管“道德”这个词以及它的同根词并不总是在这些概念中显明地出现。(正如罗斯所指出的，甚至“好人”通常也意味着“道德上的好人”)。[13]与此相反，**个别意义上的美德**概念则缺乏与道德和涉他性因素之间的不假思索的联系。当我们说耐心、谨慎或审慎是一个美德时，我们并不是在说，拥有这些特质比不拥有要在道德上更好。当然，这些特质对道德上的好人也是有用的，并因此能使这些个体与他们没有这些特质时相比在道德上做得更好。然而，审慎和我们上面提到的其他特质对道德上中性或邪恶的目的同样是有用的，而且(与我们将要看到的康德不同)，我们通常认为这些品格特质是美德，我们的看法也不依赖于任何关于“这些特质可能在多大程度上被自私地或利他地使用”这样的隐含判断。这个拥有耐心或审慎(或坚韧，或谨慎)的人，拥有一种人们为了在生活中过得好就需要拥有的特质，这就够了。为此，我到现在为止一直故意只谈论给定的美德以及“什么能被视为一个美德”，以避免与道德概念，与“有美德的人”和“有美德的”系附在一起的自我-他人不对称性。我们对什么是一个美德或什么例示了一个美德的常识理解并不担负“牺牲行动者”的道德含义，而我希望在接下来的部分表明，这一点如何能使美德理论获得一种重要的优越性，令它高于那些调用了“对”、
10 “错”和“道德上好”等概念的常见道德观。

我们关于美德的日常思考是对称的，而我们关于道德的日常思考则是不对称的。但我们已经看到，在道德领域中还存在其他可能性：利

己主义体现了一种偏爱行动者的自我–他人不对称的道德构想，而后果主义则体现了一种严格对称的道德思考。看起来，关于自我–他人不对称性的类似情况在美德领域也是可能的。尽管我们大多数人都会直觉地拒绝“没有任何美德在基础层面上关心的是**他人**的福利”这样的假定，这一假定却是斯多葛主义和伊壁鸠鲁主义所共享的，而这种对美德的基础层面上利己主义的理解，如同道德方面的利己主义一样，是以一种偏爱行动者的方式自我–他人不对称的。

此外，即使我们关于美德的日常思考未能例示我们在常识道德中发现的牺牲行动者（或偏爱他人）的不对称性，这种自我–他人不对称性在道德的领域中也显然是可能的，而且事实上我相信，在康德对什么应被视为值得尊敬的品格的观点中，有一个这种不对称性的好例子。康德的美德学说从根本上是一种道德美德学说，不过，按照我们上面所说的，他关于什么应被视为美德的观点会导致牺牲行动者的不对称性，这种不对称性和我们在他的道德观点中所发现的不对称性是一样的。在《道德形而上学基础》中，康德认为品格特质（例如节制、不懈、判断力、自制、勇气和冷静思虑的能力）仅仅是有条件地有价值的、有条件地值得称赞的。在缺乏善良意志时，这些特质是不值得敬重的，大概也不能被视为美德。拥有善良意志，则大致被康德理解为一种良心方面的认真，也就是出于对道德法则的尊重而履行自己的义务、出于义务而非任何其他动机而履行义务。[14]出此，只要康德主义的道德是不对称的，康德主义对美德的构想就是不对称的，而事实上康德主义道德确实在一些方面和常识道德一样是不对称的。例如，在康德看来，我们有义务为他人的幸福做出助益或贡献，但在追求自己的幸福或福利方面则没有类似的义务。我们有义务去发展自己的自然天赋，有义务不去伤害自己，有一种从其他义务衍生出来的义务去自我保存，但除非对完成其他

义务有必要，否则我们没有道德理由去让自己**幸福**或**过得好**。（而我们
11 助益其他人的幸福的义务，则在这个意义上并不是衍生的。）

但是，大体上，如果节制或不懈作为美德的地位依赖于它要与康德主义的善良意志相伴随，而这种善良意志根本上指向对他人福利的关切，而非指向道德行动者自己的福利，那么康德主义道德义务中的牺牲行动者的不对称性，将在关于“什么应被视为好的品格特质或美德”的康德主义美德观中转化为一种类似的不对称性。尽管常识的道德义务也具有自我-他人不对称性，我们关于什么应被视为美德的常识观点却避开了这一不对称性，因为，不同于康德，我们在日常中认为，某些上面提到的品格特质是值得赞赏的或值得敬重的，而且这不依赖于它们是否伴随着道德善或道德美德。我们可能对一位亏待朋友和家人的同事持有一种否定性的道德看法，但仍然高度评价这位同事对某个学术问题的热诚、冷静或他在面对（应得的或不应得的）个人悲剧时的坚韧。[15]

因此，在美德的领域中，道德领域的三种可能性仍然存在，但我们发现在美德领域中常识观点在这几种可能性中的位置却和在道德领域中不一样。在个人幸福或福利方面，与利己主义的偏爱行动者（牺牲他人）的不对称性和（功利主义的）后果主义的自我-他人对称性相比，常识道德和康德主义道德都具有牺牲行动者的自我-他人不对称性。但在美德领域，常识却和功利主义一样是对称性的（我忽略了这里的某些复杂细节），而利己主义仍然是偏爱行动者式地不对称的，只有康德主义观点是牺牲行动者式地不对称的。

当然，我们尚未探索上述各种对称性和不对称性的意义和理论后果。既然在一定程度上对称性是一种伦理观的有利特征，我们或许可以仅仅在这一基础上论证后果主义或常识美德伦理学相对于关于对、错和义务的常识伦理学或康德主义伦理学的优越性。不过，事实上后

果主义和常识美德伦理学的对称性还拥有一种意义，这种意义远远超出了人们关于对称性所广泛假设的那种理论可欲性。不管后果主义在对称性方面是多么地值得欲求，它仍然被抱怨为在要求太多的个体牺牲这个方面过于严苛。而我们现在可以表明，常识道德和康德主义道德的牺牲行动者的不对称性，将使它们遭遇相似的抱怨：它们降低或贬 12
低了道德行动者的重要性。我们将看到，我们对美德的常识看法的对称性，将使常识的美德伦理学免于这种抱怨。

常识道德和康德主义道德怎样贬低了道德行动者

常识道德怎么会降低或贬低道德行动者的重要性呢？毕竟，常识道德正是对后果主义和功利主义的批评的来源，这种批评认为后果主义和功利主义通过要求行动者在任何自己的关切与计划干扰了非个人地计算的最优后果时牺牲自己的关切与计划，从而践踏了个体的特殊关切与计划。那么，常识道德或康德主义道德真的比其支持者所认为的更加苛刻吗？我是要把这作为我对这两种道德的批评的基础吗？

我确实想断言，这两种道德降低了道德行动者以及他们的个人关切、计划甚至欲望的（现实）重要性。但我对这一断言的论证并不是认为，像后果主义一样，常识和/或康德主义关于对和错的标准对道德行动者的福利的让步不充分。相反，我的论证将涉及下述断言：常识道德和康德主义道德确实向行动者的福利和幸福做出了让步，**却仅仅是让步而已。**[16]

常识道德和康德伦理学允许道德行动者至少在一定限度内放弃总体上或非个人地判断出的最优结果，而去追求自己的幸福。但这并不意味着它们将这种对行动者而言的有用性看作是**正面道德价值**的来源。在其他方面都一样的情况下，如果一个行动者必须从两个行动中选择，其中一个可能对行动者更有益，那么，那个更有益的行动将被视为是对行动者来说更合理的选项，并且在恰当的、与理由相关的意义上，将被视为从行动者的立场而言更好的选项。但从常识道德或康德主义的角度来看，这一行动通常并不被视为是比那个对行动者好处较少的行动在道德上更好的，或在道德上更值得称赞的或值得奖赏的。这一点重复了我们早些时候的说法：对常识道德思考和康德主义道德思考而言，一个行动在道德上多么好或多么值得赞赏，部分地依赖于（尤其是在缺乏义务性因素的情况下）它是否指向其他人的福利，而不依赖于它是否指向行动者自己的福利。

因此，当某人以总体最优结果或其他人的潜在利益为代价而去帮
13 助自己时，常识道德或许会保持对这一行为的道德准许，而（功利主义的）后果主义则将这视为对道德义务的违反；但常识道德仍将和后果主义分享共同的判断：这一行为在道德上不如能达致更大总体利益或更大他人利益的行为。因此，在这类情形中，常识道德向行动者的个人利益做出了道德让步，但仍然仅仅基于行动者为他人的福利做了什么才赋予行动以正面道德价值。（我在这里仍然假定义务性因素的缺席。）如果你想要反对说，我们的常识道德只基于行动者做了什么来赋予正面道德价值，但拒绝为**更**有利于行动者自己的行动赋予**更多**的道德价值，那么，请考虑纯粹涉己的情形，在这里，某人必须在做或不做某件愉快的事之间选择。直观上讲，如果一个人纯粹出于审慎的原因选择吃午饭而不是什么也不吃，那么，在其他方面都一样的情况下，这个人所做的既不比另一个选项在道德上更好，也不是直观上我们会称赞为“道德上好”的行为。类似地，康德对道德的构想也不能为向仅仅指向行动

者自己的幸福或福利的行为赋予正面道德价值提供基础。[17](第六章将更多地论及这一点。)

相比之下，功利主义和后果主义(我们特指行为功利主义和行为后果主义)一般而言会将行动者的预期的或概然性的偏好满足或福利当作正面道德评估的基础。在涉己的情形中，后果主义者不仅认为行动者有道德义务去尽可能地做对自己最好的事，而且还进一步地认为，这么做比做一些让自己受益较少的行为在道德上更好。此外，当一个行动者必须在(a)为其他人做x量的好事和为自己做y量的好事与(b)只为其他人做x量的好事这两者之间选择时，后果主义把前者视为是道德上更优越的，但我们的常识道德思考则似乎缺乏这一倾向。我们通常并不认为，某个在帮助他人时本来也能使自己受益却没有使自己受益的人，因为没有为自己受益而在道德上应该受到较少的赞赏——事实上，常识道德中可能还有一些倾向，认为恰恰因为行动者在行为过程中**一点也不考虑自己**，这一行为还是道德上更好或更值得赞赏的。[18]

总之，看起来在各种各样的情形中，常识道德思考没有像赋予**行动者之外的其他人**的福利或幸福以正面价值那样，为行动者自己的福利或幸福赋予任何正面价值。对于常识道德思考来说，一个行动有助于 14
或是为了有助于其行动者这一事实无法为对这一行动的正面评价(而非仅仅是非负面的评价)提供任何根据或基础。对行动者的危害看起来也类似地与对行动的负面评价无关。我相信能够表明，常识道德的这一方面在伦理学上是需要被反对的。

伦理学的直觉或直觉主义进路的辩护者和反对者都将道德视为伦理学的核心关切，并将对行动和行动者的道德评估视为我们的行动评价和行动者评价的最基础、最重要的形式。(例如，人们往往用道德哲学这一名称来指称伦理学界所关心的哲学领域。)而我相信，应该反对

“我们最核心(或最基础,或最重要)形式的伦理评价将一个行为如何(或被预期会)助益或伤害其行动者自己的利益视为(至多)是与对该行为的正面或负面评价无关的”这一假定。如果在伦理学最基础的层面上或最核心的关切中,我们的伦理学以这种方式对行动者是被助益还是被伤害无动于衷,那么我们的伦理学就降低了行动者的利益以及行动者自身作为行动者的重要性,并强加或导致了当**行动者对自己**的所作所为进行伦理价值评估时的某种自我弃绝或无我。我相信,这些因素使我们有许多理由去怀疑常识道德或康德主义道德能否被当作我们最核心或最基础的伦理评价,正如,后果主义对自我牺牲的过度要求使我们有理由质疑后果主义的有效性那样。

不过,我应该指出,某些形式的行为评价并不关心行动者的利益,这一点是很难被反对的。这样一种评价模式的存在是与对行动者的利益的适当关切完全一致的,因为它的存在与那些**确实**将行动者的利益积极纳入考虑的重要评价模式的存在是完全一致的。那看起来降低和贬低道德行动者、剥夺了她的现实重要性的,实际上是这样一个假定:**在其最基础的层面**,或**在其最核心的关切中**,基本的伦理学思考不为行动者的利益提供任何正面的评价性权重。当然,当被看作其他行动者的行为的接受者时,常识道德和康德主义道德都将每个人的福利视为
15 拥有正面和基础性的评价重要性;但是与此同时,它们不向一个行为对行动者自身的福利的影响分配任何这种重要性。这后一方面,正是我将对常识道德和康德主义道德进行指责的原因。[19]如果道德像我们大多数人所认为的那样,要作为我们在伦理思考中具有核心重要性的部分而起作用,那么常识道德和康德主义道德都不适合这一任务,因为它们都贬低了道德行动者的利益,无论是从这些行动者对自己行动进行评价的角度而言,还是更一般的而言。它们二者都要求行动者在自己

行为的方面是在评价上无我或自我弃绝的（尽管在其他人的行为的方面不是这样），并且，当行动者评价她自己的行动的伦理重要性时，它们使行动者与她自身的利益或福利疏离开来。即使从一种更一般的评价角度来看，这两种观点也都认为，所有对行动者自己福利的影响在基础层面上与对给定行动的正面或负面评价无关；相反，当任何他人的行动被评价时，这一福利却又被纳入了考虑。显然，常识道德和康德主义道德如果被视为是关心着伦理学最核心和基础性的问题的话，都将被批评为降低或贬低了道德行动者的福利的价值。[20]

当然，常识道德和康德主义道德贬低道德行动者及其利益的方式，与功利主义的后果主义通常被认为的贬低行动者及其利益的方式并不相同。同样地，常识道德和康德主义道德将自我弃绝或自我疏离强加给道德行动者的方式，也在一定程度上不同于功利主义的后果主义进行强加的方式。这些差异，正如我已经提到的，与可允许性的条件和（原级或比较级的）道德善的条件之间的差异有关。但即使承认上述差异的存在（关于这些差异还有许多需要说的），下面这一点看起来仍然非常重要：完全相同的指责仍然可以同时被指向后果主义、康德主义与常识道德，而且，具有讽刺意味的是，常识道德至少在最近这些年一直在将这些指责对准后果主义，并用它们来尝试证明它自己相对于后果主义的优越性。

然而，当我们转向关于什么应被视为一个美德的常识观点时，我们将得到完全不同的图景。在我们对诸如正直、慷慨、审慎、仁爱和勇气等（主要）美德的通常理解中，从不要求我们假定，在任何与其自身利益严重冲突的时候，拥有这些美德的人始终为最大多数人的最大利益而行动。而且，进一步地，某个品格特质能帮其拥有者促进他自己的福 16
利这一事实，并不被视为是与对这个特质的正面评价无关的；事实上，我们的许多最重要的常识美德（例如，审慎、不懈、预见力、警醒、坚韧、勇气、敏锐）都在相当程度上是由于它们对其拥有者的有用性而被赞赏的。因此，在我们对诸美德的日常思考中，涉己和涉他的有用性都是对品格特质和例示了品格特质的行动（或感受、思想）进行正面评价的基础。经过适当修正后，同样的判断也适用于那些危害其拥有者或其他人的特质。

一个临时的推迟

某个观点或观点的集合如果要作为我们基础和最核心形式的伦理评价而充分地起作用，它就不能通过将行动者的幸福视为是与对他们的行为的正面或负面伦理评价无关而贬低行动者的价值。而我们已经看到，康德主义道德和常识道德都未能达到这一充分性条件，而常识美德伦理学却达到了。（我在这里用美德伦理学指这样一门伦理学，它处理什么应被视为是可赞赏的或应被视为美德，却不怎么讨论道德美德。道德美德是常识道德的一部分，并因此分享常识道德的难题。）不过，这并未表明常识道德或康德主义道德是错误的或无效的：它可能只是表明这两者都无法仅靠自己来作为我们伦理思考的基础或最核心的部分而起作用，而这里也留下了一种开放的可能性：常识道德或康德主义道德或许可以与常识美德伦理学**共同**作为我们的基本伦理思考的基础或最核心部分而起作用。另一种替代的可能性也是开放的：常识道德或康德主义道德可能是伦理学的一个有效的但仅仅是表层的部分，而美德伦理学则排他性地担当核心或基础性的角色，这一角色是人们通常假定本来由道德来担当的。

上面的每个结果都证明了美德理论的重要性，并证明美德理论要被严肃对待这一要求是正当的。我们不应再像过去经常发生的那样，将它搁置在一边而完全只关注道德的对与错、道德义务、职责与许可。但是，在做出任何有利于美德伦理学的结论之前，我们还没有说明另外一种至少需要考虑的可能性。17

早些时候，我们看到，某些阻挠了行动者的福利或利益的行动可以被视为是愚蠢或不理性的，即使在常识道德看来这些行动在道德上没什么错误。这一点无疑暗示我们关于理性的常识判断并不具有我们的常识道德判断的那种牺牲行动者的特征。在这种情况下，也许我们应该用我们关于理性的直觉信念（的整体）而非用任何形式的美德伦理学来补充常识道德，从而为我们的伦理思考筑成一个可以接受的基础。因为，如果关于理性的常识思考将行动者为了自己利益而做的事当作是拥有正面（理性）价值的，那么，一种伦理思考的基础或核心部分如果联合了常识（或康德主义）道德判断和日常直觉的理性判断，它就能将某种正面价值赋予那些助益于行动者自身的行动，而这样，我们刚才对常识道德的批评就变得不再切题了。

当然，若通过这种方式来补充常识或康德主义道德思考，我们所赋予常识或康德主义道德的重要性，就不如我们把它们视为我们伦理思考的唯一核心或基础性成分时那样排他和卓越了。[21]然而，这正是我们为了削弱我们指向常识道德和康德主义道德的那些批评而必须（或许也情愿）付出的代价。在20世纪初，或许作为残存的维多利亚主义以及更一般的基督教的强道德观的结果，常识道德的无我特征很大程度上未被注意，也完全未被批评。[22]但近年来，许多道德哲学家都倡导一种对道德行动者的健康的自我肯定。[23]虽然这一近期思想的很大一部分是针对康德主义和后果主义的而非常识道德的，但人们已经形成一种思想风气，在这种风气中更容易对常识道德和康德主义道德的那种贬低行动者和评价性无我的特征进行批评，或同情这种批评。但这些批评，正如我们所看到的，并不导致对常识道德或康德主义道德的拒绝。相反，这些批评要求，我们要么拒绝这两种道德，要么用另一种可以允许偏爱行动者的伦理判断的评价形式来补充它们中的一个，并联
18 合起来作为一种基本伦理理论的基础性或核心部分起作用。因此，为了彻底地讨论这些可能性，我们现在必须考虑一种联合了道德判断和理性判断的基础性理论进路的价值，这一进路试图避开常识道德和康德主义道德在单独发挥作用时所面临的那些困难。

注　释

1 关于这几点，see, e.g., S. Scheffler's *The Rejection of Consequentialism*, Oxford, 1982, *passim*。

2 我并不是在谈论受虐狂，对他们来说，看起来的自我牺牲在某种意义或程度上并不是自我牺牲，而是在说那些诸如“一个人可以，但实际上并不会去牺牲他最珍贵的计划”之类的情形。在这些情形中，自我牺牲是允许的，却是不理性的。（像“如果一个人牺牲了自己的计划，那它们就不再是她的计划，因此她并不是在不理性地行动”这样的说法是错误的。因为这一反事实断言无法被辩护。）Cf. my “Time in Counterfactuals,” *Philosophical Review* 87, 1978, pp. 3—27.

3 我曾被建议说，我们被允许去伤害自己或不要自己的利益，却不被允许去伤害别人或阻止别人得到利益，是因为在我们对自己付出的行动中隐含着肯定。当我伤害自己或避开利益时，我大概是自愿这么做的，而当我拒绝去助益另一个人时，那个人并不同意我的不助益。（而如果她同意了，那我不去助益就没有任何错误可言。）这样，人们也许就会认为，牺牲行动者的不对称性并不是常识道德的深层特征，而只是从“同意”的道德重要性中派生出来的，并且可以被后者所辩护。

然而，这种解释并不起作用。我是出于疏忽而导致了另一个人不想要的伤害，还是出于疏忽而对我自己这样做了，就常识而言这两者之间有显著的差别。而在这两种情形中，“同意”都不在场。更具说服力的是，如果我只能要么避免

我自己的一个持久的痛苦，要么避免你的一个短暂的痛苦，你和我可能都会同意，我若去阻止你的短暂痛苦将是愚蠢的；因此你可能不同意我忍受着自己的持久痛苦而去解除你的短暂痛苦。然而，在常识看来，这样一种牺牲在道德上没什么错误。但如果位置调转一下，当我只能要么避免我自己的一个短暂的痛苦，要么避免你的一个长久的痛苦时，后者是道德上正确的，而你大概也不会同意我去做前者，如果我去做前者那将是道德上错误的。再一次地，同意/缺乏同意看起来并不能解释相关的道德差别。牺牲行动者的道德不对称性避开了同意和不同意的差别，也没那么容易就这么被解释掉。

4 关于“行动者中立”，see Derek Parfit, *Reasons and Persons*, Oxford, 1984, p. 27。请注意，非最优形式的功利主义和后果主义也是严格的行动者中立的。例如，如果一个人接受某种形式的“满足后果主义”，他对正确行动的标准就应当是，一个行动（相对于其竞争者而言）是否具有足够好的后果。但这种形式的 19
后果主义无法从对什么是足够好的后果的最终确定中区分不同的行动者。关于这一点，see my *Common-sense Morality and Consequentialism*, London, 1985, Chapter 3。

5 即便是非最优形式的后果主义也具有上面提到的特征。并且由于这个特征，非最优形式的后果主义允许道德上的超义务，而这是更标准的功利主义和后果主义所不允许的。

6 See W. D. Ross, *The Right and the Good*, Oxford, 1955, p. 168; and also his *The Foundations of Ethics*, Oxford, 1939, pp. 72ff., 272ff.

7 See Foot's *Virtues and Vices*, California, 1978, pp. 125f.

8 See her "Morality as a System of Hypothetical Imperatives," in *Virtues and Vices*, pp. 159f., 168. 在最近尚未发表的作品中，富特似乎又在返回她的早期观点。

9 是否应强调品格特质与人格特质之间的区分？是否应认为，社交魅力无论多么值得欲求和值得赞赏，都不是一种美德？我对这一问题保持开放态度。
有人曾向我建议说，涉及自己的美德之所以应被视为美德，是因为它们涉及值得赞赏的自我控制，而非因为它们有益于其拥有者。不过，在涉及他人的美德方面我们也可以提出一个类似的论证。而如果我们直觉地感到涉及他人的美德必须涉及有益于他人，而不仅仅是展示了行动者的自我控制，那么，我们不是也有理由对涉及自我的美德持类似的观点吗？我还想说，某些涉及自己的美德看起来根本不是，或基本上不是自我控制方面的事。例如，我们一般不认为远见是自我控制方面的事；而自我肯定也主要不是“对自我怀疑进行控制”

（从而在感到怀疑时仍能有效地行动）方面的事，而是首要地体现在不怀疑自己。请比较富特在《美德与邪恶》中对诚实的评论。

10 关于这一点，see Foot, *op.cit.*, p. 119 and Sidgwick, *Methods of Ethics*, seventh edition, London, 1907, pp. 327f., 332, 356。

11 See Hume, *An Enquiry Concerning the Principles of Morals*, Book IV, section 262. 我们将在第八章讨论休谟关于美德的观点时再回到这一问题。

12 See Ross, *The Right and the Good*, p. 161.

13 See Ross, *The Foundations of Ethics*, p. 271.

14 关于某些美德在一般意义上和康德伦理学意义上的条件性特征，See Christine Korsgaard, "Two Distinctions in Goodness," *Philosophical Review* 91, 1983, pp. 169—195 and my *Goods and Virtues*, Oxford, 1990, Chapter 3。

15 See *Goods and Virtues*, Ch. 3.

16 这里在谈论道德行动者的关切与福利时，我没有考虑简单欲望。不过，据说
20 常识道德对那些并不深刻、并不严肃的欲望（或意图）有所让步——常识对于偏爱行动的许可在这个方向上扩展到了什么程度，这一点尚不完全清楚。See my *Common-sense Morality and Consequentialism*, pp. 141f.

17 See, e.g., Kant's *Fundamental Principles of the Metaphysics of Morals*, London: 1909, pp. 13f., 16n.

18 关于这种思考方式的例子，参见亨利·詹姆斯《大使》的最后两页。

19 即使康德主义可以把审慎和审慎的行动当作是（在非道德方面）有价值的和值得赞赏的，这种评价也预设了相关行动者或特质拥有者的意愿是道德上好的。因此，在比方说涉及他人幸福的方面相关个体是否在做他应该做的事这类问题上，这些评价将是条件性的。在此意义上，审慎的行动将缺乏道德的行动所具有的基础性价值（尽管这并不意味着这个行动者只是实现他人的幸福的手段）。显然，这种观点贬低了道德行动者的价值，并令他在与其他人的关系中屈居人下。当然，对康德而言，即使"谋求其他人的幸福"的价值也是条件性地依赖于对完全义务的尊重。这样的话，审慎的价值就在双重意义上是条件性的；而与此相反，某个人的"促进其他人的幸福"的价值并不依赖这个人是否谋求他自己的幸福。"促进其他人的幸福"的价值可能依赖恰当的自尊或非奴性，不过在康德的伦理学中自尊与非奴性并不要求谋求自己的幸福。（关于这一点，see T. Hill, "Servility and Self-Respect," *The Monist* 57, 1973, pp. 87—104。）我要感谢与南希·舍曼的讨论。

20 不过，正如路易斯·波伊曼曾向我指出的，康德在实践理性批判中对“完全的善好”的概念（即，对幸福与道德价值之间的相称性的假定）的使用或许可以反驳“康德轻视行动者的福利”这一断言，不过这种反驳只能以一种当代哲学无法接受的宗教/形而上学方式来进行。更确切地说，对康德或日常道德思考的批评是，它们要么糟糕地贬低了道德行动者的价值，要么不得不做出一些糟糕的宗教/形而上学假设。

21 近年来对“压倒性论题”（即，一个人做那些他认为道德上错的事时不可能得到辩护）的批评也质疑了道德的优先重要性。正文中的论证则构成了一种新的质疑这种优先重要性的方式。

22 在我们前面引用的罗斯的两部作品中，罗斯显然意识到了常识道德的“无我”，但他并未把这看作一个局限或缺陷。

23 See e.g. Philippa Foot, Samuel Scheffler, Michael Stocker, Bernard Williams, and Susan Wolf等人近年的重要作品。近年来，美德伦理学作为狭义的道德理论的反对者的复兴或许说明，人们模糊地或隐含地认识到了，美德伦理学由于更坚决地肯定理性/道德行动者的价值而具有的吸引力。 21

第二章

道德与理性

我们现在的任务是，考虑关于道德的判断如何能与关于理性的判断联合起来创造出一个完整的，或者至少是更大一些的伦理学，这种伦理学能免受我们在第一章中所研讨的那些批评。我们必须看看，我们能否用一组关于“选择什么或做什么才是理性的”的判断来补充常识道德或康德主义道德，从而使得由此组成的整体能避免“贬低行动者价值”与“价值评价上的自私”这两种指责，而这两种指责是上面那两种道德各自被独立地考虑时所分别遭受的。不过，在我们能处理本章的这个主要任务之前，我们应该先考虑一下西季威克做过的一个假设，如果这个假设是真的，那它将破坏“用理性判断来补充道德”这一思想的基础。

正当的与理性的

在《伦理学方法》中，西季威克谈论了这样一种可能性，“在我们对于在行为中什么是合理的表面直觉中存在着终极的和基础性的矛盾”：如果(功利主义)义务与个人利益之间在任何时候发生了冲突，那么实践理性必定处于“一分为二、自己反对自己”的状态，并遭受一种不能令人满意但又无法避免的“二元性”。[1]西季威克将这种可能的矛盾视为是“我们的思想活动的一个主要方面”所特有的[2]；而在这样一种语言的背后，以及在西季威克对实践理性的潜在的或现实的二元性的提及的背后，是关于我们的伦理概念的一个极其重要的假设性前提。我现在所说的这个假设，对于西季威克在《伦理学方法》中的整个进程，以及他在书的结尾部分对这种二元性与矛盾性所做出的悲观结论来说都是至关重要的。这一假设尽管值得注意，却并未受到充分的注意，而我相信它是错误的，并且可以被表明是错误的。本章将讨论这一基础性假设，并考虑通过拒绝它而产生的一些有趣的问题与机遇。 22

我所讨论的这一基础性假设涉及我们的伦理概念或伦理语言。根据西季威克，实践理性是通过一个单一的基础性概念而运作的，这一概念可以通过“合理”、“正当”和“理性”等不同的词语来表达。[3]当然，如果西季威克在这一点上是对的，那么我们的伦理概念(即便还不是伦理理论)便拥有一种值得赞美的、值得欲求的统一性，然而我实际上相信，西季威克至少在这一领域里错误地描述了这一现象。在日常使用中，“正当”与“理性”表达了不同的概念(为了简化讨论我将不讨论“合理”这一概念)；而这一事实不论对西季威克书中的总体计划而言，还是对他在书的末尾所做出的悲观结论而言，都意味着重大的理论推论。在第四章，我们将会看到，当认识到我们的基础伦理概念的二元性，特别是认识到我们的正当的概念与理性的概念并不同一之后，西季威克发现自己所无法解决的理论的二元性以及利己主义与功利主义之间的冲突并不会被这种认识所恶化，可能甚至还会被这种认识所减轻。

不过，此时此刻，我们之所以要证明这种二元性，其目的为了给用理性判断来补充康德主义道德与/或常识道德以捍卫它们的尝试提供概念空间，这样一种尝试只有在理性判断中涉及的那些概念与道德断言中涉及的那些概念之间并不同一的时候才有意义。

证明两个概念或意义之间的差别的最典型的方式是，发现一些可能的情形，在这些情形中可以并不自相矛盾地适用其中一个概念，却不适用另一个概念。存在着种种可能的情形，在这些情形中“正当”与“理性”这两个词项之间并不一致。在日常措辞中，或许“我锁上大门却又多次返回来检查它是不是真的锁上了”这样的行为是不理性的，但这样的行为通常却不会被认为是错的或不道德的。(或许这个行为是强迫性的，但它仍然是自愿的：在一遍一遍地检查门锁时，我的**行为**在理性方面是不可接受的，但在道德方面并非不可接受。)这里还有另外一个例子：在某个给定情境中，某个人发现她无法把她想要的所有东西都拿到手，出于赌气，她决定**什么也不要**。又一次地，这个人什么也不要在直观上似乎是不理性的，但她这样做似乎也没有任何**道德上的错**。

当然，另一个方向上的反例，即“理性地却不道德地行动”的例子更难找。有一个著名的、被广泛接受的“压倒性论题”，根据这一论题，一个人所做的不道德的事不可能在理性上得到辩护。这一论题排除
23 了“理性地却不道德地行动”这类反例，而要找到检验或冲击这一论题的情形并不是件容易的事。[4]但这里不需要讨论这类可能性，因为我认为，上一段所讨论的“常识意义上不理性但在道德上可接受的行动”的例子已经能足够明显地辩护这一断言：“正当”与“理性”在英语中并不具有相同的意义，它们是不同的概念。

而且，从我们对西季威克的《伦理学方法》的当代反应中，还可以找到指向上述结论的进一步证据。对我们中的大多数人来说，把利己

主义当作一种哲学家需要考虑的关于理性的观点，要比把它当作一种关于对或错的理论更容易。[5]因此，我认为，一种相当的不安应该而且确实伴随着我们的这样一种认识：西季威克漠视了作为一种关于对或错的理论的利己主义与作为一种关于什么是理性与不理性的理论的利己主义之间的区分。与西季威克相反，当代功利主义首先被视为一种关于对和错的理论，而非一种关于理性（或者关于一般而言的行动理由）的理论。而且，实际上除了西季威克本人之外，大多数功利主义的传统捍卫者也将功利主义视为一种关于什么是正当、什么是道德上应该的理论，而并未将它明确地作为一种针对理性的理论。[6]

然而，如果利己主义作为一种关于道德的理论或构想是毫无机会成功的，那么西季威克如此深深畏惧的二元性与矛盾性或许可以在一定程度上通过注意到正当性与理性之间的区分而获得缓解。设想，正如西季威克所假设的，常识道德次于功利主义，而功利主义可能首先是一种关于对与错的理论，那么道德可能就不再遭受西季威克在《伦理学方法》末尾所描述的那种二元性或矛盾性了。即使正当的行动有时并不符合我们的自身利益，这一事实可能也并不倾向于削弱那个带来最佳后果却违背自身利益的行动的**道德**价值。由此，功利主义可能成为各个道德理论的角逐场上的唯一胜利者。

剩下的问题是理性的问题，即，当一个人的自身利益或核心生活计划与功利主义义务相冲突时，一个人牺牲其自身利益或核心生活计划是否是理性的？这个问题当然是一个非常有趣的问题，而且近些年来已经被许多哲学家或多或少地触及。但这个问题并不是一个专门意义上或狭义上的伦理理论问题。如果我们主要关心的是狭义上的伦理理论问题，那么，可能并不存在西季威克感到自己所不得不承认的那种二元性。一种针对理由或理性的功利主义可能在基础层面上与利己主义不可调和,而一些更晚近的研究可能已经揭示了一些优于功利主义观点和利己主义观点的替代性观点。不过,至少我们关于“什么是道德上
24 正当”的观点与西季威克所设想的相比是处于更好的状态。还有,值得注意的是在通向《伦理学方法》末尾的那些段落中,当西季威克尝试将实践理性中的内在矛盾显现出来的时候,他强调了违背自己利益而行动的潜在**不理性**,但并没有主张这样做可以被视为是道德上不可接受的或有缺陷的。作为一种关于正当性的理论的利己主义并不是西季威克在描述实践理性的二元性时所强调的利己主义,而且,仅仅是因为他在更早的时候曾经清晰地指出和宣布过正当性与理性之间的等价性,我们才认为他必定要将这恼人的僵局看作是涉及关于“什么是正当”的矛盾,而不仅仅是涉及关于“什么是理性”的矛盾。

然而,正如我已经指出的,哪怕利己主义已经不被当作道德理论的竞争者,我们关于什么是理性的(被理由所支持的)仍然有一个严重的问题。当我们承认正当性与理性(或者道德与理性)表征了在基础层面上不同的概念之后,西季威克所说的那种二元性仍然以一种削弱的形式作为一个问题存在着,即,去做功利主义意义上正当的行动却违背行动者的自身利益,这样做到底是不是理性的?不过,我们已经论证的这种基础二元性不仅产生了伦理理论方面的问题,也揭示了一种对作为理性理论或行动理由理论的功利主义的新的辩护方式。我们在正当性与理性这两个基础概念的区别方面提出的对西季威克的异议实际上可能使西季威克的事业受益,而不是使之受损。不过,正如我早些时候说过的,这是留待第四章讨论的问题。我们现在的任务是衡量正当性与理性这二者的分析性的或概念性的不等价性所产生的推论,我们特别要弄清楚那些关于理性的判断能否构成对关于正当性的判断的有益的补充。

可怕的不对称性

考虑到西季威克在进行道德理论化时对系统统一性的偏好，我们可以看出来为什么“伦理学只包含一个基础性概念”这种想法是更合意的。因为，如果有两个概念，而且这两个概念有不同的运用标准，那么就很难取得西季威克与许多其他学者所渴望的那种伦理理论的系统统一性。不过，尽管在基础性概念的二元性方面或许已经存在着一些至少有点不祥的东西，我在这一部分将要论证的是，在某些方面，情况比单单的概念二元性这一事实看起来所衍推的东西还要糟糕一些。

如果我们用对理性与不理性的常识判断来补充对正当性与错误性的常识判断，我们所达到的整体观点将具有一些极度反常和不值得欲求的特征；由此我们将会看到，将常识道德与理性判断联合起来的尝 25
试，相比于我们只将常识道德自身作为我们的伦理思考的基础或中心而言，并不会使我们处于更好的状态。（在下一部分我们将看到，康德主义道德也无法通过这种方式前后一致地得到补充。）

我们已经看到，日常的直觉性的道德，也就是所谓的常识道德，在涉及一个行动者可以被允许对他自己做什么与可以被允许对其他人做什么时，遭受着一种牺牲行动者的不对称性。然而，我们对理性选择与行动的日常或常识理解实际上与此相反地遭受着一种**偏爱行动者**的不对称性。因为，当一个人以某些方式没有去助益自己时，这将被解释为对审慎、明智或行动的理性的违背，但当一个人以类似的方式没有去助益其他人时，却不会被解释为这样一种违背。在常识词汇中，我若不去利用某个工作机遇或个人机遇似乎就是不理性的，但如果我没有令某个完全陌生的人去利用类似的机遇，我似乎并不是不理性的。出于同样的理由，相比于对任意选取的其他人的欲望与利益的疏忽或粗心，一个人疏忽自己的利益或自己的涉己欲望在直观上看起来要更加不理性、不审慎。[7]

因此，看起来很清楚，常识性的伦理思考被两个彼此对称或截然相反的自我-他人不对称性所构造着。我们所假设的伦理学的两个基础概念都遭受自我-他人不对称性。不过，伴随我们关于道德可允许性与正当性（或者什么能算作不道德的反面的道德）的常识思考的这种不对称性出现在"牺牲行动者"这个方向上，它与伴随着我们关于一个行动者选择或做什么才是理性的日常思考的那种偏爱行动者的不对称性的方向相反。

我相信，正当与理性之间存在着的这种截然对立代表了一个对常识道德而言（或者实际上对于任何在正当性概念与理性概念之间具有类似的基础性对立的伦理学而言）比这两个概念之间的不同一性的事实更严重的问题。西季威克担心，正当/理性的单一概念会导向各个伦理理论之间的无法反对的冲突。然而，如果这里存在着两个概念，而且它们在两个相反的方向上是不平衡的、不对称的，那么人们就会想要下结论认为这两个概念是以某种方式取消了对方。

首先，我们对对称性的一般性的理论偏好会令人对单独拿出来的正当性与理性之间的常识不对称性感到不快（例如，功利主义对对与错的判断在涉及行动者的利益与涉及他人的利益时是对称的，而这看起来是功利主义的一个优点）。然而，我们可以看到，这两个基础性概念
26 在日常运用中是以彼此相反的方式有所偏袒和不平衡的。因此，当一个人把它们合在一起看时，就会好奇，如果丢弃这两种方向相反的不对称性，是不是伦理学就会变得更好、更**简练**。常识的正当性观念与常识

的理性观念从相反方向彼此拉扯着，如果伦理学的基础工作能通过以某种避免了这两种形式的不对称性的方式得以实现，那么看起来人们就可以在伦理学上少费许多功夫了。

同样值得注意的是，常识正当性与常识理性之间的这种拔河竞赛的怪异性，并不仅仅是一种从功利主义或后果主义视角看才会有的怪异性。对这两个概念的日常使用展现了一种简洁性的缺乏，人们基于纯粹的方法论考虑会不太情愿地承认这种简洁性的缺乏对我们的伦理思考的影响是基础性的。这个理论因素不仅吸引了后果主义与功利主义的兴趣，也吸引了伦理学领域内更广大范围的兴趣。[8]

此外，请注意，这个反对将常识道德与常识理性联合起来的论证并不仅仅是基于怪异性与不简洁性。对于那些表层的、衍生性的伦理概念来说，冗余性或不简洁性可能根本不需要担忧。只有当我们认为，日常道德与日常理性之间的这种彼此对立、在某种意义上彼此取消的不对称性发生于我们的伦理思考的基础层面或核心区域时，这种不对称性似乎才是令人反感的。若假设伦理学在基础层面上被这样一种不简洁的或冗余的对立所描绘，这将是对显而易见的方法论要求的违背。而且，在纯粹的理论层面，在其他方面都相同的情况下，所有的理由都要求我们拒绝这样一种伦理学的基础，而青睐那些更加统一和凝聚的思想。因此，如果我们同时接受常识道德与常识理性，那么我们就有理由去寻求某些更简洁和更统一的东西，而常识道德与常识理性都可以从这个东西衍生出来，或被视为这个东西的特殊情形。而这恰恰意味着，将这两种形式的常识思考当作，或尝试当作是与我们的伦理学的其他方面或部分相比不那么基础或不那么核心的。因此，即便把关于理性的日常直观观点添加进来能使得我们逃脱“贬低了道德/理性行动者的价值”的指责，这样做还是会导致一种总体性观点，这种总体性 27

观点初看起来是不能作为我们的伦理思考的基础或最核心部分而被接受的。

这就打开了一种可能性，即，我们应该用某些理论上更加合理的候选项来取代对道德和/或理性的常识思考所具有的基础性地位。或者，不那么激进地，我们应该保留我们的日常思考的这两个部分，却寻求用某种不同的、重要的伦理观点来为这二者奠基。而且，尽管正如我们将会看到的，这些可能性将会为美德伦理学与功利主义提供有趣的基础性资源，我们也必须首先考虑，我们是不是可以简单地用康德主义道德来代替常识伦理。如同我们已经看到的，康德主义道德同样与“贬低了道德行动者的价值”这一指责密切相关，也同样遭受这一指责。不过，或许存在某种补充康德伦理学的方式，这种方式可以击败这种指责，而且可以免于产生那种会被批评为太不简洁、太奇怪、太难被我们接受为伦理学的基础或核心部分的观点。

然而，如果我们尝试用某些与康德对伦理学的（其他）一般假设相一致的关于理性的基础性观点来补充康德主义伦理学，那么这样的步骤实际上并不能导向成功。因为，根据康德，不存在关于自我利益的绝对命令，也不存在追求一个人自己的福利或幸福的绝对理性义务或道德义务，这种义务是康德相信能从与他人的关系而非与行动者自己的关系中给予证明的。这意味着，对于康德来说，没有任何偏爱行动者的理性判断可以被适当地用来补充牺牲行动者的道德并帮助它逃脱“贬低了行动者的价值”的指责，而早先我们曾用这种指责批评康德主义道德与常识道德。即使康德主义者允许或想要允许某些涉己的审慎拥有条件性的价值或美德的地位，正如我们所看到的，这种价值相对于谋求他人的幸福所具有的道德价值而言仍然处于不那么基础的水平，因此这也无法消除这种指责。或者，从一个稍有不同的方向来看问题，我们可以说康德主义实践理性产生了涉他或偏爱他人的绝对道德命令，但并没有产生关于合理的自我利益的绝对命令。结果，不同于常识理性，康德对理性的观点无法被用来对抗那些在第一章提出的对康德主义道德的批评。

然而为什么康德**不**接受任何以偏爱行动者（亦即，偏爱行动者的幸福）的方式所体现的（绝对）理性呢？看起来，至少部分地，这是因为他认为一个人自身的幸福的概念是过于不确定的、过于个别地多变的，从 28
而不适合作为命令的基础，这种命令得具有那些从绝对命令衍生出来的涉他道德命令所具有的那种深度和力量。[9]作为一个一般性论题，这个观点整体而言看起来不大合理。尽管对幸福的个体偏好和个体观念可能呈现广泛的差异，但对某些种类的个人利益的漠视似乎是绝对地不理性的，而且那些被我们批评为忽视了自己的健康或没有去阻止那可被阻止的苦难或痛苦的人并不能通过宣布他对自己的健康或无痛苦漠不关心来免于这种理性方面的批评。从最起码的直观出发，拥有这样的偏好结构直接就是不理性的；从理性的角度看，一个人**不应该**对健康和免于未来的痛苦漠不关心。而幸福、福利或个体利益的这些要素是足够确定的，它们能将关于自我利益的命令赋予我们，而这种命令是康德所明确否定的。

然而，即使我们同意康德的说法，认为我们自己的幸福过于不确定，无法产生绝对命令，康德在调和这一假设与他自己对涉他的幸福或福利方面的绝对命令的坚持这二者时也面对着巨大的困难。来自不确定性的论证如何能够在后一种情况中不成立，却仍然能够阻断那些涉及行动者自身的利益或幸福的绝对命令？这是完全不清楚的[10]，因此，或许康德**本应该**承认，与常识思考所统一的那些原则相呼应，也存在着偏爱行动者的命令或理性原则。但就康德实际上否认了偏爱行动者的强理性原则而言，他无法逃脱上一章所提出的批评，因此，尽管他避免了与常识的道德–理性观念联系在一起的那种特殊的怪异性与不简洁性，他的总体观点看起来并不能比后者更好地充当我们现下的伦理学理论的基础或核心部分。如果无论常识道德还是康德主义道德都无法独立地满足我们的基础性要求，那么添加一些关于理性的恰当断言也不会有什么助益。

注　释

1 See Sidgwick, *The Methods of Ethics*, seventh edition, pp. 404n., 507ff.

2 Sidgwick, p. 508.

29 3 Sidgwick, Book I, Ch. 3, esp. pp. 23, 32; also pp. 5ff., 77, 344. 更多的讨论，see J. B. Schneewind's *Sidgwick's Ethics and Victorian Moral Philosophy*, Oxford, 1977, Chapter 7。

4 关于压倒性论题的可能反例，see Philippa Foot's "Are Moral Considerations Overriding?" in her *Virtues and Vices*, California, 1978; and my "Admirable Immorality," Chapter 4 of *Goods and Virtues*, Oxford, 1983。关于对压倒性论题的这两种批评也有大量的回应。

5 See Derek Parfit, *Reasons and Persons*, Oxford, 1984, p. 129, and Schneewind, p. 353.

6 See, e.g., Bentham's *An Introduction to the Principles of Morals and Legislation*, London, 1982; G. E. Moore's *Principia Ethica*, Cambridge, 1959; and, more recently, S. Scheffler's *The Rejection of Consequentialism*, Oxford, 1982.

7 Cf. Sidgwick, p. 120 and Schneewind, p. 353. Also Shelly Kagan, *The Limits of Morality*, Oxford, 1989, p. 389.

8 关于西季威克对（科学化的）伦理理论的承诺，参见《伦理学方法》中结论的那一章，不过西季威克对伦理理论的这种偏爱是贯穿全书的。Cf. Schneewind, p. 214. 关于对伦理理论化的反对，see Bernard Williams's *Ethics and the Limits of Philosophy*, Harvard, 1985, pp. 149ff。关于通过论证来捍卫伦理理论以及它对准科学方法的使用，见本书第三章。

9 See Kant's *Fundamental Principles of the Metaphysics of Morals*, in T. K. Abott, ed., *Kant's Theory of Ethics*, London, 1909, pp. 35ff. 康德还说过，由于人不可避免地意愿自己的幸福或福利，不可能存在追求自己的幸福或利好的（偏爱行动者的）职责或义务（参见此书的导言：Kant's *Doctrine of Virtue*, ed., M. Gregor, New York, 1964, pp. 44ff.）。不过，是不是每个人都总是追求或意愿自己的幸福，这一点是可疑的。而且无论如何（正如我们将在第三章看到的），康德关于"不存在追求自己的利好或幸福的义务"的论证是前后不一致的，或至少与他的其他伦理观点之间存在着张力。

10 See Lewis White Beck, *A Commentary on Kant's Critique of Practical Reason*, Chicago, 1960, pp. 98f. 当然，康德确实允许那些关于发展自己的天赋与道德自我完善的（基本的）绝对命令。（参见第六章。）需要注意的是，如果康德对幸福的构想中的快乐主义成分使得一个人对自己幸福的追求不如这种追求在某些对幸福的古代构想中那么有价值，并因此支持康德不去向这种追求赋予基础性价值，那么，这种快乐主义成分必定同时也倾向于取消康德为"促进其他人的以快乐主义方式构想的幸福"所赋予的价值。 30

第三章

康德主义与常识道德思考中的不一致性

我们已经发现,我们有一些理由去拒绝把关于什么是正当和什么是理性的常识观点或康德主义观点当作我们的伦理思考的恰当基础。但是这仍然保留了这样一种可能性:这些观点与一种(常识的)美德伦理学**放在一起之后**,可能会形成一般意义上的伦理思考的充足基础。还有另外一种可能性:在某种可接受的伦理学的总体之中,美德伦理学起基础性作用,而关于正当和/或理性的康德主义或常识思考则起次要的或更表面的作用。在这两种情况下,美德伦理学都需要常识道德的伴随,而后者将始终是我们的(发展着的)伦理思想与理论的一部分。

不过,现在是展示我自己的观点的时间了。接下来我将论证,我们实际上既不需要常识道德思考也不需要康德主义道德思考,而美德伦理学,一种关于各种美德的批判性的常识主义观点,能够只依靠它自己而运转。我希望表明,常识的和康德主义的道德构想都是内在的不一致的,尽管是以不同的方式。我们对于什么看起来合理或直观的日常感受将我们引向了矛盾的结论，而当我们把康德的一般理论与康德自己所认为的这些一般理论在更特殊的道德问题中的推论放在一起时，也会引向矛盾，这种矛盾在很大程度上与我们将要指出的常识道德思考中的矛盾是重合的。因此，我们可能不需要再担心常识道德或康德主义道德如何能与常识性的或其他形式的美德伦理学搭配起来。而且，我将提出一些理由来支持这个观点：在我们对合适的伦理学的探索中，常识道德与康德主义道德都应该被抛弃。作为开始，让我们先来考虑对伦理**理论**或道德**理论**的整个概念的若干著名的批评，这些批评是由这个领域的直觉主义进路的捍卫者提出的。 31

道德理论与反理论

按照我们对道德理论这一概念的一般理解，“道德哲学家应该追寻道德理论”并不是自明的。实质性的伦理学一般被与元伦理学区分开来，后者是关于伦理概念与观念的语义学与知识论研究。许多认为我们需要考虑诸如伦理判断的意义、客观性与理性等元伦理学问题的哲学家会质疑，我们那些更具实质性的伦理观点，特别是那些更具实质性的道德观点，是否应该被当作我们的理论事业的起点，这一事业寻求用一些更系统化和更统一的道德观点去取代常识或直觉道德判断的复杂性与多样性。

这种更系统和更统一的观点的一个最清晰的例子来自功利主义。一些功利主义者具有独特的，或者至少是确定的元伦理学观点；不过，功利主义作为一种关于“什么使得行动对或错”的实质性构想，主要致力于去修正常识道德（即，我们对于什么是对或错的实质性日常观点）。而且，它宣称它自己的实质性观点优于普通人的道德信念，这种宣称部分地基于功利主义作为一种关于对和错的**理论**所具有的美德：它的优越的统一性、简洁性、解释力、简单性等。但许多支持(非实质性的)元伦理学意义上的道德理论的哲学家认为,这样的做法是不能令人满意的,甚至是有悖常理的：以科学的典范或系统性的理论构造的命令之名,在各个常识道德判断中挑来拣去,以这种方式用一个关于对与错的理论来代替我们关于对与错的日常实质性道德判断。在这个方向上,人们可以对功利主义与其他道德理论尝试提出批评。这里只举一个例子,即伯纳德·威廉姆斯的《伦理学与哲学的限度》中的下面这段话：

> 理论特别爱寻求那些非常一般性的考虑……因为它试图系统化,也因为它试图将尽可能多的理由表征为其他理由的应用……理论通常会假设,我们拥有太多的伦理观念,其中一些观念可能其实仅仅是偏见。我们当下的主要问题是,事实上我们拥有的伦理观念不是太多了,而是太少了,我们需要尽可能地珍视它们。[1]

那么,为什么我们**认为**我们需要理论或系统呢？威廉姆斯认为,答
32 案来自这样一个假设：如果缺乏一个系统,我们的日常的多种多样的道德观念就是缺乏基础的,就是缺乏辩护的或者在一定程度上不确定的。尽管人们还会出于其他理由而渴望理论和系统,而且我也将讨论其中的一些,威廉姆斯在这儿已经提出了一个驱动着人们奔向系统化的道德理论的重要理由。不过,这个理由也引发了一个关于道德知识或对道德判断的辩护的重要问题。

一些著名哲学家认为,道德上敏锐或道德上受过教育的个体具有某种在他们的(成年)生活的许多或大部分情境中辨别什么是对和什么是错的能力；他们还认为,这种辨识能力或这种道德知觉完全不要求我

们能接近某个一般道德原则的统一集合，而且实际上超越了任何我们**能够**以一般原则的形式来表达的东西。一些这种直觉主义元伦理学观点的捍卫者如罗斯断言我们的日常道德思考可以或应该使用关于义务或责任的“初步原则”，并由此把我们对在特定情境下的特定行动的道德评价看作是在某种程度上被一般性的考虑所指引的。但这些直觉主义者宣称，这些相关的初步原则不可能被严格地按优先性排序，按词典顺序排序或按某种方式排序以排除所有的例外。由此，他们认为，在那些各个原则产生了彼此相反的初步指示的情况下，它们的相对权重只能被一个依情境而变化的微妙的权衡所决定。其他直觉主义者，如亚里士多德，在道德辨识的过程中给予伦理原则或一般性断言的角色甚至更少，并且捍卫了一种对情境化的道德要求的知觉的或至少可修改的敏感性的可能性，这种敏感性等同于对各种各样的现实或可能行动的道德或伦理属性的知识。

这两种观点都把道德判断视为是类似于我们对合语法性的日常判断。既然大体上我们可以在许多或大部分情况下辨别什么是合语法的或不合语法的，而不用去引用一个支配我们所做出的特定判断的一般性理论或无例外的系统原则，那么在我们日常道德能力方面似乎也可以做出类似的断言。在这种情形下，那些将自己的观点基于“缺乏系统化理论的帮助，道德断言就是可疑的、缺乏充分依据的”这样想法的道德理论与系统的捍卫者，在捍卫其关于我们对道德理论的需求的观点时，将会面临困难。[2]

不过，西季威克还曾经提到对道德理论的另一个动机。他宣称，我 33
们可以使用那些通过科学的或系统化的进路而达到的一般原则来解决关于特殊情形的怀疑或冲突。[3]这个想法看起来是说，与科学中所发生的事情类似，一个单一的道德原则或一个紧密联系在一起的道德原则的集合所体现的值得欲求的系统统一性，可能让我们有理由以接受冲突两方中的一方而拒绝另一方的方式来解决特定道德争议中的人际冲突或个人怀疑；它甚至可能会使我们怀疑那些我们曾经对自己的道德判断感到确信的情形。即便我们承认在许多情形中道德直觉彼此冲突或者道德直觉是不真实的，那些道德的反理论者仍然可以直接质疑与严格的科学方法之间的这种所谓的类比，并坚持认为，更好的方式是承认我们的（当下的）道德知识的限度，而不是怀着通过模仿科学来弥补我们的无知的虚幻希望而高歌猛进。道德的反理论者常常夸大（当下的）道德直觉与敏感性的能力，而忽略了道德直觉如何以大量的、多种多样的方式对特定情形表现得模糊或冲突。西季威克做的一件好事是，他向我们指出了许多具体的道德争议，在面临这些道德争议时直觉常常以这样或那样的方式让我们失望。不过，我们仍然有理由去怀疑理论考虑或科学方法能否恰当地被用来解决道德生活中的含混或“无所谓”的情况。或许，相对于通过人为地诉诸科学的方法论来补救我们的无知来说，承认我们当下的道德知识的不完全性是更好的方式。在这样的情况下，我们唯一的真正的补救方法可能是进行集体的、长期的、具体的批判性道德反思。[4]

我刚才提起的议题极其复杂，要公平地讨论它们，或许需要一本书的长度。但我在此刻希望提出一个进一步的理由，以说明为什么要严肃地对待伦理理论或道德理论的观念。指出我们的常识道德观念与直觉的不完全性，认识到即便理智而敏锐的个体也可能会在具体道德议题中发生分歧，或者在另一些道德议题中对于能够说些什么缺乏任何清楚的见识，这是一码事；宣称我们的直觉性的道德思考是内在地不连贯地或不一致的，则是另一码事。不过，在下面的部分，我将要主张的恰恰是后面这种更强也更让人为难的观点。

在哲学的其他领域，我们一向熟悉对直觉的不一致性的发现所产生的后果。当弗雷格的直觉主义第五公理被发现会导致不一致性或矛盾时，这一发现激发了一种从直觉主义集合论向一种其内容由“避免矛盾”这一目标所主导的集合论的理论转移。十分类似地，当我们 34
关于“哪些陈述能确证哪些其他陈述”的常识直觉会导向不一致这一点变得明显的时候，这一事实就激发了技术化和系统化的确证理论的发展。一旦从我们对一个概念的日常使用中发现了不一致性，就需要通过理论独创性来在避免这些不一致性的同时，尽可能多地实现这一概念所服务的最初目的，而任何献身于这一任务的事业无疑都将超越常识思考而进入理论的领域。现在，我想要论证的是，我们关于道德的常识思考是内在地不一致的，而这种不一致性使我们有理由以一种在哲学的其他领域曾经被践行过的方式去追求伦理学的系统性理论。

道德运气

近年对道德运气的讨论有一个令人不舒服的成就：它指出了我们的直觉道德思考中的一整套不一致性。例如，考虑我们对人们的行动的不可预见的或意外的后果的日常道德反应。比如，日常道德思维区分了谋杀未遂与谋杀的道德地位。尽管这一区分体现在了对谋杀与谋杀未遂的性质与惩罚的法律区分之中，它的道德重要性并未被它在具体的法律语境中起的作用所穷尽。因此，在谋杀与谋杀未遂这两者的法律区别之外，我们认为一个杀死了无辜者的人要比另一个出于意外而未能杀死他准备杀死的无辜者的人更坏。我们觉得前一个人和他的所作所为更坏，这一差别还可以从我们的行动倾向中看出来：我们倾向于对那个谋杀者施加比那个谋杀未遂者更多的指责。而且，在我的想象中，当我们在知情的情况下与一个谋杀者并排就坐的时候，我们所感到的厌恶要比与一个谋杀未遂者并排就坐所感到的厌恶更强烈。

由于常识道德接受并鼓励这些感受与道德判断上的区别，它允许那些现实的不可预见的后果在确定道德判断时起作用，从而也就为某种“道德运气”制造了空间。但正如常常被指出的，道德运气这个观念本身恰恰冒犯了我们的常识道德直觉。因此，我们对那些被单独拿出来的情形的道德直觉与“对道德上好或坏、应受指责或责备的程度的判断不可能被运气或意外所影响”这种一般性常识道德信念之间
35 是冲突的。而这些不一致性所发生的情形既频繁又多种多样。

为了给出一个更进一步或许是更清晰的例子，想象某个人在乡间路上驾驶一辆汽车，并把一些著名的景观指示给他的乘客看。由于他全心全意地指示风景，汽车突然转向了道路的中间。幸运的是，没有任何汽车从反方向开来，也没有任何事故发生。然而，在另一个场景中，这个人以类似的方式走神了，而另一辆卡车恰好经过，于是酿成了重大事故。这时，他就需要为对其他人所造成的伤害负责，并通常被认为是应受谴责的。但在第一种情形中，他却不会被认为应当受到同样程度的谴责。这个例子来自托马斯·内格尔的开创性论文《道德运气》。但正如内格尔所指出的，我们的内部似乎有什么东西反对道德运气的观念，并使我们倾向于认为在上面提到的两个情形中的司机都应该遭受同等程度的指责。[5]在“一个人应受谴责的程度依赖于那些外在于他的知识或控制的事件”这样的观念中有某种令人排斥的东西。因此，对于刚才提到的两个例子来说，似乎我们应该把某种概率估算添加到我们的例子中，这样，那个变道的司机是否应受谴责、在多大程度上应受

谴责就仅仅取决于他是否充分地知晓事故的可能性以及在他向着风景走神的情况下事故的可能性究竟有多大。这样的判断将在这两个想象的情境中保持恒定,并允许我们说,这个司机在两种情形中都应该为了边开车边看风景而受到同等程度的谴责。

然而,跟从内格尔,我认为,在我们开始以一种自觉的方式对道德运气感到担忧之前,这样的解决方式无法与我们在日常活动中的道德判断相一致。我认为,无论我们把两种情境中的概率(的知晓)想象为多么地恒定不变,常识道德总会在对行动者的可谴责性方面找到差别。(实际上,不管我们把这两个情境看作是两个相互关联的反事实可能情境,还是看作涉及面临类似境况的相似的人或不同时间的同一个人的,都不影响这一点。)在那些据说是不留意、粗心或忽略的情形中,常识看起来接受了一个彼此矛盾的假设的集合,由此,在道德的这一领域,我们需要超越我们的常识思考。[6]

我们刚刚谈论了一种形式的道德运气:关于一个人的行动或不行动的结果或后果的运气。但正如内格尔在他最初的论文中,以及许多其他人也曾指出的那样,除了通过无法预期或不可预料的结果之外,道 36
德运气还可以通过其他方式产生。从而,设想我们居住在第二次世界大战时期的德国,我们中的一些人没有做任何阻止纳粹的事情;那么,我们其实在那个时期并不在德国居住这一事实所导致的我们犯的过错较少、微不足道,应该归因于我们的**环境**。任何关于这样的**环境**运气的假设都会导向不一致性,这种不一致性类似于**结果**方面的运气的不一致性。最后,我还要提一提在天生的智力、活力等秉性方面的构成性运气等。不过,我不打算老是想着这些秉性给我们的常识道德判断带来的困难。我们已经发掘出来的问题对我们的目的而言无疑已经很充分了。

道义论限制

行为功利主义与行为后果主义的一个最显著的特征是它从非个人的善意出发的吸引力。当我们从我们的特定认同、个人欲望与关切中抽象出来，善意地、外在地打量世界上发生的事时，我们希望能产生最好效果的行动被执行，并为它们被执行而高兴。而这些行动就是行为功利主义与行为后果主义称之为道德正当或道德义务的行动。[7]

另一方面，常识道德与功利主义和后果主义的不同之处是，它认为有些行动是道德上义务性的，即使它们比某个向行动者开放的替代选项所产出的总体善要少。对这种义务的一个首要的例证便是那些道德限制，这些道德限制要求一个人不能为了救五个无辜的生命就杀死一个无辜的人，哪怕这样做能阻止那五个无辜的人被这个人之外的其他人杀死。这里，常识道德假设，接受这些限制，就意味着接受这一观念：即使从非个人的角度看杀人**能**导致更好的事态（事件的序列），杀人仍然是错的。显然，这些关于即使在使善最大化的名义下一个人可以做什么的道义论限制，是与大多数人接受的道德密切关联的。

在一个人可以从“**杀死**一个无辜的人”与“**未能拯救**五个无辜的其
37 他人”之间做出选择的情形中，**支持前一个选项**的理由很清楚：如果这个人做出这个选择，总体的后果就会比他不这么做**要好**。但常识道德还是不允许这样的选择。在这类情形中，我们这样提问是有意义的：从常识道德的角度看，到底是什么东西反对着这个选项，并具有充足的分量，从而能使“杀死一个单个的人以产生好得多的后果”这个选项成为显然的错误选择？在《拒斥后果主义》一书中，萨缪尔·舍夫勒指出，对这样的问题，有某种典型和自然的反应：那些面临着“提供对最大化总体善的常识性限制的辩护依据”这一要求的人，常常会试图找到对这些限制的违背的一些特征，这些特征“非常坏或负面价值极高”[8]，这使得他们可以说由于这些违背具有如此可憎的特征，它们才被常识所禁止。由此，他们就会指出，比方说，当某个人s为了阻止其他人死于瘟疫或意外伤害而故意杀死了一个无辜的人p时，坏的或可憎的地方在于这样一个事实：这是一个故意的行动，是对无辜生命的**故意**的侵犯。

当我们仅仅考虑那些一个人必须从杀死一个无辜的人和放任其他人通过非人为或非故意设置的方式死亡之间选择的情形时，这样的辩护看起来相当有效。因为在这样的情形中，那些刻画了对限制的违背、负价值极高或十分可憎的特征，在行动者拒绝杀人却放任其他人由于疾病或事故而死亡这个选项中完全不存在。但人们认为这个限制在另一类情形中也成立：在这类情形中，一个人必须选择，要么杀死一个无辜的人，要么放任其他人杀死几个无辜的其他人。这种情况下，无论这个人如何选择，故意或有意地杀死无辜的人的事都会发生。而上面那种最自然、最具常识性、被最频繁地当作对禁止杀人之类的道义论限制的捍卫方式的辩护依据，在这类情形中并不成立。因为那种可憎的、坏的或负价值极高的特征（无论它是“一个人被仅仅当作工具”，还是“侵犯了他人的清白”，还是一个人可能选择去注意到的其他方面）都将在“放任另一个人故意地杀死无辜的人们”这个选项中出现。而且，如果一个人把其他人或被其他人当作工具来使用是一件如此坏的事，那么人们可能会怀疑，在一个人必须选择要么他要亲自把别人当作工具，要么他要允许其他人把**更大数量**的人当作工具这样的情形中，为什么“不 38
能把他人当作工具”不是一个违背“不得杀死无辜的人”的常识禁令的理由。不管对这一禁令的违背具有多么令人反感或负面价值的特征，不违背这禁令的话这一特征都将以更大的规模呈现，因此，如果仅把他人作为工具来使用或者对无辜者的侵犯是令人反感的，就会出现一个更为困难的问题：通过杀死一个无辜的人来**最小化**这些令人反感的行动，这样做为什么是错的或令人反感的？

因此，尽管把一些与违背这些限制相联系的坏的或负面价值的特征作为常识性道义论限制的基础看起来很自然，这类辩护实际上倾向于削弱它们所要辩护的东西。如果为了辩护道义论限制，我们聚焦于一些可归结于对限制的违反的坏特征，那么我们可能会被引向这样的认识：如果一个人不去违背那个限制的话，那个坏特征将会**更多地发生**，而这将使得这个人有理由去选择违背限制或至少将违背限制与遵从限制当作是一样地可允许的。而所有这些都削弱了我们关于为了阻止杀人而去杀人是错误的，以及这么做总是比不这么做更糟糕的固有直觉。因此，我们在这个领域的常识思考与自身相矛盾，是不一致的，因为它为了支持自己而提出的理由实际上倾向于导致对它自身的怀疑。[9]

不对称性与不一致性

我相信，将让我们遭遇一个由单独来看都合理、都符合直观的假设组成的不一致的集合的第三个也是最后一个常识道德的领域，是自我–他人不对称性。显然，这种不对称性看起来是不理性的和缺乏动机的，如果我们采取功利主义伦理学的非个人的视角的话。不过，即便从常识道德思考的视角来看，这种不对称性也会产生问题。由于常识道德关于对和错的一些**其他**看法的影响，常识道德自身很难一致地让它对对和错的自我–他人不对称性的承诺变得可理解。

特别地，日常的非功利主义道德将我们对其他人的义务当作是依赖于他们与我们之间的情感或特殊承诺关系的远近：若其他方面都一样，我们对自己的直接亲属的义务要比对一般亲戚的义务更强，我们对朋友或亲戚的义务要比对一般的本国同胞的义务更强，而我们对本国同胞的义务又比我们对其他国家的人的义务更强，等等。[10]在这种意义上，常识道德反映了一个成年人的关切的通常结构。相比于遥远的他 39
人，我们自然而然地更关心，也有更多的理由去关心我们的朋友和亲戚的福利。常识道德似乎把这种差别修建到了它分配给我们的那些各种各样的要我们关切他人的福利的强义务之中。然而，通过自我-他人不对称性，常识道德也把一种绝对的道德不连续性叠加到了每个行动者通常都被置于其中的关切结构之上。一方面，它鼓励这样一种看法：当一个人离行动者的距离越远，义务的强度就越小；另一方面，它却又假设行动者没有任何（除非是间接地）让**自己**得益的义务。如果不考虑行动者自己的话，那么行动者的义务的变化就与行动者的关切的理由成正比，然而，在行动者自然而然地最有理由去关切的地方，他却没有任何直接的义务。这看起来是怪异和缺乏理由的，即便我们不从任何功利主义或后果主义的视角出发去看待它（尽管这视角提供了一种避免这种怪异性的出路）。

事实上，有一个显而易见的方式可用来尝试辩护自我-他人不对称性（或者它的某些方面）。不过由于刚才所说的这些，这样的尝试实际上会使得常识道德的图景更加黯淡，因为它会使得我们对上面提到的常识思考中的不连续性的理解变得毫无可能。让我来解释。

一个人可能会很自然地尝试从正常的人类欲望与本能以及一些关于它们对我们的行动的影响的合理假设这个方面来辩护关于促进自己的利益的道德义务的（明显的）缺乏。在大多数时候，我们通常都会照顾我们自己，而根据这种辩护，这就是不需要道德向我们施加义务或职责的原因。不过这套触手可及的理由（实际上，这正是康德为我们没有义务去追求自身的幸福所提供的理由）实际上引向了不一致性，当我们把它与上面我们提到的那些我们与其他人的关系的事实联合起来的时候。[11]相比遥远的他人，我们可能通常都会给自己的配偶和子女以更多的照顾，然而我们对后者的义务也比对前者的更大。这与我们从上面那套理由中所期待的方向恰恰相反，如果上面那套关于追求自身幸福的义务的理由成立的话。不过，从什么东西是寻常的、可被预期的这个方面来尝试辩护自我-他人的道德不对称性和更具体而言的追求自身幸福的义务的缺席，这在常识上是十分自然的。我认为，这表明，在这
40 个领域里常识确实是与自身相矛盾的。自我-他人不对称性的这套看起来唯一可能的和明智的理由在面对常识道德的另一方面时也变得没有意义了。我认为，这种关于对和错的日常思维的内在困难也提供了一些进一步的理由，让我们去寻找比常识道德思维更好的东西。[12]不过它也可能会使我们去寻找一个比常识道德思维更好的对于为什么人们没有义务去促进自己的幸福的解释，这种解释应该不像我刚才所描述的这套常识理由那样与常识道德的其他特征相互冲突。

约瑟夫·巴特勒同意康德的观点，认为相对于我们自己的利益而言，我们倾向于更多地忽略其他人的利益，因此，相对于我们促进他人的利益的义务而言，我们不那么需要具有促进自己的利益的义务——但他只把这当作程度上的差别，而没有宣称不存在一个人对自己的义务，因为他发现我们人类具有出于愚蠢、粗心、懒惰、过度的激情等而毁坏或伤害自己的倾向。[13]但即使这样一种软化之后的关于自己的义务的解释也与上面提到的常识思维相冲突。因此，去看看巴特勒提供的另一个对自我-他人不对称性的补充性解释将是一件有趣的事。在这个解释中，自我-他人不对称性看起来与关于我们对亲近或疏远的他人

的义务的严格性或强度的常识观点并不无任何不相容之处。

巴特勒指出，不审慎通常会导向对不审慎者自身的惩罚，反之，对其他人的错误对待却不一定会把坏处反弹到行动者自己身上；因此，相对于一个伤害了其他人的人来说，不太需要去责备一个伤害了自己的人，因为由不审慎引起的伤害本身就能劝阻行动者在未来不做类似的事。依靠行动者自己感受到的伤害，就可以阻止自我伤害，这样也就不那么需要来自其他人的义愤。巴特勒还补充说，一个伤害了自己的人由于他所经受的伤害而自然而然地是我们的怜悯的对象，反之，一个伤害了其他人、自身却未受伤害的人则不是怜悯的自然对象。由于怜悯倾向于削弱对怜悯对象的恼怒，甚至与对怜悯对象的恼怒不相容，我们就能进一步解释为什么一个伤害了自己的不审慎的人要比一个伤害了他人的人遭受更少的斥责。

不过，尽管这套理由并不与其他领域的常识说法相冲突，它自身却是不充分的。即便并没有发生什么坏事，我们也会责怪那些将别人置于不必要的风险中的人，如果这风险足够严重。但我们并不会（同样严厉地）责怪一个把自己置于不必要的风险中的人。我们认为，一个人把自己暴露于这样的风险中并不是错的，或者并不像置别人于风险中那样错，即便他事实上逃脱了伤害。然而，按照巴特勒的解释，在这样的 41
情形中，我们需要谴责他，因为不审慎所导致的通常的惩罚是缺席的，因此，除非行动者受到严厉的谴责，不然就没有什么东西能劝阻他在未来进行类似的冒险。而且，因为这个冒险者并没有遭受伤害，不需要怜悯，所以怜悯也不能解释为什么我们没有对他感到与伤害他人的情形中同等程度的责备与义愤。

因此，即便我们放弃了最初似乎是解释与辩护自我-他人不对称性的最佳方式的那套理由，我们仍然承受着相当大的困难。我们可以避免从那套常识理由与我们关于义务的强度随着关系的亲密程度而变化的常识观点这二者的结合中所产生的彻头彻尾的不一致性。然而，由于其他用来解释自我-他人不对称性的已知候选项都不能与这种不对称性的现实现象相一致，我们对这种不对称性就没有别的解释了。而我们被允许对待自己的方式，与我们对他人的义务随着我们与他人的关系远近而改变的方式，这两种方式之间的绝对的不连续性看起来仍然是古怪和缺乏理由的。更一般地，我们在不对称性领域、在道德运气领域和在道义论限制领域的常识思维，都以各种各样的方式导向悖论与显而易见的不一致，而这一事实，再加上早些时候在第一章与第二章中所描述的那些关于常识的基础性困难，都使我们有理由对常识道德感到不满，并寻求一个更好的对伦理问题的总体进路。

不过，除了指出我们对优于常识的东西的需要之外，上面的讨论还展示出，在某些至关重要的方面，与威廉姆斯的断言相反，我们的直觉道德思维留给我们的观念太多了，而不是太少了。我们所辨识出的那些不一致性和不融贯性来自直觉承诺之间的冲突，而在这里，正如我在更早时候所建议的那样，与道德思维有关的境况和早年我们所看到的关于归纳与确证理论所发生的境况十分相似。亨普尔对确证的经典研究揭示出，我们关于确证的常识观念和我们对于系统阐述确定何时一个陈述确证另一个陈述的直觉标准的尝试都以许多不同的方式产生了矛盾。用以色列·舍夫勒的话说："亨普尔对尼科标准以及预测-标准的批评，他对确证悖论的发现与处理，以及他对某些标准中的冲突的
42 讨论，都使得看起来无论选择什么标准，都不可能完全避免违反一些自身看起来完全合理的标准。因此，任何一个寻求［对确证的］系统性解释的人都合法地要求一定程度上的理论特许。"[14]以相似的口吻，内尔森·古德曼宣称："由于我们的常识假设一旦联合起来就会迅速地导向

荒谬的结论，这些假设中的一部分必须被抛弃；而不同的理论家在抛弃哪些假设，保留哪些假设方面可能会做出不同的决定。"

对于我们的目的来说，亨普尔在确证问题上的研究之所以重要，不是因为它的那些积极的理论建议，而是因为它揭示了，一个给定领域中日常直觉中的不一致或冲突为我们求助于理论考虑与系统性的理论推定提供了辩护。我认为，我们在这里拥有类似的理由，从现在开始转向对系统性的伦理理论的考虑，以超越我们在日常直觉道德中所发现的那些冲突。仅仅日常道德思维的不完全性可能并不能成为理由，让我们可以屈服于这样的诱惑（有些哲学思维方式感受到了这种诱惑，但另一些则没有感受到），使用理论化的方法论来尝试寻找和系统阐述一种充分的实质性的伦理观。这种不完全性自身**可能**只是揭示了威廉姆斯的观点，即，我们的伦理观念太少了，因此不应该在伦理学中运用简单性与系统统一性的标准，这样的标准倾向于通过把这些观念的某些子集当作是可以覆盖整个领域，覆盖伦理学所要处理的所有现象，来**削减**我们的伦理观念的**数量**。然而，我们的伦理思维的状态比反理论家所（明确地）认识到的要复杂和恶劣得多，而我们联合起来的直觉产生了不融贯性或不一致性这一事实向我们指出了这样的见识：我们的伦理观念是太多了，而不是太少了。而这一结论反过来似乎辩护了反理论家所反对的那种向理论伦理学的上升（或许下降？）。[15]

当我们通过回复伯纳德·威廉姆斯在《伦理学与哲学的限度》中清晰表达与断言的那种反理论立场来达到这个结论时，这里似乎有些讽刺意味。因为，在其他更早的文本中，威廉姆斯已经表明他知晓我们的道德/伦理直觉可以把我们引向矛盾，并因此要求我们拒绝这些直觉中的至少一个。事实上，对于至少在某些领域我们的观念不是太少而是太多了这一看法，威廉姆斯自己对道德困境的处理已提供了一个完美的例证。

在《伦理学与一致性》中，威廉姆斯捍卫了这一断言：一个行动者可能自身毫无过错地进入这样一个情境，在这个情境中她既（道德上）应该做a，又（道德上）应该做b，却不可能二者都做。[16]对一个特定的行43 动者来说，这样的情境展现了一种道德两难。尽管有许多种方式来质疑或否定这种两难在原则上的可能性，威廉姆斯在上面的文章和后续文章中都捍卫了这种可能性。不过，在上面这篇文章中，威廉姆斯很清楚如果我们接受道德两难的可能性，道义论逻辑的直觉原则中的某一个或另一个就必须被放弃。因为，如果行动者p既应该做a又应该做b，那么看起来就可以很合理地通过威廉姆斯所谓的聚合原则（这一原则在其他地方被称为合取引入原则）推论出p应该既做a又做b。由于我们可以合理地假设“应该”蕴含“能够”，而这两难又已经预设p不能既做a又做b，我们就终结于一个逻辑矛盾。因此，显然有些东西必须被放弃，威廉姆斯自己决定坚持“应该”蕴含“能够”的原则和两难的可能性，却拒绝了聚合原则。

然而，这种从各个独立地看起来都合理的假设中选取一些的方式并不是自明的。在面对类似的矛盾时，其他一些伦理思想家决定否认“应该”蕴含“能够”的原则而（至少是隐含地）保留聚合原则。很难否认的是，这一选择受到了理论考虑的特有影响，尽管它可能也涉及诉诸各个冲突的直觉的相对力量或力度。[17]所以，对于直觉道德观念之间的矛盾使得我们可以合理地认为我们的道德观念是太多了而非太少这样的情形，威廉姆斯自己已经为我们提供了一个一流的例证。通过揭示出一种更直观的、彻底的常识进路的自身内在困难，我们对理论考虑的诉诸与对伦理学的实质理论或构想的进展或摸索可以得到辩护。[18]特别地，由于均一性、对称性、（系统）统一性与简洁性无论在科学之内还是之外(例如,语言学与数学)都被视为是理论上可贵的,我们有理由诉诸这些因素。到目前为止我们已经这样做了,接下来我还将这样做。

康德伦理学的不一致性

刚才在我们的常识道德直觉中所发现的那些困难的一个基础是我所谓的对牺牲性行动者的自我-他人不对称性的那套常识理由。但我也指出,康德也为这种不对称性提供了类似的解释或辩护。在此,我想我 44
们应该考虑康德的观点是否也具有被我们归咎于某些常识观点(的并列)的不和谐特征,或者蕴含我们从常识直觉或观点中找到的那种不一致性或不融贯性。我们从常识中发现的那些困难在一定程度上把我们向系统性的道德或伦理理论的方向推动,而康德的道德哲学代表了这种理论的一个精妙、强大而复杂的范例,它是常识或直觉观点的一个潜在替代者,这是我们不能忽视的。

在第一章与第二章中我们看到,康德主义道德与常识道德都以类似的方式不适合在伦理理论中起基础作用。这二者都不把对行动者的福利的促进当作是对行动者的行动的正面评价的(相对的或实在的)基础,这一事实让我们有理由认为这两种形式的伦理学都不能构成我们的一般的伦理思想的基础或核心部分。若尝试把常识理性或道德当作我们的基础性思考中(大体上与其他部分)地位平等的部分,这也存在冗余性与不简洁性的问题。由于康德拒斥了针对自我利益的绝对命令的观念,他对理性的观点无疑是与偏爱行动者的不对称的常识理性观点不一致的,因此,他的总体观点排除了在基础层面上把偏爱行动者的理性与他自己的牺牲行动者的道德联合起来的可能性。那么,看起来康德没有任何办法来避免“反对或贬低了道德或理性行动者的(计划与关切)”这一指责。

不过,除了这些困难之外,康德关于道德的观点还导向了悖论与不一致,这种悖论与不一致类似于或者也许应该说是部分地重合于我们所提到的常识道德的那些悖论与不一致。对康德来说,一个人没有职责或义务去追求他自己的幸福,他还试图这样来解释这一事实:每个人都不可避免地和自发地寻求促进他自己的幸福,而职责与义务的概念只适用于那些目的是被不太情愿地采纳的情况。[19]然而康德的这些断言一旦与“我们的助益他人的义务的强度(大体上)随着与他人的个人关系的亲密程度而变化”这一假设联合起来,就会导向不融贯与不和谐。事实上,康德似乎在同一部著作中(即宣称了不存在把一个人自己
45 的幸福作为目的的义务的同一著作中)也做出了上面这个假设。[20]因此,我们早先归咎于常识道德的那些与自我-他人不对称性和对他人的义务的可变的强度有关的不一致性,看起来也是康德的道德思考的特征,并构成对后者的同样强大的反对。

另一方面,如果一个人相信,单单**一组**矛盾或**一处**不一致性远远不如被归咎于常识道德思维的那三套各自不同的困难更可怕,那么他在这里可能会坚持康德观点的处境比常识道德的要好得多,因为,除了上面提到的那些困难之外,常识道德还面临本章早些时候提到的道义论限制与道德运气的问题。即便康德大概对舍夫勒与我提出的关于道义论的辩护的问题没有清晰的回答,[21]他显然通过在确定道德价值或可谴责性时不让运气与意外起任何作用而避免了我们对道德运气的直觉的不一致性。然而,康德是通过把道德价值与本体性的意志的非经验的存在相联系来让道德价值免受运气的影响的,尽管这一处理可能会消除我们对道德运气的常识观念中的**不一致性**,它却使自身陷入了一些今天我们中的大多数很可能都会警惕的形而上学的假设与方法。

此外，上面的"康德伦理学比常识道德思维的处境更好"的论证依赖于这样一个假设：没有一种不一致性是康德伦理学所具有，但常识道德却不具有的；我相信可以展示出这一假设是错误的。康德主义道德哲学遭受着它自己的独特形式的不一致性，这种不一致性部分地来自常见的自我-他人不对称性，部分地来自康德的某个绝对命令的主要公式中这种不对称性的缺席。

康德的绝对命令的目的公式是这样的：

> 行动的方式始终从不把人性（无论是你自己身上的人性，还是任何其他人身上的人性）仅仅当作手段，而是总是同时把它当作目的。

我相信把这一观点与康德关于不存在追求自身幸福的义务这一观点放在一起会很糟糕。（对那些遵循了本章的论证的人来说，这一点可能很明显，或几乎很明显，但就我所知，我将要指出的康德思想中的不匹配与不一致之处还没有被其他批评所提到过。）

康德运用绝对命令的目的公式不仅论证了杀死他人的错误性或不
可允许性，也论证了自杀的不可允许性。尽管康德关于为了其他人 46
的幸福去牺牲一个人自己的生命的看法是复杂的、看起来随时间而变化的[22]，他非常清楚地坚持，即便当一个人对自己的未来绝望或厌倦了生活时，自杀也是道德上不可接受的，而这样的禁令显然与上面提到的绝对命令中的自我-他人**对称性**相匹配。禁止以某种方式来对待人（即便是作为手段去产生某种总体上的好结果）的禁令是典型的道义论式的，而且很显然康德对道义论限制的承诺（至少在某些方面）要比常识道德更具有自我-他人对称性。不过，关于是否一个人可以被允许不去以某种方式助益某些人的问题已经超出了道义论的范围。大体上，道义论告诉我们，我们不能**主动地**以各种各样的方式**对待**别人，而它与后果主义的差别在于它宣称这些对待不能通过总体的好结果来得到道德辩护。然而，也存在着赋予福利或利益的义务，如果我们不可以**不这么做**的话；而这（十分粗略地）代表了常识道德、后果主义道德与康德主义道德观的某个共同的要素或方面。而这种粗略的区分对我们当下的目的的意义在于，它使我们得以看到康德的道义论观点与他关于赋予利益的义务的观点之间的反差。

早先我们已经看到，康德对于单纯的利益或幸福的追求采取了一种牺牲行动者的自我-他人不对称的观点。一个人有义务帮助别人追求其幸福，但一个人却没有义务去追求他自己的幸福（除非是作为一种派生出的手段，如果追求个人幸福能作为追求他人的幸福或个人的人格或道德成长的手段的话）。然而，康德的道义论（在它的某个方面）对于如何对待人却又要求自我-他人对称性：一个人不能把自己或他人仅仅当作工具。康德的道义论观点与他的超出道义论的道德观点之间的这种奇怪的差异性、这种张力自身是令人困惑甚至令人苦恼的。

这种差异存在于康德对完全义务（不说谎、不杀人、不以严重暴力伤人等）的观点与他对给人以利益的不完全义务（一个人不需要每时每刻都履行这种义务）的观点之间。为了尝试澄清与捍卫康德，一个人在此或许会尝试通过完全义务与不完全义务的区分来辩护康德在自我-
47 他人不对称性与自我-他人对称性之间的变动。但这不会奏效。在一个关键的当口，康德清晰地拒绝让这两种义务之间的区别来担此重任，而公平地说，康德的这个拒绝导向了他的整个伦理观点的不一致。

康德对于我们没有追求自己的幸福的义务或职责的断言部分地基于这一假设：那些我们不可避免地和自发地做的东西不可能是义务或

职责。康德在此并没有做出完全义务与不完全义务的区分，因此康德必须坚持认为，那些我们不可避免地要去做的东西不可能构成我们的一个**完全**义务。我们已经看到，巴特勒早先已指出，许多人似乎追求一些不是他们的幸福，甚至与他们的幸福不相容的东西，因此我们当然可以质疑康德对于“我们都乐意而且不可避免地追求那些实际上构成了我们的幸福或福利的东西”的事实性假设。(见注释11)不过，为了论证的目的，让我们先同意康德在这一点上是对的，再看看他对“不存在追求自身利益或幸福的义务”(以及随之而来的关于追求幸福的超出道义论范围的不对称性)的辩护与绝对命令的目的公式之间匹配得怎么样。

康德试图从不可只把人当作手段这一禁令中，衍生出因为沮丧而自杀与杀死他人的错误性。他还得出了大量的其他推论：其中包括(臭名昭著的)对手淫的禁止和与当下论题联系更紧密的对暴力伤害自身或他人的禁止。然而，我们真的需要一个对故意自残的禁止吗？如果康德的“我们不可避免地和自发地追求自己的利益或幸福”的断言是得到理由的辩护的，那么也有同样的理由去坚持认为我们不可避免地和自发地(或者通常地和自然地)克制着不去伤害自己的身体。因此，看起来康德用来辩护“不存在追求自身利益的义务”的论证也可以用来论证“不存在不得故意自残的义务”。由于康德的绝对命令的目的公式中的自我-他人对称性蕴含了不得故意自残的义务的存在(至少康德曾如此论证)，这样我们就遇到了康德的理论作为一个整体的不融贯性或不一致性。

然而，恰恰因为常识道德相对地容忍自残，这里所发现的问题并没有影响到常识道德思维。康德的绝对命令的目的公式是康德的整个道德构想的一个重大和核心的要素，因此，看来至少有一种重要的不一致性侵染了康德的理论，却不能被归属给常识思维。因此，我想我们最好

48 不要试图去决定，根据我们现下的批评，这两种道德进路之中哪种是更坏的或更好的。我们已经在康德主义伦理学与常识道德中都发现了内在冲突，这两种观点都不能让我们满足。

能把困难修补好吗？

不过，我们需要离开康德与常识多远才好呢？或许，我们不应去寻找一个完全不同的伦理学进路，而应该尽量修正这两个观点中的一个或另一个，从而排除任何不和谐或不一致的地方。当然，如果我们已经发现的问题只涉及康德或常识道德思想的相对表面的方面或区域，这种零敲碎打或补补缀缀的方式自然值得推荐。然而，我不认为这些问题是表面的，因此我对通过补缀来解决这些问题有些怀疑。无论如何，这种不那么激进的解决方案的不充分性并不是那么**显而易见**的，所以我将考虑几种补缀的可能性，这几种可能性乍看起来构成对我们这些困难的潜在解决方案。

例如，一种可能的步骤，是抛弃康德伦理学或常识伦理学中的自我–他人不对称性，却并不滑向后果主义以及后果主义的那种特有形式的自我–他人对称性。这里，我的意思并不是说，只要在常识中人们被允许对自己或为了自己而做（或不做）某些事情，我们就应该允许人们对其他人或为了其他人做（或不做）同样的事情；因为这样的话就会滑向某种非道德主义或道德反律法主义，而很难想象常识道德（更不用说康德主义道德）的修正版本会是这样一副模样。相反，考虑这样一种替代的修正：只要（从康德主义或常识道德的观点看）对其他人或为了其他人而做（或不做）某些事情是错误的，那么对自己或为了自己而做（或不做）同样的事情也是错误的。

相比于康德主义道德，大概这种修正会给常识道德带来更大的改变，因为常识道德承诺了牺牲行动者的不对称性，而康德主义道德则拥有对称的、哪怕存在着不一致的绝对命令的目的论公式。不过，康德主义道德理论将不得不抛弃它对“不存在追求自身幸福的义务”的所谓辩护；而它的“具有神圣意志的存在者不受绝对命令的约束”的断言也将被抛弃或修改。西季威克与许多其他人都曾批评康德的“不存在 49
针对自我利益的绝对命令”的断言（或论证），然而，如果我们延续当下的进程，放弃涉及追求幸福的自我–他人不对称性，我们就必须接受道德领域内的这类绝对命令的存在。在我看来（当然比我知道得更多的康德主义者可能要有所修正），引入针对自我利益的绝对命令将蕴含对康德道德理论的彻底修改。或许这样的修改不丢失康德主义的独特性就能完成，不过这明显已经超出了我要完成的事业。[23]如果这里的论证引发了这样的修改（如果本章和前面章节中提到的问题可以用一种康德主义的方式被克服），那么我们就不需要放弃对伦理学的康德主义进路，不必转向下面将要提到的对这些问题的更激进的解决方式。

不过我们不应忽略来自常识道德的一种总体上对称的进路的可能后果，这种进路是对行动者对其自身的道德义务的加法，而不是对她对其他人的道德义务的减法。正如我所提到的，至少在对称性方面，这势必造成一个甚至是更大的改变，因为相比于康德主义道德理论，常识道德在牺牲行动者方面是更一致和更广泛的。然而，即使这样一种激进的改变清除了与自我–他人不对称性相关联的所有不一致性，[24]我们也很难看出它如何能够清除常识道德思维所必须面对的关于道德运气与对道义论限制的辩护的那些问题。如果我们允许一个人可以是道德上有缺陷的或应受谴责的，不仅为了他对别人做了什么，而且在同样程度上为了他对自己做了什么，那么道德运气与它的困难仍将毫发无损地存在，而且事实上困难的范围将会扩大，因为那些涉及自己的行为也将遭受同样的、原本显然是限制于涉及他人的行为的范围内的那些谜题与困惑。运气与意外可能影响我们涉及自己的行为的结果（例如自杀未遂），正如运气与意外可能影响我们对别人或涉及别人的行动一样。因此，接受一种总体的道德对称性将迫使一种修正性常识道德进路在解决了一个领域的问题的同时必须接受另一个领域的更加广泛的困难。

一些类似的事情则与从舍夫勒对“不得为了阻止杀人而杀人”这一被直觉地感受到的义务的讨论中产生的那些关于常识的问题有关。
50 如果我们以这样的方式取消了自我-他人不对称性，以至于“一个人为了阻止更大数量的无辜者被故意杀死而杀死无辜的自己”将是道德上应当反对的，正如我们日常认为一个人为了同样的目的而杀死其他人是应当反对的一样，那么从舍夫勒的工作中展现的那些问题将继续存留并把自己扩展到一个新的领域。除了在解释“如果杀死一个无辜的他人是应当反对的，那么为什么（寻求）让这种应被反对的杀戮最小化也是应当被反对的”时的困难之外，我们还将面对进一步的解释上的困难：如果杀死自己是应当被反对的，那么为什么（寻求）让这种应被反对的杀戮最小化是应当被反对的（假设一个人可以通过自杀的手段来阻止其他人的不道德的自杀）。因此，即使对自我-他人不对称性的消除可以帮助解决常识道德的一些最深刻的问题，这样做也会恶化常识道德的其他困难，而且，这样的交换是否值得努力并不是清楚易见的。

而且，那些消除了所有的自我-他人不对称性的康德主义者也将面临同样的困难。康德对不同版本的绝对命令以及它们在像杀人这样的特殊道德议题中的不同运用使用了多个论证。然而在我看来，很难看出康德的论证如何能解决从舍夫勒对这个话题的讨论中所产生的对义务的辩护的问题。上一段所提出的自我-他人不对称的、基于常识的义务观所面对的那些难题，对康德的义务观也展现出同等的困难。除非某些人能特别地指出康德对自杀或他杀的错误性的论证如何能让我们解释为什么与何以为了使杀戮的数量最小化而杀戮是应被反对的，我认为康德的伦理学将继续在这个领域面临问题，而一个人将有（额外的）理由去怀疑康德对（特殊形式的）义务的论证的有效性。

康德主义伦理学（哪怕是一个自我-他人对称版本的康德主义伦理学）所面临的另一个重大问题则围绕着道德运气问题。康德否认了道德运气的可能性并诉诸本体的意志的形而上学来努力建立完全不受运气或意外的侵染的道德评价的条件。然而我想，大多数当代的康德主义伦理学家将倾向于（正确地）抵制把这样一种关于本体的形而上学观点（即便一个这样的观点只把本体当作道德视角所要求的无法避免的**预设**）当作让道德判断免于运气的干扰的代价。在这样的情况下，康德 51
主义伦理学家尚未解释那些决定道德评价的因素（那些使我们的道德想法具有现实性和实质性的环境性因素、构成性因素与因果性因素），如何能被合理地设想为不受运气或意外的影响；也很难看出这样一种解释怎么可能被实现。

当然，有可能我错过了康德的论证中的一些只有康德专家才能清楚地认识到的东西，而在这种情况下，正如我早先所指出的，康德主义道德进路可能具有比我所想到的更多的活力，而我所推荐的向功利主义或美德伦理学的移动可能是不必要的或至少并不显然是不可避免的。不过，对于本书接下来的部分，我将不会尝试去发展或修正康德主义或常识性的道德观点，而将只聚焦于另外两种替代的可能性：功利主义与美德导向的伦理学。

当然，通过这么做，我们极大程度上是在追求伦理**理论**，不过我认为我们已经看到我们越攒越多的困惑与不一致性为我们向一种实质上理论性的探索提供辩护，而且事实上，上面对于如何修正康德主义和/或美德伦理学的讨论已经完全与理论考虑和理论目标缠绕在一起了。我所建议的是，我们现在对两种拥有资源来避免或消除我们在前三章所面对的问题的伦理理论进行严肃和广泛的考虑。但这两种理论的进路都并不缺乏与我们关于评价事物的常识的前理论的理解之间的联系。无论如何，功利主义是建立在同情或仁慈的道德重要性的基础之上的。它把仁慈或同情的态度当作是能帮助提供道德评价或其他评价的基础，而仁慈通常被认为（如果康德的理论是个例外的话）与道德评价与道德价值都密切相关。[25]功利主义通过把常识道德中那些无法被包含在同情或仁慈之下的方面排除掉，还使我们的理解系统化了——也就是说，它通过对道德评价与其他形式的评价过程在做出判断时通常会纳入考虑的东西进行简化来实现系统化。常识的捍卫者和其他人都习惯于说，功利主义通过执着于一种单一的道德直觉因素或考虑而进行了过度的简化，从而使得我们关于道德的常识直觉与信念的丰富性变得贫乏了。然而，我们现在已经看到，缺乏系统性的直觉会给我们带来什么，而我们所看到的这些东西让我们有理由去看看，缺乏某些直觉因素的理论系统能为我们做些什么。鉴于前三章的工作，由于我们知道无论如何我们都必须放弃某些直觉，现在去转向对功利主义的考
52 虑，或许就比较容易理解了。

而转向对我所理解的那种美德伦理学的考虑，在当下可能会更令人怀疑，因为它涉及不再把道德视为一个分离的概念和领域。我并不是说，那些基础性的涉及他人的考虑不会以重要的角色在我们将会发展和探索的常识的美德伦理学中登场，而是说，这些考虑只会通过一些与（作为审慎的对立项的）道德没有特殊联系的普通的评价性概念（例

如美德的概念），而在美德伦理学中登场。这种伦理学的处理方法显然看起来具有一些连功利主义也不具有的困难。毕竟，功利主义提供了或看起来提供了**某种**道德的视角，但我将要提出的那种形式的美德伦理学或美德理论有意地整个避免了道德的概念，而这种看起来（或在这个方面）更加激进的招数在当下肯定（至少对大多数读者）看起来是可疑乃至有勇无谋的。但不久我们将看到，功利主义具有它自己的重大问题，这些问题是美德伦理学很大程度上能避免的。此刻，这一断言只是一个许诺性的说明，我只有在完成了对功利主义的讨论、对美德伦理学的讨论与对这两种形式的伦理学的比较之后，才能兑现这一许诺。

无论如何，我们最急切的关切是关于功利主义的，下一步我们将转向它。（我对更一般的后果主义也有兴趣，但功利主义是后果主义的一种特别整齐、简单与可用的形式，因此我们将主要聚焦于功利主义形式的后果主义。）我想要考虑功利主义是如何逃脱常识道德与康德主义道德的那些困难的，而且，由于我们将聚焦于系统性的或总体性的伦理理论，我们也将考虑在功利主义对道德或正当行动的构想中理性（的某种构想）的位置。不过，警觉的读者可能此刻会好奇为什么我们要费心去详细阐述功利主义的优点与缺点和它作为伦理学的系统性进路的特征，既然我们在第一章已经论证或假设功利主义对道德行动者过于严苛、过于贬低其价值，从而不能作为一种可接受的道德理论。

当然，贬低行动者的价值的责难也可以用来指向常识道德，但在接下来的部分，我希望能展示出功利主义有资源来回答“过于严苛”和“贬低行动者价值”的指控，而这些资源是常识在面临贬低行动者价值的指控时所不具有的。标准形式的功利主义（与后果主义）或许确实贬 53
低了道德个体（尽管要证明这一点可能比人们想象的要难），但功利主义的基础事实上只能辩护某种比我们所熟悉的最大化式的(行为)功利主义要弱得多的东西，而这种更弱的功利主义能免于太过严苛和贬低行动者价值的批评。不过，这些论证和区分只有在我们逐渐展开的对功利主义的讨论允许我们更好地看清楚功利主义关于理性断言和其他形式的评价的观点之后，才会在下一章的结尾部分出现。

注 释

1 *Ethics and the Limits of Philosophy*, Harvard University Press, 1985, pp. 116f. and Ch. 6, *passim*.

2 关于“敏锐的知觉不需要一般原则或理论帮助就能告诉我们在各种环境中应该怎么做”这样的观点，see Martha Nussbaum, *The Fragility of Goodness*, Cambridge University Press, 1985, Ch. 10 and John McDowell, “Virtue and Reason,” *The Monist* 62, 1979, pp. 331—350。

3 *The Methods of Ethics*, 7th ed., pp. 99—103, 338, 353ff., 360f.

4 Cf. Williams, *op. cit.*, Ch. 6; and Annette Baier, “Theory and Reflective Practices,” in *Postures of the Mind*, Minnesota, 1985, pp. 207—227.

5 Nagel, “Moral Luck,” reprinted in *Mortal Questions*, Cambridge University Press, 1979.

6 有人可能会回复说，常识每次只能处理一个情形，因此，道德运气的不一致性/悖谬性所要求的那种不同情形之间的比较已经超出了常识所能分辨的范围，而进入了理论的领域。然而这种看法是错的。跨情境比较经常在常识思考中出现：例如，每当一个人在两种备选行动中因为认为前一种行动比后一种能引起更好的后果而选择了前一种时，这个人进行了跨情境的比较。也可以考虑一下亚里士多德的“鲁莽比懦弱更接近勇敢”这个跨情境断言的直觉合理性。

7 这里所假设的行为后果主义与最优性之间的联系将在第四章中被质疑。

8 See Scheffler, *The Rejection of Consequentialism*, Oxford, 1982, p. 87, Ch. 4, *passim*, and p. 121.

9 日常对杀人的禁止涉及两类情形：一类是，一个人不得为了阻止其他人的杀戮而去杀人；另一类是，一个人不得为了阻止意外死亡而去杀人(例如，那些并非由任何人故意导致的死亡)。上面对常识道义论的批评只与第一类情形有关,这样就留下了这样一种可能性:维持一种更加受限的道义论,这种道义论要求 54 我们不在第二种情形中杀人。然而,一旦开始这种后退,就很难阻止这种后退导向对道义论的完全拒绝。关于这一点,see Scheffler, pp. 105ff。

顺便提一句,有些哲学家似乎相信,对"不得为了阻止更多的杀戮而去杀人"这种日常禁令的常识辩护不应该依赖杀戮(无辜者)的负面价值或令人反感性,而是(按照森的观点)依赖从行动者的角度看什么是更好或更坏的。"我杀死了一个人"也许并不比"另一个人杀死了多个(其他的)人"在客观上更坏或价值上更负面;然而,从我作为一个行动者的角度来看,"我杀死了一个人"或许就比"另一个人杀死了多个人"更坏;有人可能会说,这就是对舍夫勒所质疑的那种以行动者为中心的限制的辩护理由。然而,事实上这种论证很难成立。如果从行动者视角出发的更优性产生了一种"不以杀戮为手段来阻止其他人杀戮"的义务,那么,只要一个人从自己的视角出发认为"让自己享有某个好东西要比把这好东西给别人更好",这就会产生一个"让自己享有这个好东西"的义务。然而,日常中我们认为,以这种方式偏爱自己仅仅是被允许的,而不是道德的要求,也不是值得赞扬的。因此,我认为,通过行动者视角下的善好来辩护道义论,这并不是件容易的事。

10 Cf. Sidgwick, *op. cit.*, p. 246.

11 See Kant's *The Doctrine of Virtue*, Harper, 1964, p. 44. 不过在另一本著作中,康德似乎允许人在经验上偏离对自己幸福的追求, see *Fundamental Principles of the Metaphysic of Morals*, London, 1909, p. 15。

12 即使按照这里提到的这种方式认为常识道德思考是不连贯的或与自身不一致的,人们可能还是有理由为了日常的实践目的而去支持或坚持常识道德观点,例如,把常识道德观点当作经验规则。这正是功利主义通常看待常识道德的方式。不过这里的要点是,我们之所以用功利主义常常建议的这种态度来对待常识道德,还出于一些非功利主义的理由,即,常识道德内部的不一致性或不协调性所产生的那些理由。

13 See Butler's "A Dissertation upon the Nature of Virtue" in his *Analogy of Religion*. This can be found in A. I. Melden, ed., *Ethical Theories*, Prentice-Hall, 1961, pp. 241—246.

14 See Scheffler, *The Anatomy of Inquiry*, New York, Knopf, 1963, p. 253; 那些对内尔森·古德曼的引用, see his *Fact, Fiction and Forecast*, Indianapolis, Bobbs-Merrill,

1965, p. 68n。

15 或许我们不应该完全放弃常识道德，除非我们看到系统性的伦理学理论化能提供比它更好的东西。不过，即使当一个人仅仅试图以最好的、最无攻击性的方式修补常识道德的时候，理论性因素也会闯入进来。

16 See his *Problems of the Self*, Cambridge University Press, 1977, Ch .11.

55 17 See T. Nagel's "War and Massacre" in *Mortal Questions*.

18 比较一下伯特兰·罗素在他的许多作品中做出的这一断言：常识导向科学，而科学反过来拒斥常识。

19 See *The Doctrine of Virtue*, p. 44.

20 *Op. cit*., p. 119. Also p. 49.

21 In "Agent-Centered Restrictions from the Inside Out" (*Philosophical Studies* 50, 1986, pp. 291—319)，斯蒂芬·达尔沃提供了一些回应舍夫勒的方式，然而他在这么做的时候却使用了一些稍有争议的契约论观念，这些观念很大程度上超出了康德明确表达过的东西。

22 See Kant's *Lectures on Ethics*, New York, Harper and Row, 1963, pp. 150—154, and compare with *Critique of Practical Reason*, Indianapolis, Bobbs-Merrill, 1956, p. 162; *The Doctrine of Virtue*, pp. 84ff.; and *Fundamental Principles of the Metaphysic of Morals*, London, 1909, p. 47. Also see M. Gregor, *Laws of Freedom*, Blackwell, 1963, pp. 135ff.

23 关于西季威克在绝对命令方面反对康德的论证，see *Methods, 7 f.*, 15, 35ff., 112ff。某种程度上西季威克预见到了近年研究中的这一分歧：一些人认为，实践理性仅仅是由人的任何欲望/偏好之间的某些关系（例如，一致性或传递性关系）构成的，另一些人认为，理性也为我们的欲望的内容施加了限制条件，由此，不管欲望之间多么一致，忽略自己的健康都是不理性的。（关于这种不一致性，see David Gauthier's *Morals by Agreement*, Oxford Press, 1986, Ch. 2, and my *Beyond Optimizing: A Study of Rational Choice*, Harvard Press, 1989, pp. 19f., 176; and Chs. 3 and 4 *passim*。）如果存在着实践理性方面的"内容"性条件，那么通向（非道德性的、自我利益或涉及自我的）绝对命令的道路就更容易实现；如果仅仅存在理性选择与行动方面的形式性条件，那么这条道路就不那么平坦了。Cf. M. Gregor, *Laws of Freedom*, pp. 176ff.

24 我们已经提到，常识所陷入的不连贯性既依赖自我-他人不对称性，也依赖我们对他人的义务依照与他人关系远近而变化的方式。为了避免有人认为第一个条件可能实际上逻辑蕴含第二个条件，并认为第一个条件已构成我们提到的这些困难的充分条件，让我简要地以关于感恩的常识思考为例来说明。这种思考显然遭受了自我–他人不对称性：我们可以具有因为受到帮助而向他人感恩的义务（至少我们认为我们可以有这种义务），但我们一般并不认为人们因为自己为自己做了某些事就有义务向自己感恩。（这一点，see e.g., in Thomas Aquinas's *Summa Theologiae*, 2a2ae, 107, 3。）不过另一方面，尽管我们对亲疏不同的人具有不同的义务，我们对亲近的施助者的感恩义务并不比我们对社会关系或私人关系较疏远的施助者的感恩义务更大。因此，“牺牲行动者的自我–他人不对称性”与“对他人的义务强弱与和他人的关系亲疏之间的相称关系”这二者之间只具有偶然的联系。任何不对称性自身可能都有些令人不快，56
不过我们刚才讨论的那种深深地成问题的不连贯性或不协调性依赖的是一些自我–他人不对称性之外的、独立于自我–他人不对称性的东西。（因此，在感恩的义务中尽管有不对称性，却并没有引起任何类似的不协调感。）

25 我们将在第十一章与第十四章更清楚地看到，功利主义使用仁慈或同情的概念以及非个人性与理性等概念作为道德评价的支柱，这并不意味着功利主义总是认为仁慈或同情是好的动机。它们的好坏取决于它们（在具体情境中的或一般而言的）现实的结果。因此，从（非个人的）仁慈的角度看，某些现实的仁慈可能是要被反对的。不过，这并不比“可能存在着很好的功利主义理由要求人们不去身体力行地实践功利主义”这样的情况更奇怪，而后一种情况是很多功利主义者都完全愿意接受的。57

第四章

功利主义

在本章，我将提出功利主义（以及更一般的后果主义）的基本结构，以便我们最终能把它的优点与（一种形式的）美德伦理学的优点相比较。作为开始，我想先展示一种特殊形式的功利主义（直接功利主义），它能逃脱折磨康德主义道德与直觉道德的不一致性与方法论缺陷。

规则功利主义

直接形式的功利主义（或后果主义）通过被评价者的效果或后果来评价事物，而间接形式的功利主义（或后果主义）通过某些**不是**被评价者**本身**却与之显著关联的东西的后果来评价事物。因此行为功利主义是直接功利主义的一种形式，因为它排他性地只通过行为**自身的**后果或结果来评价行为，而最著名的间接功利主义大概是规则功利主义。规则功利主义将对行动的道德评价不是与行动自身的后果相联系，而是与行动所遵从或未能遵从的规则的后果相联系。规则功利主义以及更一般的规则后果主义认为一个行动是正当的，如果它符合一个规则的集合，而对这个规则集合的采纳（或遵循，这取决于规则功利主义的不同版本）将具有至少和采纳任何其他规则集合同样好的后果。不过，众所周知，规则功利主义与一般的间接功利主义很成问题，[1]而我认为我们甚至可以用与我们批评常识道德时相似的方式来批评这种观点的成问题之处。

规则功利主义与规则后果主义为一些特殊情形的判断所做出的解释倾向于自己破坏自己，其破坏方式与我们在第三章中所看到的在常 58
识道德的某些方面所发生的事情十分相似。因此，规则功利主义通过否认一个人在任何情形中都可以被允许最优化总体利益，与常识道德相一致，而与行为功利主义立场相反。然而，考虑一下规则功利主义如何辩护和/或解释它与行为功利主义的差异。它宣称，在某些情况下，具有最优后果的行为将违背最好的和最得到辩护的道德规则集合（之一）。而根据规则功利主义，这种“最好和最得到辩护”取决于这个被青睐的规则集合（之被接受）相对于其他可能的集合而言具有最优后果。因此，当一个具有最优后果的行动违反了一个规则集合，而这个规则集合之被接受将导向比其他任何替代的规则集合都更好的后果，那么这个具有最优后果的行为就是错误的。

然而，这种类型的论证倾向于破坏其自身，因为它产生了下面的进一步问题：如果具有最优后果将使一个规则集合成为道德上最好的或最得到辩护的，那么为什么**一个行动**之具有最优后果不能（总是）使它成为道德上最好的或最得到辩护的行为，从而导致与规则功利主义相反的结果：做出具有最优后果的选择（按最优后果来行动）总是道德上可允许的呢？规则功利主义从未找到，而且看起来也无法提供这个问题的一个令人满意的回答。然而，它自己对于非后果最优化的行为的辩护的努力要求这个问题有一个令人满意的回答。缺乏这样的回答，规则功利主义在对待行动与规则时看起来是不一致的，而且，通过产生一些它无法应对的问题而损害了它自己的可信性。因此，出于一些与前面提到的拒斥日常道德与康德主义道德相似的理由，我们有好的理由去青睐行为功利主义以及其他形式的直接功利主义，而不是像规则功利主义这样的间接功利主义。

功利主义关于理性的观点

在第一章，我们看到，由于未将行动者的福利视为与其行动的道德**价值**或**负面价值**紧密相关的，常识道德与康德主义道德都贬低了道德行动者的价值。不过，我们也看到，这一批评并不适用于行为功利主义。而且，除了否认我们的常识性的道义论限制以及对关系亲密者的特殊义务之外，对道德义务与正当性的直接功利主义（也就是通常所说的行为功利主义）缺乏我们在常识中的道德**义务**与**准许**所具有的牺牲
59 行动者的特征。接下来，我希望能进一步地展示，功利主义有资源来缓解道德运气的问题以及“它向道德行动者提出了不合理的要求”这一经常碰到的指控，不过此刻我想我们应该把我们的注意力转向第二章中提到的某些问题。

我们看到，常识理性与常识道德以不简洁的方式彼此拉扯对峙，我们也已论证，若认为这样的事态存在于我们的伦理思考的基础层面，这种想法是令人反感的。由此看来，正当性与理性的概念要么并不是我们对伦理现象的理解中最基本的概念，要么这两个概念被普通人在日常方式下的思考弄错了。正如我将要展开论述的，美德伦理学采取了上面两种进路中的第一种，并否认正当性和理性的概念具有基础性特

征，而认为美德伦理学自己的值得赞美和/或展现美德的概念才是基础性的。相反，功利主义采取了第二种进路并（在本节所要捍卫的那个版本中）宣称常识在对待正当性与理性的概念时是错误的。它所主张的那种关于理性的特殊观点允许我们避免第二章中关于常识的正当性与理性概念的那些问题。

正如我较早时候提到的，至少在当代，功利主义并不被视为一种针对理性的理论或构想，而是被视为一种道德观点或理论。效用原则表述了行为功利主义对于什么是对什么是错的实质性观点，但并没有明确地说明什么是理性的或不理性的，而且尽管功利主义与效用原则的捍卫者可能而且经常对"做错误的事"的理性抱有观点，这些观点通常并不被当作行为功利主义自身的一部分。不过正如我们在第二章所看到的，西季威克的情况有所不同，因为他假定正当性与理性在概念上是同一的，并由此假定功利原则既然可以被看作关于正当性的实质性原则，也可以被当作关于理性的实质性原则。其他功利主义者至少还提出了其他两种关于什么是理性的观点，我想在我们回到西季威克关于理性的观点并看看我们能说些什么来捍卫它之前，先去看看这两种观点将是有用的。

在《一个功利主义伦理学系统的概述》中，J.J.C.斯马特将理性解释为本质上是一个道德词项，但认为它的适用范围与"正当""义务性"等词项的适用范围多少有些不同。[2]功利主义有时被表述为，一个行动是 60
正当的当且仅当它（对人类幸福的）后果至少和行动者所面临的其他选项的后果一样好；不过有时它也被表述为，一个行动是正当的，仅当它（对人类幸福的）后果可以被**期望**为至少与其他选项一样好。

这两种表述之间的差别在那些一个行动的后果无法被合理地期望的情形中最为鲜明。如果，与大概率和合理的期望相反，我所做的一个动机上善意的行动却带来了可怕的后果，那么根据第一种表述这个行动是错的，根据第二种表述这个行动则是对的。这种例子，以及大量的其他例子都表明，和现实后果相联结的行为后果主义与通过可能的、期望的好后果来进行评价的行为后果主义之间绝不等同。在《概述》一书中，斯马特察觉了这一区别，并提出我们应当按照效用原则的现实性版本来使用"正当"的概念，而按照该原则的概率性或期望性版本来使用"理性"的概念。一个行为将被当作正当的，当且仅当它实际上带来了最好的后果，而一个行为将是理性的，当且仅当它被期望为将会带来最好的后果。依照这种理解和运用，"正当"与"理性"的词项都有同样好的理由被当作道德词项。

很明显，斯马特希望用不同的词项来标记功利主义和效用原则的这两种可能版本。不过他自己承认，他的这种对词项的特殊的分配方式是任意而为的，而实际上在我看来，一个人完全可以同样轻松地规定要依据期望版本的效用原则来使用"正当"，而依据现实性版本的效用原则来使用"理性"。而且，在规定如何运用"理性"这一词项时，斯马特避开了一个实质性的道德问题，我相信这个问题很重要，需要我们在这里考虑它。我们已经看到常识的道德与理性观念具有一些特征，这些特征使得它在方法论层面上看起来不适合或无法满足在我们的伦理思考中起基础作用。现在，在考虑功利主义的价值，特别是在考虑功利主义是否适合在伦理学中起基础作用时，我们需要看看，如同功利主义通过效用原则表达了关于对与错的观点一样，功利主义是否也自然地和不可避免地附带了一种针对理性的观点。假定效用原则的两种常见形式中的一种或另一种构成功利主义的道德正当性的正确标准，我们面前的问题则是，第一，是否存在任何功利主义对理性的观点或标准，
61 第二，如果这种观点存在的话，**功利主义**针对理性的观点与功利主义针

对正当性的观点联合起来能否避开早先常识理性与常识正当性的联合所面临的那种批评。

斯马特对规定的诉诸构成了对上面的发问的一种隐含的拒斥。实际上，斯马特假定，功利主义并不存在针对理性的独特构想，因此我们可以自由地把“理性的”当作一个严格的道德词项而与一种期望性而非现实性版本的行为功利主义绑定起来。除了以上面的方式来限制“理性”一词的用法之外，斯马特这一做法还阻止了我们去考虑我们将在第四部分才讨论的另一个重要问题：即，到底现实性版本还是期望性版本才是功利主义道德理论的最佳版本。斯马特把“正当性”与现实性版本相绑定、把“理性”与期望性版本相绑定的做法做了假定，那本可能被认为是功利主义道德的两种互不相容的构想在一定意义上都是可以被接受的。在斯马特看来，功利主义者不需要决定到底效用原则应该采取现实的还是期望的好结果作为正当行动的标准，相反，他们可以简单地用现实性标准作为运用“正当性”概念的基础，而用期望性标准作为运用“理性”概念的基础。然而，如果从功利主义的角度看，询问“到底是用期望性版本还是用现实性版本来表达效用原则才是理论上更可取的”这个问题是有意义的，那么斯马特的这些规定对这一重要问题而言就是逃避问题的和无用的。由于我看不到任何理由去怀疑这一问题所具有的功利主义理论意义，我相信我们有进一步的理由不去采用斯马特关于“正当”与“理性”这两个词项的观点。

不过，最近彼得·雷尔顿在捍卫一种关于正当行动的行为功利主义观点时，也捍卫了一种对于理性选择和理性行动的构想，这一构想既不同于斯马特的规定主义进路，也不同于西季威克对于功利主义理性概念的看法。根据雷尔顿，个体理性被理解为工具理性的一种形式，它（大体上）是行动者对他自己的目的或者更广泛而言他自己的利益或他自己的善的有效的追求。而道德价值则被视为社会理性的一种形式，而**社会**理性可以通过类比于个体理性而得到理解。雷尔顿认为“道德规范反映了某种理性，这种理性不是来自任何特定个体的视角，而是来自一种所谓的社会视角”，因此对雷尔顿来说，（大体上）行为的道德正当性依赖于，在拥有完全与鲜明的信息的条件下当所有受到这行动的潜在影响的个体的利益都被平等地衡量后，这个行动是否能被理性地
62 认可。[3]

对道德和理性的关系的这样一种理解，为“对一个给定个体来说什么是正当的或义务性的”与“对这个给定个体来说什么是理性的”之间频繁出现的裂痕留下了可能性。这是因为（大体上）雷尔顿以一种比较利己主义的方式来对待理性，却对道德对错拥有一种基本上功利主义的构想。雷尔顿意识到了他在正当与理性之间留下的这个裂痕，而他的观点也违反了被广泛接受的压倒性论题，这一论题认为任何情况下做道德上错误的事情都是不理性的。不过，鉴于我早先已经提到近年压倒性论题已经遭到了大量的攻击，违反压倒性论题可能并不构成一个反对，或至少不是一个特别强的反对。

此外，雷尔顿的观点看起来与我们前面提到的由西季威克未能区分正当与理性而产生的推论十分一致。在第二章，我们注意到一旦一个人做出了这一概念区分，利己主义看起来就更适合作为一个针对理性和理由的理论，而不太适合作为一个针对道德对错的理论。雷尔顿的观点通过一方面以利己主义的方式来理解理性，另一方面采取功利主义而非利己主义的道德观点，在很大程度上反映了上面这种合理的差别化对待。然而，这样做却导向了雷尔顿的进路中的难题。

当然，以类比的方式来理解道德正当性与理性，这样的想法具有根深蒂固的吸引力，很多哲学家也注意到了这样一种处理正当性与理性

这两个重要的概念/评价领域的进路的吸引力。[4]不过，请记住，在接受一种（近似的）利己主义理性观并且接受一种功利主义的道德观的时候，我们是把它们都当作一个更广大的伦理理论的构成部分。此刻，值得考虑的是这种包含了一种利己主义的理性观与一种功利主义的道德观作为其部分的对道德-理性的构想所具有的优点与缺点。如果我接受这样一个更广大的理论，我们用一种动人的、相似的方式来对待它的道德部分和它的理性部分的，但我们也要为这样一种可欲的特征付出代价。因为，利己主义的理性部分包含一种偏爱行动者的自我-他人不对称性，而功利主义的道德部分则据我们所知不包含这样一种不对称性，而这显然导向了对正当和理性的一种不对称的总体观点。作为对比，常识道德与常识理性的彼此相反的不对称性倒是导向了一种相对对称的总体观点。我们从对常识的这两个方面的汇聚或联合中所发现 63
的错误，更多的是这样一种大尺度上的彼此相反所展现的不简洁性，而不是它在小尺度不对称性上所展现的厚此薄彼。然而，雷尔顿所提供的正当性与理性的联合是在大尺度上向一侧歪斜的，而我相信这指向一个严重的内在缺陷。接下来，我将试图展示，任何接受了功利主义的道德观的人也应该一致地接受一种功利主义的而非利己主义的理性观。给定利己主义作为一种道德理论是不可接受的，我们或许也能够展示出，至少对任何功利主义道德的捍卫者来说，利己主义作为一种理性理论也是不可接受的。这将使我们能够去做（至少一部分）西季威克在《伦理学方法》中想要去做，却最后对之不抱希望的事，也就是，面对关于正当性-理性的其他竞争性构想，捍卫一种对正当性与理性的功利主义观点。西季威克把他的论证建立在“正当”与“理性”表达了同一意义或同一概念的假设之上，而我们早先已经找到了一些理由来反对这一假设。接下来，我们将看到，有可能通过对称性论证的方式捍卫一种对于正当性和理性的统一的功利主义理论，在这一论证中并不需要假设在这个更广大的功利主义理论中只包含一个单一的评价性概念/意义。

功利主义正义

请想想，相对于我们关于对和错的日常思考来说，功利主义作为一种针对对和错的理论对对和错进行了重新划分。在功利主义那里，一个以不必要的方式伤害了行动者本人却没有伤害或影响到其他人的行为是错误的，而在估计一个给定的行动是否最大化了总体幸福时，行动者自己的幸福和其他任何人的幸福占有同样的分量。因此，在某种意义上功利主义道德是自我-他人对称的，而日常道德则不是。但我们通常并不假设功利主义在消除常识的不对称性时，是在使用一个与常识不同的“正当”概念。[5]我们可以区分出一方面的概念/意义与另一方面的构想/观点/理论。尽管我们无疑会说在什么是正当这个问题上，功利主义与我们的日常道德观点意见不同，但我认为我们并没有很好的理由宣称功利主义者改变了“正当”这个词项的意义。实际上，如果我们不假设“正当”对功利主义和对日常谈话者具有相同的意义，我们就不可能让“功利主义观点不同于并且更正了关于对和错的日常观点”这种功利主义的信念具有意义。简单性与对称性的考虑可能会促使功
64 利主义者以和日常的非哲学家不同的方式使用“正当”一词，然而二者之间的分歧看来是实质性的，而非术语性的。而且，功利主义与常识道德确实对事务有实质性分歧，而非对正当性、理性的概念有实质性分歧。

功利主义有时也会讨论关于正义的道德问题，而我们现在要考虑

它的观点怎样，以及为什么与关于正义的常识观点不同。一个对正义的常见的功利主义观点认为，在基础层面上，正义的概念具有与道德正当性的概念相同的适用标准。在这种观点看来，一个行动是正义的当且仅当它符合某种恰当标准的效用原则。[6]与此相反，我们对正义的常识概念遭受了一种与我们在正当行动的概念中所发现的不对称性完全平行的不对称性。那些对别人的不正义作为或不作为，如果放在行动者自己身上就不再是不正义的——一个人不可能对自己做不正义的事，这一想法可以追溯到亚里士多德。很明显，以某些方式不去帮助别人或伤害别人，在常识看来是违背行动的正义的，而以类似的方式不去帮助自己或伤害了自己则不是不正义的。不过，日常道德思维的这种牺牲行动者的自我-他人不对称性在任何功利主义特色的对正义的构想中都被排除掉了。

不过，一个捍卫正当性的功利主义观点的人不需要采取一种对正义的功利主义特色的观点。例如，在《一个功利主义伦理学系统的概述》中，J.J.C.斯马特就把正义的命令当作是与功利原则**相反的**。[7]也就是说，他认为我们对什么是正义的日常或常识观点是正义的基本要素，却质疑去执行那种按照常识是道德上可接受的正义行动是否总是正当的。当来自正义的命令与功利原则相冲突时，在斯马特看来是后者决定了什么才是实际上正当的事。因此，在其他哲学家(像我指出的那样)发展了关于正义与正当性的功利主义特色的观点的同时，至少有一个著名的功利主义者选择保留自我-他人不对称的正义概念，却主张一种排除了所有不对称性的对正当性的功利主义观点，我认为我们接下来应该考虑的是，功利主义者是否有理由从这两种策略中青睐其中一种。

大概，功利主义者相信，她在采取一种有效地抚平了常识道德中的牺牲行动者的自我-他人不对称性的对正义的构想时是得到辩护的——功利主义将行动者受到的坏处与好处和其他人受到的坏处与好处都当作是与行动的正当性平等地相关的。然而，如果对正义的常识构想所附带的那种自我-他人不对称性是与对正当性的常识构想的不
65 对称性互相平行的，那么我们不是有类似的理由去采取一种对正义的功利主义理论以抚平这种不对称性吗？当然，对正当性的功利主义观点也排除了我们的常识正当性观念的道义论性质，不过由于对正义的常识观点也同样是道义论性的，如果我们没有理由去采取一种功利主义的正义观的话，我们似乎同样没有理由去采取一种功利主义的正当观。理论一致性事实上清楚地决定了，不同的常识道德观念所具有的不对称性与道义论性应当以平行或对称的方式得到处理，除非能找到区分对待它们的理由。而我找不到任何理由去认为常识的正当性所具有的道义论性与不对称性是不可接受的，却认为与正义的观念相关的道义论性与不对称性是可接受的。因此我认为，功利主义无论如何都有理由一致地或对称地以平行的方式对待正义与正当性，而斯马特对常识的正义观的坚持，看起来对一个行为功利主义者而言是一个不可接受的举动。

如果我们回想一下斯马特在他采纳了常识正义观的同一本书中的反对规则功利主义的论证，这一事实将显得更加无可否认。斯马特认为，规则功利主义拒绝把它用于辩护规则的那种后果主义方式同样地用于辩护行动，这是规则功利主义所面临的毁灭性的批评。[8]然而这种不一致性或斯马特所说的“不理性”，是在接受一种对正当性的功利主义观点，却拒绝接受一种对正义的功利主义标准时同样展现出的。一个关于正当性的功利主义者也应该是一个关于正义的功利主义者，而且实际上大部分行为功利主义者都（隐含地）同意这一评价。

然而，这并不是说这些功利主义者认为“正义”与“正当”在英语

中意义相同，也不是说当我们采纳了功利主义观点之后，它们必然意义相同。有许多东西可以被自然而然地称为错误的，但如果被称为不正义的就很古怪，例如，一个人对另一个人的非故意的、出于疏忽的伤害，或者一个人在可以轻易地、不受损失地救出一个溺水者时却拒绝施救。而许多人都希望人们有时候会认可，做不正义的事也可能是正当的，如果通过做这种不正义的事可以实现某个足够重要的目的。这些直觉的可能性让我们有理由相信这两个概念是不同的。不过功利主义者完全可以接受这一点。他通常所论证的正义与正当性之间的这种相符并不需要被看成是体现了某种分析性的等同。他可以说，尽管我们处理的是两个不同的概念，我们有伦理学理论性的理由去认为正义与正当性都受到效用原则的管辖。因此，用早先提到的术语来说，我们可以说功 66
利主义对正义的**构想**或**理论**，认为正义的概念与（功利主义的）正当性概念是相符的或等效的，但功利主义者不需要在他的理论中认为“正义”与“正当”表达了同一个意义或概念。功利主义者拒斥对正当性的常识观点的任何理由，同时也是拒斥关于正义的常识观点的理由。而任何理论上辩护了功利主义正当观的东西，看起来也会同样地支持一种功利主义的正义观。

但这些理由和这些辩护并不是定义性的。它们很大程度上来自一种关于学理论化的被假定的方法论。这种方法论至少部分地类似于科学方法论，并且把对称性、均一性、简洁性、统一性和解释力当作伦理学概念的运用的可贵特征。这一方法论对伦理学领域的重要性当然并未被道德哲学家普遍接受。但我们在第三章中捍卫了这种重要性。如果这种方法论在伦理学中是有效的，那么它就不会比方法论原则在科学中的运用更加具有定义性或者更加改变词语的含义。这些原则可能对于科学或理论的探索过程来说是基础性的，但如果它们并不是分析性的，那么这种探索的结果，以及我们通过运用它们而产生的理论就不应该被视为是分析性的或仅仅是定义性的。这一点显然适用于“正义与正当性都仅仅通过总体的好结果而被构想”这一功利主义的理论性结论。

我们现在需要去看看，上面的结论，以及为了得到这一结论我们所使用，以及功利主义所承诺要使用的那些方法是否也适用于正当性与理性之间的明显区分。功利主义在运用正义和正当性的概念时，消除了对正义与正当性的常识性的牺牲行动者的不对称性；我们此刻可能会想知道，我们是否有相似的理由去抚平我们从常识理性中所找到的那种偏爱行动者的不对称性。之后，我们会去看看是否这种方法会最终导向一种对正当性与理性的功利主义的调和。

功利主义的理性

我将从审慎的概念开始。在常识词汇中，审慎与理性都具有上面提到的偏爱行动者的不对称性，不过审慎的观念看起来要比理性的观
67 念更加特殊：它涉及或求助于实践理性的一种特定方式，而它与一般的理性的关系类似于正义与道德正当性的关系。我们很难却仍有可能设想一个不正义的行动是道德上正当的或可接受的；类似地，我们很难却不是绝对不可能设想一个理性的选择是不审慎的。[9]因此我想要通过注意到正义与审慎之间的这种平行关系来开始这里的讨论，并由此转移到那个更令人困惑的问题，即功利主义者应该认为正当与理性之间具有什么样的关系。

我们已经看到功利主义者（我是说行为功利主义者）拥有一致性方面的理由来以一种自我-他人对称的方式对待正义。她对正义的构

想或观点抛弃了常识正义的牺牲行动者的不对称性。然而，我们对审慎的常识观点也是自我–他人不对称的，现在我们需要去问，是否有理由去排除常识正义的不对称性，却保留常识审慎的不对称性。当然，这种审慎中涉及的不对称性是偏爱行动者的，不过我们似乎并没有很好的理由去以不同的方式对待偏爱行动者的对称性和牺牲行动者的对称性。如果不对称性自身被视为是理论上不可欲的，那么，看起来如果我们没有同等的理由去拒绝偏爱行动者的不对称性，我们就也没有很好的理由去批评和取消牺牲行动者的不对称性。

因此，如果功利主义者有理由去抚平正义观念中的不对称性，她就也有类似的理由去从相反的方向抚平我们从对审慎的常识观点中所找到的不对称性，而这将引导她认为审慎也受效用原则的管辖，正如正义受效用原则管辖一样。如果正义（的美德）可以免除它的常见的牺牲行动者的不对称性（以及它在道义论方面的障碍），这一点在相反方向上对审慎（的美德）也成立。一个一致的功利主义观点，也就是说，一个除非有理由不这么做否则对所有概念都给予统一的后果主义对待的功利主义观点，有理由以对称的方式对待审慎与正义，并因此把一个行动或选择视为是审慎的（或有远见的）当且仅当它符合效用原则（的一种可接受的形式）。[10]

这意味着，功利主义必须把一个行为视为是不审慎的，如果这个行为服务于行动者自己的利益或欲望，却对所有人欲望的东西或利益是有害的。这看起来毫无疑问十分古怪。然而，同样古怪的是，（正如功利主义正义观所迫使我们认为的那样）在附近并无其他人需要分享、行动者也没有其他会影响别人利益的行动可供执行的情况下，一个人不 68
去享受一份甜点是不正义的。如果我们可以或应该习惯后者的古怪，为什么不应该以类似的方式对待前一种古怪，并允许那些无益于行动者自身的行动可以是审慎的、那些有益于行动者自身的行动可以是不审慎的？我看功利主义者没有任何可能的理由不去熨平常识审慎中的不对称性，当功利主义者致力于去烫平关于正义与正当性的常识思考中的类似的、方向相反的不对称性的时候。

不过，此刻，有人可能会提出，由于功利主义对审慎的解释也适用于他人的利益，这一解释与“审慎”一词的意义正好相反，在英语中“审慎”仅仅意味着“（按预期）符合行动者的长期利益”。但这一说法并不符合审慎一词的日常使用。当一个人为了正义或光荣的事业而违背了他自己的利益时，我们一般并不说他是不审慎的。[11]而一个对其他人的福利承担职责的人可以被认为是为了这些人的利益而审慎地行动（这时我们不需要假设这个行动也服务于这个为其他人的利益负责的人的利益）。审慎在含义上并不局限于拥有审慎品质的人的福利或偏好，而且，最后正如我已经提到的，说“审慎经常涉及对他人利益的关切”并不比说“正义经常涉及行动者对自己利益的关切”更让人意外。对正义与审慎的功利主义观点必须同时认同这两者，而出于对称性、均一性或一致性的理由似乎决定了任何一个将效用原则接受为道德正当性或可允许性的标准的人都必须接受对正义与审慎的这种处理。

不过，现在到了去完成这个对称性论证链条的最后一环的时候了。我们必须问，我们提到的这些考虑是否也会赞成这样一种对理性的功利主义解释，这种解释认为，所有有感知能力的存在者的利益都与给定的行动者的选择或行动的理性同等地密切相关。由于我们已经采取的那些步骤，达到这一结论可能比我们最初所期望的要容易得多。我们已经看到，如果正义和正当性的概念所具有的牺牲行动者的不对称性可以被抚平的话，审慎这样一个偏爱行动者的评价性观念的不对称性也可以被合理地抚平。而且，我们已经看到在常识词汇中正当性与正义都具有相似的不对称性，我们也已经论证，如果前者的不对称性可以被抚平，后者的也可以。

如同我前面提到的，常识正义是常识正当性的重要组成部分，因为如果一个事物是不正义的，它就很难是正当的。不过，同样的关系也存 69
在于审慎与理性之间。一个不审慎的选择很难被算作理性的或得到理性的辩护。更进一步，如同我早先提到的，理性也和审慎一样遭受偏爱行动者的不对称性。在常识词汇中，相比于忽略或疏忽了其他人的痛苦或幸福，一个人忽略或疏忽了自己的痛苦或幸福是对理性的更严重的违反。因此，常识审慎与理性的关系类似于常识正义与正当性或道德的关系。而那些从方法论角度推荐我们把对称性从正当性扩展到正义并进一步扩展到审慎的考虑，也会进一步把对称性扩展到理性的观念，由此效用原则不仅适用于审慎而且也适用于理性。始于用（被期望的）人类（或有感知能力的存在者）的幸福来勾勒对正当行动的功利主义观点，我们现在得到了这样的观点：行动的理性不是排他性地与它对行动者自己的（被期望的）效果联系在一起的，而是取决于这个行动如何影响了一般的人类的（被期望的）幸福。

不过，这样一种功利主义的理性观也存在着几个我们需要考虑的可能的反对意见。例如，一个人可能此刻想要提出，这个把效用原则运用于理性的推论离我们对理性的日常看法是如此之远，这期间“理性”这个词的意义不可能保持不变。然而，一个人也可以用同样的理由去对功利主义的正义观或正当观做出类似的评论，而“正义”与“正当”的日常意义使得那些功利主义者对正义和正当想说的那些东西不能成立这样的说法并不显而易见。而且，即便功利主义改变了这些词项的意义，这一事实会破坏或拒斥功利主义观点的有效性这种说法也并不显而易见。如果在伦理学领域，理论是可允许的，那么或许在科学与数学中所发生的那种**阐明**也可以同样在伦理学领域合理地发生。由于在没有保留所要阐明的对象的全部意义的情况下，阐明仍然可以实现有用的理论性目的，一个对正义或理性的功利主义标准的捍卫者不需要假设他可以让这些词项的日常含义毫发无损。[12]而且我认为对于功利主义是否**事实上**改变了任何价值词项的含义这个问题，我们可以合理地保持中立。（不过，这一话题将在第十一章以一种有些不同的形式重现。）

无论如何，我们已经看到如何能通过仅仅假设利己主义与常识道
70 德关于什么是正当的观点是错误的，而功利主义是唯一可行的替代者，来达到“遵从效用原则既是正当的又是理性的”这一观念。然而，只有当一个人清楚了西季威克所没有搞清楚的东西，即正当性与理性（的日常观念）之间的概念性或分析性区别的时候，利己主义缺乏作为一种道德观点的力量这一点才是清楚的。那些看起来青睐利己主义，并且被西季威克认为很难被拒绝的考虑，最多能支持利己主义作为一种针对理性的理论，而我们一旦把正当性与理性作为概念区分开来，我们就能够对利己主义的有效性进行分而化之的处理了。利己主义可以直接被从“是否是一种道德理论或观点”的争执中排除掉。而且给定西季威克给予我们的那些有限的选择，如果我们可以表明，正如西季威克认为他能做到的那样，功利主义优于常识道德，那么我们就可以接受一种功利主义的道德观。因此，在捍卫作为一种道德观的功利主义方面，相比于西季威克所不太情愿地认为我们所处的位置而言，我们可能实际上处于一种更有利的位置。不过对功利主义道德的这种优越性捍卫确切地依赖正当性与理性之间的概念区分，而西季威克未能做出这种区分。

此外，我们也看到如果我们假设功利主义是一种正确的道德观点，

那么也有同样的理由去把它当作一种针对理性选择与行动的正确观点。看起来，我们的概念区分和我们来自对称性的论证允许我们对西季威克最终对其不抱希望的那一整个论题进行强有力的捍卫，这一论题是，根据功利原则来行动**既是**正当的，**又是**理性的。一旦利己主义作为一种道德理论被拒斥，而功利主义作为一种道德理论被接受，我们就有出于处理的一致性、均一性的理由来接受一种对理性的功利主义构想；而这反过来又**排除了作为一种理性理论的利己主义**。[13]

我们已经看到，"正当" 与 "理性" 等词项通常是以对称相反的不对称的方式被运用的，而这表明这些词项是不同义的，也为早先对常识的道德加理性的批评提供了基础。不过，如果采用了对正当性与理性的功利主义标准，那么这两个词项在其使用中就都不再具有不对称性，而对它们的常识使用中的那种彼此相反和彼此取消的不对称性就都被整个地消除了。这样，对正当性和理性的功利主义观点就避免了我们早先对常识的所有批评，由此，我们有理由去青睐对这两个基础的伦理概念的功利主义使用标准。

不过，有人或许会认为，在根据一个单一的标准来使用两个（日常的）不同的概念时，功利主义对正当性与理性的构想只是把我们从常识的煎锅转移到了它自己的煎锅里，并不能让我们不受煎熬。常识当然 71
可以为它的不简洁遭受批评，然而根据一个单一的标准来使用两个不同的词项和概念，这不也是一种不简洁吗？如果，如同我们所假定的，"正当" 与 "理性" 表达了两个不同的意义或概念，却被以完全相同的方式使用，那么简洁性不就会要求我们取消这两个词项或概念中的一个或另一个吗？对功利主义来说，不去提供这样一种对正当性与理性的冗余的理论，不是还更好些吗？

然而，请注意，完全相同的批评也适用于更常见的对功利主义的正当观与功利主义的正义观的联合。我认为，我们可以想象边沁或西季威克对这种批评所做出的反应。对正当性与正义的功利主义观点通过最大化或产生（期望的）效用或幸福来解释这两个概念。难道我们不能说，功利主义向我们展现了如何把正义与正当性还原为产生/最大化总体的（人类）幸福或福利，而这并不包含了概念冗余吗？正义与正当性，即便它们涉及了不同的概念，也都可以被还原为或解释为一个单一的深层的属性或概念，由此，功利主义在它的基础层面应该被看作是统一的而不是冗余的。

这些分析也完全适用于功利主义对正当性和理性（以及正义与审慎）的处理。功利主义根据一个单一的标准来使用所有这些词项这一事实或许表明了某个特定**词项**的冗余性，但基于这样一个单一标准的理论实际上是把它的所有词项/概念都还原到了那一标准所体现的单一概念，而这样的理论是系统统一性的卓越范例，而不是不可欲的冗余性的范例。（在第三部分我们将对功利主义的还原论倾向作更多的评述。）因此，除了我们的常识道德想法中所盛行的那些悖论与不一致性之外，这些想法与我们对理性的常识观念的联合还导致了一种我们在伦理学的基础层面所不情愿接受的不简洁性，而功利主义对理性和道德的观点则提供了这一层面的系统统一性，并因此大概要优越于我们所描述的常识进路。不过，在我们有了理由去接受对正当性与理性的功利主义标准之后，我们现在应该去看看功利主义是否能处理我们从第一章到第三章所讨论的其他问题。我们已经看到，它可以避免那些来自自我-他人不对称性的困难，而且它显然也不面对舍夫勒对日常的
72 道义论所提出的那些批评。我们现在必须去看看，功利主义是否能避开关于道德运气的直觉悖论，以及最后，它能否回答关于功利主义过于苛刻、贬低了道德行动者的价值的那些批评。

功利主义与道德运气

功利主义把它对行为的评价基于对实际后果而非预期后果，这使它深深地牵涉了运气问题。因为一个出于仁慈的动机的行动可能有不可预见的坏后果，而在这种实现性考量的基础上，这就是一个过错的行动。当然，我们也可以坚持一种概率主义或期望主义的功利主义，而且之后在第四部分，我们将会考虑我们是应该做实现主义者还是期望主义者。不过，在与道德运气有关的方面，若功利主义采取期望主义，并排除那些出于不可预见的情形的道德运气，这么做并没有什么特别的好处。功利主义与后果主义拥有一种更一般的使得道德运气问题变得无效的方式，这种方式独立于采取实现主义还是期望主义来判断行为的正当性，因为功利主义并无理由去为了避免道德运气问题而采取期望主义的外表，为了简单起见我接下来将使用一种实现主义的功利主义版本。

我们在上一章注意到，那些允许一个行动出于不可预见的原因而错误的功利主义者可以切断我们通常在错误的行动与应受指责的行动之间所建立的联系。去赞扬一个按照行为功利主义标准来衡量是错误的行动，可能从功利主义的角度看是有用和正确的，在这样的情形中功利主义者通常会说，这里的错误行动并不是**应被**指责的行动，而是应被赞扬的行动。换句话说，她把什么是应被指责的简单地理解为对什么进行指责是正确的。[14]这一观点与常识看法相反，因为我们通常会设想，在对什么进行指责是正确的与什么是应被指责的之间存在差别。如果为了避免某个人类灾难，我们必须为某个无辜的或不存在的行动而指责某个人，那么我们这么做大概是对的，但通常没有人会认为这使得这个人在这个行动方面是应受指责或应受谴责的。

不过在这些情形方面，功利主义者可以说出一些与他们对正义所说的相似的道理。边沁曾宣称，如果我们要让正义的观念有任何意义，我们就必须用功利主义的标准来使用它，尽管这并不是我们通常运用
73 这一观念的方式。[15]而对于什么是应受指责的，功利主义可以用相同的方式来应对：功利主义者认为，如果我们要让“应受责备”这一词项能被有意义地使用，我们就必须把它与进行责备这样的行为的正当性联结在一起，而不是与某种想象性的、不能以后果主义方式来兑现的（内在）道德污点联结在一起。[16]

通过这样的论证，我相信功利主义者减轻或希望减轻了道德运气问题带来的麻烦。因为，如果上面所说的是一个对于道德可责备性/可谴责性与道德可嘉许性的可接受的观点，那么常识道德所面临的那种两难，那种我们看到的从常识道德那些关于道德运气的假设中产生出来的不一致性就都可以通过否认“道德运气是道德上成问题的或不可容忍的”这一关键前提而被轻易地避免。道德运气的观念在常识思维中的不可接受性在很大程度上依赖于对行为和行动者的道德评价与对以常识方式、而非以纯粹后果主义方式被理解的可嘉许性、可责备性的归因之间的联系。我们在道德运气的观念中最深切地对其感到畏缩的是这样一种看法：一个人的行为、疏忽或情绪的应受责备性、应受谴责性、应受指责性依赖于纯粹的运气或意外。然而当我们这样对道德运气感到畏缩时，我们认为应受责备性或应受指责性等观念并不比正当性或义务的日常观念更加具有纯粹后果主义的形式。而一致的功利主义者可以也应该告诉我们（多年来许多功利主义者也已经告诉我们），如果功利主义是一种比常识更优越的对对与错的构想，那么功利主义对道德可责备性与可嘉许性的构想方式同样比常识构想这些观念的方

式更优越。

然而，一旦我们以后果主义的方式来处理可责备性等，道德运气问题就失去了它的挠人之处。是这个行动还是那个行动将使效用最大化，这经常取决于不可预见的运气因素。这么想并没有任何古怪或成问题之处。如果正当性仅仅是使效用最大化方面的事，那么正当性就可以是一件出于运气的事。容易看出，类似的观点对功利主义的可责备性之类的观念也同样成立。如果可责备性只是进行责备这样的行为的效用方面的事，那么至少就这一假设而言，可责备性方面的运气并不比“对某个行为进行责备”的长期有用性方面的运气更成问题。

如同我所指出的，对可指责性、可责备性等观念的后果主义进路长
期以来是功利主义的道德构想的一个常见特征。不过，由于道德运气 74
的问题只在近些年才得到道德哲学家的密切注意，而且由于当一个人习惯了功利主义的使用道德词项的标准之后道德运气问题就特别容易被忽视，我不认为功利主义者已经以任何实质性的或明确的方式让它们对可指责性的后果主义主张基于这一事实：这种后果主义可以让我们避免常识主张所面临的关于道德运气的严重问题。不过，如果我们不是从内部来看待功利主义，而是从某种寻求将它的价值与其他竞争性道德理论/构想的价值相比较的视角来看待它，那么功利主义者从道德运气的观念中消除难题与悖论的能力，就使得它具有一个相对于常识道德而言的独特优点。

常识道德思维产生了一个矛盾的命题集合。一方面，运气或意外会导致不同的行动后果，而常识会依赖这些后果而对行为做出不同的判断；另一方面，常识又一般性地断言道德运气是不可能的。然而，功利主义的道德构想可以毫无困难地与道德运气的可能性相谐调，所以功利主义避免了常识所陷入的一系列矛盾。有人可能会反对功利主义

避免这些矛盾的方式，也就是说，他可能会反对功利主义道德构想的总体或它的某些部分或方面；不过如果功利主义作为一种对道德的总体看法是可接受的，那么它避免在道德运气领域的那些常识矛盾的能力就构成它相对于常识的一个确定的和特别的优势，一个我们在前几章所发现的那些优势之外的优势。

然而，我们应该注意到，要获得这一优势的好处，功利主义必须冒犯我们的常识直觉，通过宣称一个行动的可指责性等同于对这个行为进行指责的正当性或效用。不过，一旦我们已经接受了功利主义对正当性的观点，那么相比于功利主义在基础层面上决定以严格的后果主义的方式来使用正当性的观念而言，功利主义的可指责性的观念与常识的差异并不是多么严重的差异。功利主义在正当性观念上的决定尽管与我们的常识不符，却可以部分地从它帮助我们避免常识的不一致性与矛盾性，特别是那些出于我们对自我-他人不对称性以及对亲者疏者的不同义务的直觉的不一致性与矛盾性，而得到辩护。功利主义的
75 正当观也部分地从它给实质性道德观所带来的系统统一性，以及我们前面所讨论过的其他方法论性与实质性的优点而得到了辩护。我们也可以用类似的道理来支持功利主义对可责备性的解释，而且它使我们能够避免的那些矛盾与悖论中不仅包括前面提到的这些，还包括那些关于道德运气的矛盾与悖论。[17]

然而，像我们所尝试的那样去展示功利主义具有相对于常识道德的某些优势，这是一码事；而消除前面提到的功利主义对道德行动者的要求过于严苛这一批评，则是另一码事。如同我们所看到的，常识道德与直接功利主义道德都可以被指控为贬低了道德行动者（的利益）的价值，尽管在这两种情形中这个共同的指控是基于不同的基础。对功利主义的指控的基础是这一断言：功利主义向道德行动者要求得太多了。

因为，如果像常见的或标准的功利主义所告诉我们的那样，以一种并非总体最优的方式来行动是错的，即便我们中的大多数人或至少我们中的许多人在追求（无辜的）个人计划与关切时，在寻求或保有一份令我们快乐的工作时，在优先顾及我们自己或我们家庭的福利而非陌生人的福利时，都未能遵从道德的要求。任何时候只要我们执行了一个或一系列行动，这些行动对人类福利的总体提高的贡献小于我们本来所能够做到的，根据一般所理解的效用原则，我们就是在错误地行动。对直接或行动功利主义的多种批评都宣称，这样一种关于正当的或道德上可接受的行为的标准过于严苛，对人类要求了过多的东西。除非功利主义能以某种方式从这一指控中解救自身，它作为一个道德学说就是成问题的——即便总体来说它处于比常识道德更好的状态（连这一点也不是自明的）[18]。因此，我们有必要现在来讨论功利主义事实上如何、能否处理这一常见的指控。

功利主义太过严苛了吗

近些年有许多人尝试消除或减轻行为功利主义过于严苛这一指责。[19]不过我不准备通过现在人们所熟悉的对功利主义的捍卫来回顾这些尝试。因为我认为还有一些不太为人熟悉的解决功利主义过于严苛这一指控的方式，这些方式值得独立讨论。我在别处已经以相当长的篇幅论证，功利主义的大部分常见的基础性动机并不足以支持现在我们所接受的这种形式的行为功利主义，因此功利主义有理由去**自责** 76
它自己是不是太过严苛了。然而，我为这一结论所做出的论证并不是要引向功利主义的道德理论进路的拒斥，而是要引向一种理解或构造行为功利主义的方式，这种方式不仅可以避免上面的自责，而且可以避免由外部批评所发起的功利主义太过严苛的论证。

如果我们在最一般的意义上把行为功利主义视为这样一种断言：对行为的评价是对行为的后果和行为的替代选项的后果的评价的函数，并且把行为功利主义看作是一种聚焦于总体（或平均）幸福的行为后果主义，那么还可以存在某些形式的功利主义式的行为后果主义，这些形式的后果主义并不要求以好后果的最优化或最大化作为行动正当性的条件。边沁的效用原则的最早版本就宣称，行动是正当的，当且仅当它们对人类幸福的后果是**大体上**好的。这个版本的行为功利主义不要求人类或有感知能力的存在者的利益的最大化，而且，我们还有可能构造其他版本的行为功利主义或行为后果主义，这些版本更一般地认为只要某些行为具有**足够好的**后果，哪怕这些后果不及行为所发生的条件下的最优后果，这些行为也是道德上正当的。我们可以把所有这些非最优化（非最大化）版本的行为功利主义与行为后果主义都称为**满足底线**的行为功利主义/后果主义。而且，简要地回顾一下我在其他地方对这一话题的讨论，[20]我想指出，行为功利主义者所常规地举出的青睐功利主义信条的最优化版本的那些考虑，都不足以以他们所假设的方式支持他们的观点。

（行为）功利主义的一个基本观念是，出于理性的非个人的仁慈（或同情）而做出的道德判断是最有效的。[21]长久以来，人们以为近年盛行的最优化形式的行为功利主义（以及效用原则）可以理所当然、自然而然地从上述基础性图景中产生。然而，实际上多种满足底线的行为功利主义都与上述图景相符，它们与这图景相符的程度不亚于那种常见形式的行为功利主义，这种常见形式的功利主义认为一个行动是正当的当且仅当它对人类幸福的总体后果（被预期）至少与所有可得的替代选项的后果一样好。

对一个功利主义者来说，非个人（或不带私人感情）的仁慈被理解为对所有有感知能力的存在者的幸福/快乐的非个人的或不偏不倚的关切。但是，为什么一个具有这样的仁慈的关切的存在者只认可那些具有（现实的或被期望的）最优后果的行为呢？假定这个存在者会青睐 77
或选择具有（被期望的）最优后果的行为，而不会选择那些具有（被期望的）不那么好的后果的行为替代选项，难道这会导致这个存在者认为这些行为替代选项（即便那些具有非常好的后果的替代选项）是不可接受的、不值得他认可的吗？或许这个仁慈的旁观者会为一些产生了次优的好结果的行为而欣喜，即便某个最优的行为替代选项会让他**更**欣喜。（实际上，“一个拥有**最高程度**的仁慈的人必须**不认可**任何她发现在产生人类幸福或福利方面不够理想的行为”这样的观点并不显而易见。）

行为功利主义的直觉力量的一部分来自它使用仁慈的观念、诸如非个人等理性的限制，以及在某些版本中的全知来传达它对道德的后果主义观点。而且西季威克与许多其他功利主义者无疑都假设，这些条件独一无二地确定了一个针对对和错的最优化标准。[22]然而行为功利主义（以及更一般的行为后果主义）的基础道德心理学实际上没有办法排除那些满足底线版本的功利主义。因此，最优化版本的行为功利主义看起来被那些为它自身而做出的基础性考虑所破坏了。

如果我们没有理由从满足底线的行为功利主义与更常见的最优化的行为功利主义之间选择其一，那么至少此刻功利主义者没有理由去青睐被最自然地或最频繁地认为是过于严苛的那种功利主义。在这样的情况下，我们就有强有力的功利主义理由去认为当代的最优化功利主义过度地或不合理地严苛。它所要求的超过了它自身所能辩护的，不过此刻这还不能成为我们去选择满足底线型的行为功利主义或行为后果主义的理由。因为即便过于严苛这样的批评并不适用于(某些)这样的观点,每一种满足底线型的功利主义都要确定某种水平的好后果,并认为这样的好后果对任何行动的道德正当性(或义务必要性)都是必要且充分的,而任何一种这样的特定的确定都(至多)按照功利主义自身的基础性动机与方法论都是缺乏足够依据的。

那么,这是不是让我们有理由去放弃功利主义,除非有一天我们能找到办法来捍卫某个特定版本的功利主义,论证它优于任何其他满足底线型或最优化型的功利主义呢? 未必如此。相反,我们可以推断此刻我们还没有理由去断言除了那些我们所考虑过的所有版本的行为功
78 利主义都具有的**共同特征**之外的任何其他东西。然而,这样一个比较弱的一般的功利主义信条,可能仍然代表了行为功利主义的一种足够实质性的形式,我们能够将它作为现在我们可得的各种行为功利主义中最好的一种来捍卫。我们也将会简短地看到,这个新的、较弱版本的功利主义允许功利主义者消除关于不确定性的指责与关于过于严苛的指责。

我们所说的这些行为功利主义,可能在一个正当的行为要求多少好后果这个问题上存在差异,却都同意,一个行动比一个给定的替代选项**在道德上更好**,当且仅当这个行动比其替代选项具有更好的对人类幸福的总体后果。所有满足底线型的与最优化型的功利主义的行为后果主义都把后果的善当作是与道德评价相关的唯一的东西,而且事实上在比较级道德判断方面互相一致,尽管在原级判断上可能彼此不同。它们的区别仅仅在于,我们应该把对与错的线画在善的刻度的那个地方,不过这一差别在极大程度上仍然允许这些不同的功利主义版本能在**比较级道德判断上**互相一致,而彼此一致性可以被当作一种**只限于比较级道德判断**的功利主义道德观的基础。

由此，在支持最优化型的功利主义而非其竞争者的方面的困难可能提示我们，那些关于好的和坏的、较好的和较坏的总体后果的（假定的）事实并不能给我们带来一种（当下可以被分辨的）自然的或非任意的在道德上对与道德上错的行为之间的区分，而这暗示，此刻我们为了做出这样的区分而做的任何尝试都反映了某种（可能有用的）习俗或猜测，而非一个可捍卫的理论断言。我们所能诉诸的唯一一种解决办法，将是一种梯度性的功利主义，它允许不同形式的行为功利主义所共同具有的那些比较级道德判断，却故意地排除了那些产生了各个版本之间的分歧的对对与错的原级判断。

因此，如果不同形式的最优化型与满足底线型的功利主义的行为后果主义之间的不一致此刻不能以客观的理性的方式得到解决，那么一个寻求对道德的客观解释的功利主义伦理学最好明确地不去判断对与错，而把自身限制于关于道德上较好或较差的比较级判断。这样，它就可以通过聚焦于一位非个人的仁慈的存在者的没什么争议的比较性态度，来运用关于无所不知、非个人的仁慈的那种传统的基础的心理观念。无论这样一个存在者是否会不认可一个带来了坏后果的最优行为，相对于那些具有更坏后果的替代选项而言，她无疑都会选择或青睐这个行为；而无论这样一个存在者是否会不认可一个具有非常好却并 79
非最优的后果的行为，大概一个具有更好后果的替代选项都会更能赢得她的青睐。因此，一个人可以在一个纯粹梯度性的基础上保留某个版本的功利主义和其深层的心理学。然而，任何一种这样的理论无疑都把一些问题与回答排除在外，而这些问题与回答是之前的功利主义者认为需要坚持的。通过不做出针对对和错的判断，一个道德理论可能注定在指导行动或实践方面是不充分的，而且可能看起来无法为我们提供一个对道德的完整解释。

然而，在坚持认为正确的道德理论必须能够起到实用的指导行动的作用这一点上，功利主义处于一个特别不利的地位。在功利主义的历史上，许多人都宣称效用原则并不能被当作实践性的道德指导。[23]因此，功利主义者与后果主义者很难指责梯度性功利主义在指导行为的能力方面的限制，并以此来反对这种限制性观点的基础正确性或在当下的值得选择性。

当然，如果某个人是一个（功利主义的）行为后果主义者，那么她大概会相信需要有某种指导行为的道德原则。不过，只要一个人认为非实践性的效用原则或任何其他非实践性的后果主义原则构成了正当行为的唯一客观标准，那么这个人就必须把其他的原则都仅仅当作是实用的实践性的方便之计或经验准则。而对把效用原则当作有效道德标准与仅仅当作实用的实践道德原则这两种方式所做出的区分，为我们对梯度性行为后果主义或行为功利主义进行辩护打开了道路。

因为，如果客观道德标准不需要具有那些我们需要用来指导日常行动的道德规则或原则所具有的那种实践性特征，那么这样一个标准大概也不需要对对的和错的行动做出区分，尽管（我们可假设）这一区分能使得那些日常道德规则在实践上十分有效。[24]由此，某种形式的梯度性行为功利主义可能代表了关于行为道德的唯一客观真理，而其他一些非梯度性的、往往非后果主义的规则或原则则为人们提供了实用的实践指导，而这种实用的实践指导是任何功利主义者在功利主义立场所乐见的。如果对非后果主义原则的实践需求与（功利主义的）行为后果主义作为道德标准的唯一有效性之间完全相容，那么对非梯度性
80 原则的实践需求也并没有威胁到我们早先的这一断言：某种梯度性的行为功利主义最有希望为我们提供一个非任意的、客观有效的功利主义道德标准（理论）。

因此，我们达到了某种形式的功利主义，即梯度性行为功利主义。由于它对对与错不作判断，我们不能说它对正当的行动做了任何要求，或向我们提出了任何要求。或许有些不幸地，这是我们让功利主义避免或消除过度严苛性的指责的目前唯一或最好的方式。或许我们应该去寻求论证或证据来支持功利主义的某种不那么严苛的肯定性形式。不过，从另一方面看，当我们看到功利主义与它的方法论可以被用来展示某些形式的被指责为过度严苛的功利主义的不充分性，并实际上把我们引向了一种无法被如此指责的直接功利主义时，我们或许应该感到高兴。当我们要开始讨论美德理论时，它在不那么严苛方面并不比功利主义具有任何优势。那些想要支持美德理论的人必须找到一些新的理由来青睐它而非功利主义。因为我们已经看到，功利主义既不遭受常识伦理学或康德主义伦理学的那些大量的困难，也可以避免它自身被指控的那些困难。然而，在接下来的部分，我将试图提供一种美德伦理学，它同样能避免常识伦理学与康德主义伦理学的那些困难。之后我们将会看到，当我们把这个特殊版本的美德伦理学与功利主义进行批判性比较的时候，将会发生什么。

注　释

1 In *Utilitarianism: for and against* (Cambridge University Press, 1973)，J.J.C.斯马特与伯纳德·威廉姆斯都通过论证反对规则功利主义作为一种一致的功利主义理论的可行性。

2 In Smart and Williams, *op. cit.*, pp. 47f.

3 See Peter Railton, "Moral Realism," *Philosophical Review* 95, 1968, pp. 163—207. 引文来自第190页。

4 In *A Theory of Justice* (Harvard, 1971, pp. 22ff.), 约翰·罗尔斯认为，"达致功利主

义的……最自然的方式……是让整个社会都采用某个单个的人的理性选择原则”。不过他曾清楚地说过，他认为，对个体而言的理性（即尽可能地获得自己的最大利好）应该被认为只与那些个体的行动对其他人毫无影响的情境有关。换句话说，罗尔斯允许这样一种可能性：在那些他人的利益可能受损的情境中，最大化一个人自己的满足或福利不一定是理性的。因此，罗尔斯的观
81 点显然与雷尔顿的观点不同，后者试图把理性放在首位来定义，并因此似乎必须认为为了其他人的利益而违背一个人自己的利益或偏好或福利总是不理性的。雷尔顿论证了理性与功利主义规范之间的相似性；与此相对地，罗尔斯仅仅论证了不影响他人情况下的理性与功利主义规范之间的更有限的相似性。关于一种对涉己的理性与常识道德之间的这种更有限的相似性的证明，see my *Beyond Optimizing* (Harvard,1989)，此书用很大篇幅来考虑对理性与道德的基于福利的构想与基于偏好的构想之间的差异。

5 西季威克与边沁都是对道德问题的一致的、均一的或对称的进路的支持者。See, e.g., *Methods*, pp. 418f., and *Introduction*, pp. 19ff. 关于对自我–他人不对称性的更多批评，see my “Utilitarian Virtue,” *Midwest Studies in Philosophy* XIII, 1988, pp. 384—397。

6 See Rawls, *op. cit.*, pp. 26, 187, and S. Scheffler, *The Rejection of Consequentialism*, Oxford, 1982, p. 33.

7 Smart, “Outline,” in Smart and Williams, *op. cit.*, section 10.

8 See “Outline,” p. 10.

9 伯纳德·威廉姆斯所描述的高更是一个有理性辩护的不审慎的可能例子。See Bernard Wiliams, “Moral Luck,” *Moral Luck*, Cambridge, 1981.

10 关于这种一致性、对称性或均一性方面的方法论，可比较斯马特对规则功利主义的攻击，see “Outline,” p. 10。以及帕菲特对作为理由理论的利己主义的攻击，see *Reasons and Persons*, pp. 142—148, 448。

11 See Foot, *Virtues and Vices*, p. 187.

12 关于解释与还原，see W. V. Quine’s *Word and Object*, M.I.T.Press, 1960, pp. 257—266。边沁展示了他对伦理词语的日常意义的变化的宽容，see *Introduction*, pp. 13, 102, 120n。不过，我们还有一些理由可以认为功利主义并未改变这些词语的意义，see my “The Theory of Important Criteria,” *Journal of Philosophy*, 1966。

13 关于对作为一种理由或理性理论的利己主义的拒斥，see Parfit, *op. cit.*, Part II。

14 请注意功利主义对可谴责性的构想允许这样一种可能性，即，某个行动可能既

是应受谴责的，又是应受赞扬的，除非功利主义通过进一步的限制条件来排除这种可能性。

15 Bentham, *Introduction to the Principles of Morals and Legislation*, p. 120n.

16 然而，为什么功利主义不应该像对待正义与正当性那样对待可谴责性呢？这样一个应受谴责的行动之所以应受谴责，便是出于它自身的错误、非最优，而不是因为那个谴责这个行动的行动是正当的。据我所知，功利主义总是采取后一种进路。或许，他们这么做是因为这可以允许我们说，尽管某些行动由于纯粹的坏运气而是错误的，它们仍然可以不是应受谴责的，甚至还可以是应受称赞的。不过，对常识道德思考的这种让步能力只在某些上面这类情况中有 82 效，而不是在所有情形中都有效。因为，总会有这样的情况：一个出于好意的行动不可预知地导向了坏的结果，而由于另外的坏运气，谴责这一行动（而非称赞它）将具有最优的结果。无论如何，为什么一个典型的功利主义者要为功利主义与常识看法之间的这类冲突而担心呢？毕竟，在大量的其他情况中，功利主义者都宣称她有权无视这些冲突的存在。

17 除了我们强调的这种冲突之外，关于可谴责性的功利主义观点认为对某个行动的谴责的正当性仅仅取决于这种谴责的后果，这种观点也与我们的常识直觉相冲突。不过这种冲突从属于常识与功利主义在正当行动的标准方面的总体不相容性。我认为，这种冲突并不会带来我们之前讨论中熟悉的那些问题之外的问题。

18 除非，一些彼此矛盾或不一致的假设自动地使得某个观点集合不能被当作一致的观点集合而被接受；除非这一假设自身是自明的，而这看起来不太可能。

19 关于对功利主义的可能辩护，see S. Scheffler, *The Rejection of Consequentialism*, Oxford, 1982, *passim*; Peter Railton, "Alienation, Consequentialism, and the Demands of Morality," *Philosophy and Public Affairs*, 1984, 134—171。

20 See *Beyond Optimizing*, Harvard University Press, 1989, esp. chapters1 and 7. 近年来第一篇讨论非最大化功利主义的文献是 Judith Lichtenberg's "The Right, the All Right, and the Good," *Yale Law Journal* 92, 1983, pp. 544—563。

21 有时，对理想功利主义视角的描述中要求观察者具有完全知识，或者规定那个仁慈理性的观察者从普遍永恒的角度观察。不过在我们论证的这个阶段，我们还不需要关心这一点；我们会在第十五章讨论这些。

22 关于这种倾向的一个例子，see Sidgwick, *op. cit.*, pp. 241, 431f。

23 See Sidgwick's *The Methods of Ethics*, London, Macmillan, 1962, 7th ed., pp. 413,

469, 480—492; and Scheffler, *op. cit*., Ch. 3.

24 梯度性功利主义在许多情况下都与常识道德所承诺的那些比较级判断不一致。因此，在某些情形中梯度性功利主义必定认为，“杀死一个人以避免另外两个人被杀死”是道德上更好的选项，而常识道德的判断则相反。

不过，在另一个常识道德与功利主义的后果主义相冲突的领域，即，关于行动者相关的准许的道德规范的领域中，梯度性功利主义则消除了一些冲突。这是因为，“我们在道德上被允许去追求我们自己的清白的规划与承诺，即便这样做会牺牲一些总体的非个人的最优性”这样一种观点经常伴随着“对规
83 划与承诺的个人追求通常并不像那些更多地为总体人类利好服务的行动那样是道德上好的”这样一种让步。(Cf. Scheffler, *op. cit*., pp. 21ff.)因此，日常道德在允许行动者相关的准许方面与功利主义相冲突的程度取决于功利主义要求的是哪种层面上的好结果，同时，日常道德关于这一领域中什么是道德上好的、坏的观点又与功利主义的观点相当一致。我认为，梯度性(行为)功利主义与常识道德在关于行动者相关的准许的比较级判断方面的意见一致，但在关于行动者相关的义务性限制的比较级判断方面的意见却不一致，这一事实说明了常识道德与功利主义之间的分歧中的某些重要的东西。我们先前已经有理由认为功利主义的比较级或梯度性判断是功利主义的后果主义的基石；而鉴于刚才的讨论，这似乎提示常识道德与功利主义之间的冲突更基础地坐落
84 于义务性的方面，而非行动者相关的准许的方面。

第二部分

美德伦理学

第五章
美德伦理学的基础

对美德以及那些特定美德的哲学兴趣具有漫长而独特的历史。虽然在近代,伦理学家的兴趣已经很大程度上转向了关于对与错的问题和对职责和/或义务的原则的阐释,在古代世界占据优势的美德伦理学在近几个世纪仍然发挥了卓著的影响。近些年来,出于一些不太容易确定的原因,对美德伦理学的兴趣实际上有了相当大的复兴。不少人付出了显著的努力去刻画特定的美德和这些特定美德之间的相互关系,不少人尝试去提供对美德或某个美德是什么的大致的一般性解释。此外,还有几位哲学家主张通过主要或首先聚焦于美德相关的概念来开启一个对伦理学的整体进路。这些对变革的呼吁常常通过指出那些当下更显眼的伦理学理论的重大缺陷,或指出近来的伦理学争论的徒劳无益或贫乏来捍卫自己。然而尽管有这些对新进路的呼吁,我相信实际上还没有人开始从美德理论的基础上自下而上地构建伦理学理论——据我所知,还没有人去尝试把那些激发了功利主义者、康德主义者与常识主义者之间的近年讨论的基础议题和概念区分带入进来,带入到与一种对伦理问题与现象的根本性美德理论进路的结构或内容的具体关系中去。

我们在康德主义道德与常识道德中发现的问题使我们有机会和动机去追求这样一种对美德伦理学的更根本性的进路，这其中的理由并不难讲。第一部分中所发现的那些错谬依赖于我们对诸如行动者中立性和自
87 我-他人不对称性等伦理理论的结构性概念的使用，而在过去这些年中，人们显著地使用这些概念来理清（功利主义的）后果主义，常识道德与康德主义的相对价值。通过使用这些概念，我们还认识到，功利主义避免了许多常识道德与康德主义所具有的困难。但是我现在希望能展示出（出于一些十分不同的理由），某种对美德伦理学的常识性进路也可以避免这些问题，而这将要求我们去面对那些底层的概念性和伦理学问题，这些问题支配了近年的伦理学讨论，并占据了我们在第一部分的主要讨论。[1]

为了展现美德伦理学相对于常识道德与康德主义道德的优越性，我们必须以一种不太常见的基础主义的方式看待美德伦理学。因此，在本书的这一部分，我将尝试一种对美德伦理学的基础主义进路，而我们将能够看到它如何避免了我们在第三章结尾所抛弃的那些进路的那些困难，并最终使得我们能够在第三部分把它的价值与功利主义的价值进行比较。是时候了，现在我们要尝试把我们以美德伦理学之名所做出的那些重大许诺兑现出来。而且即便在我们所着手的这种伦理学的发展过程中出现了一些基本缺陷，这些缺陷自身也会指示我们更好地理解，美德伦理学如何能够（或是否能够）在伦理问题的几种主要整体进路中占据地位。

美德伦理学的独特特征

在第一部分我们看到，一个对道德的牺牲行动者的（自我-他人不

对称的)进路如何在康德主义伦理学中产生了对于(什么是)美德的牺牲行动者式的看法。我们也已指出,对于(什么是)美德的常识道德思考缺乏我们对道德的常识思考所具有的牺牲行动者的非对称性特征。给定第一章中的论证,我们对美德的常识思考允许关于他人福利的事实与关于行动者自己福利的事实去支持关于行动者所拥有的某些品质之善的断言,即那些关于这一品质作为美德的地位的断言。而在本章以及接下来的章节中,我对于什么是或什么展现了一个美德使用了一种恰当的自我-他人对称的常识观念,以此作为一种对伦理学问题的更宏大的进路中的基础概念,而我们可以展示出这种更宏大的进路可以免于第一部分中那些葬送了常识道德与康德主义的困难。 88

美德伦理学的观念一般被认为包含两个独特的或本质的要素。一个完全意义上的美德伦理学必须将德性论概念(如“好”或“卓越”)而非道义论概念(如“道德上错误”,“应该”,“正当”与“义务”)作为首要的,而且它必须更多地强调对行动者与其内在动机和品格特质的伦理评价,相对于对行动和选择的评价来说。[2]而且如果我们以某种粗略的方式来理解这一概念,那么我认为不仅许多古代伦理学(如亚里士多德的,伊壁鸠鲁的和斯多葛的),而且我们此刻和在后面几章所展现的伦理观点都将构成某种形式的美德伦理学。不过,此刻值得注意的是,这些美德伦理学的实例与常见的道义论与功利主义之间的差别并不像某些美德进路的倡导者所希望或想象的那么大。

因此,尽管亚里士多德和我都把各种美德和有美德或值得赞赏的个体看作是处于我们的伦理观点的核心,我们都没有回避对行为/行动的伦理评价,而且也都没有在某种我将会解释的意义上使得行为的道德评价严格地派生于对人或品质的评价。当然,对亚里士多德来说,一个行动是高贵的,仅当它是一个高贵的或有美德的个体所实施的,而且亚里士多德认为若不引入好人或有美德的人的概念，则我们很难说清什么行动或感受是最佳的。不过他同样允许被正确地指导（或短暂地被鼓舞）的人也可以实施好的或有美德的行动，即便这些人自己并不是有美德的或好的，而且，他还把有美德的人刻画为一个在任何给定情形中都能**看到**或**知觉**到做什么是好的、正当的或适当的人。这样的语言显然暗示，有美德的个体做了高贵或有美德的事，是因为做这件事是高贵的（如英勇的），而并非反过来：一件高贵的事（如英勇的）之所以具有高贵的地位是因为有美德的人选择了或将会选择这样去做。

因此对亚里士多德以及对这里将要概述和捍卫的观点来说，行为的道德地位并不能**完全**从品质、动机或个人的道德地位中**派生**出来，即便品质和个体是这种伦理观点的首要关注点。某些近年拥护美德伦理学的哲学家倡导了一种更激进形式的理论，认为对行动的评价是完全派生性的。在某些情况下，这是因为一种对刚才提到的那些概念的杂
89 糅，以及对亚里士多德等美德理论家的伦理位置的错认（或混淆）。换句话说，亚里士多德使得美德以及有美德的个体处于他的伦理学讨论的中心（我们假设这是对作为整体的《尼各马可伦理学》的准确刻画）这一事实并不能推导出他认为行为评价可以从行动者评价、动机评价或品质评价中推导出来，而实际上一个人要到其他地方才能找到能被后者所刻画的观点。[3]柏拉图大概使得对特定行为的评价依赖于它们与灵魂的各个部分的某种可被独立地确定的价值排序之间的吻合，[4]而在《伦理理论的类型》中，詹姆斯·马蒂诺认为行动的评价完全依赖于对动机的在先评价，而这些动机的冲突被认为先于行为的发生。[5]不过显然，如果我们希望把亚里士多德当作一个真正的美德伦理学家的话，我们就不能坚持认为任何美德伦理学都必须把行为的评价视为完全是派生性的，而且前面对美德伦理学的刻画也避免了这样的坚持。而且，

我将要提出的美德伦理学将属于亚里士多德所提出的那种不太激进类型的美德伦理学；因为它将允许我们对行为或行动做出独立的德性论评价，(至少在这个方面)它不会像马蒂诺或柏拉图看起来的那样彻底地背离常见的行为导向的道义论与功利主义。

然而，我刚才在括号里写了“至少在这个方面”，是因为在另一个方面，这里将要发展的美德伦理学比马蒂诺乃至柏拉图对伦理现象的解释更彻底地背离了当代道德理论。人们往往假定[6]，任何真正的美德伦理学的主导的或基础的德性论观念都将是道德善的观念(例如道德上的好品质的观念)。然而，与马蒂诺的观点不同，也许也与柏拉图的观点不同的是，我采取的美德伦理学将会避免使用专门的道德观念。它的基础的德性论观念将是美德或值得赞赏的品质、行动或个人的观念，而且，像我们在第一章中所注意到的，后面这些观念在其日常使用中并不是专门的道德观念。在常识词汇中，牺牲行动者的自我-他人不对称性嵌入道德上的好或更好的观念的程度与它嵌入道德正当性或义务性观念的程度一样深，而且无论我们谈论的是品质、动机还是行为的道德上的好，这一点都仍然成立。而且由于我们看到与常识道德联结在一起的这些问题让我们有理由整个地放弃这种常识道德，我们对美德的常识道德进路将会避免专门的道德观念，不会去使用道德卓越或道德上好这些概念，而是会使用好品质或值得赞赏的品质、卓越的品格，或更简略而言的美德等这些更广泛意义上的德性论概念。我们对 90
这些概念的日常应用不涉及任何自我-他人不对称性，而这种不对称性却带着极具破坏性的后果出现在我们对那些专门的道德观念的日常使用中。因此，在试图避免第一部分中的那些问题时，我们在这里所捍卫的美德伦理学将会整个地避免专门的道德概念。如果说第四章中的功利主义进路重新界定了我们对道德词项的日常或常识使用，那么，在面对同样的问题时，我们的美德伦理学进路将会采取一种不同的策略，即保持常识的思考模式，却只使用那些广泛意义上的伦理学概念，而这些广泛意义上的概念在其常识使用中不具有任何引起了第一部分中的许多问题的那种自我-他人不对称性。

我们已经在第一章中看到，如同品格特质可以通过使得它的拥有者能够为别人做某些事情而有资格成为美德一样，品格特质也可以通过使得它的拥有者能够为自己做某些事情而有资格成为美德。因此，我们看到，我们对美德的德性论概念的常识使用向自己（即行动者或品质的拥有者）的福利与他人的福利都赋予了基础性的评价重要性。因此，我们对专门的道德概念的拒绝使用并没有使我们的美德伦理学滑向利己主义，这一点应该是清楚的。在缺乏道义论和/或道德概念的情况下，利己主义大体上是这样一种美德伦理学式的观点：如果某些品格特质或行动有利于行动者，那么这些品格特质就是美德，这些行动就展现了美德。而这样一种观点，尽管它允许美德有益于他人，却使得有一个品性的德性特色最终依赖于这个品性为拥有它的人提供了什么。由此，这种利己主义观点与我们日常的或大多数人所持有的对于什么是值得赞赏的或有美德的深思熟虑的观点并不一样，因为我们中的大多数人都倾向于或乐于倾向于对那些帮助他人的行为或品性感到基本的赞赏。我们之中极少会有人持有一种对于什么算作美德的利己主义观点，而且下面我们有不止一个理由去避免利己主义，去青睐一种更加不偏不倚的常识观点。

只要我们是在批判性地、理论性地思考伦理学，我们就会在其他情况相同时，希望能避免不对称性。显而易见的是，利己主义是一种不对称的观点，而我们对可赞赏性或美德的常识观点却并无这种不对称性。不过，更重要的是，在构造一种美德伦理学时，我们有理由只出于避免

第一部分所提到的那些问题与不一致性的需要才去对常识思考做出大尺度的或彻底的转向。而事实是我们只要放弃所有专门的道德概念就可以完成这一目标，而不需要采取进一步的、更激进的步骤去拒斥我们 91
对他人福利的基础性评价重要性的日常认知（或信念）。因此一种适当的保守主义进路要求我们选择对美德的常识解释，而不采取利己主义的观点。利己主义观点尽管曾经在古代世界盛行或占据优势，例如斯多葛派与伊壁鸠鲁，却与我们的（后）犹太教-基督教的对值得赞赏的行为的条件与美德（或值得赞赏的品质）的状况的通常思维不符。因此从现在开始我将很大程度上忽略利己主义，并且尝试表达一种常识型的美德伦理学，这种美德伦理学可以解决我们为了达到一种对伦理与伦理理论的充分构想所需要处理的那些问题。

不过大概柏拉图与亚里士多德都不是伊壁鸠鲁或斯多葛派那样的利己主义者，因此或许我接下来应该在柏拉图式或亚里士多德式的框架下发展美德伦理学。然而，根据上面提到的理由，我认为跟从（我所解释的）柏拉图的观点将是十分冒险的，因为根据这种观点，正当的或值得赞赏的行动的唯一外在条件是善的型相。如果我们把柏拉图对善的型相的这种神秘的诉诸姑且搁置在一边，那么柏拉图（如同马蒂诺一样）的观点大体上就是，无论一个有美德的或健康的人做了什么，由于她是一个有美德的人，她的行为总是正当的；因此，如果不去诉诸我们大多数人都不希望诉诸的形而上学/知识论假定的话，那么柏拉图主义者就必须认为不存在一个道德行动者需要认识或学习的客观的或情境性的标准或要求。而且与利己主义十分相像的是，这一假设与我们当代对伦理的构想相去甚远，因此我认为我们不需要在这里考虑它。如果我们正在努力构造一种排除了常识道德与康德主义道德的问题的保守的美德伦理学，那么只要没有其他强有力的理由，我们就最好避免柏拉图主义进路强行给我们的那种极端的“以行动者为基点”的要求。

这是否意味着我们的（常识）美德伦理学应该有一种基本的亚里士多德主义的结构呢？并非如此。虽然亚里士多德确实同时倡导关涉自己的美德与关涉他人的美德（以及混合的美德），他对于中道的基本信条（正如通常所注意到的那样）看起来并不适合帮助我们理解或辩护遵守许诺和说真话的义务，因此我认为我们有常识合理性（或许这只是我们的常识，而非亚里士多德的常识）的理由去避免中道信条。没有这个信条，我们的直觉性美德伦理学将很容易允许我们批评违背许诺或撒
92 谎的行为，尽管它可能不允许把这样做的过错归咎于行动者。不过，在接下来的部分仍将有许多与亚里士多德的观点相像的内容（尽管我要指出，我们对友谊做出的解释将避免亚里士多德式的极端理性主义，同时又会反对这一话题的许多当代工作中的道德主义）。还有，我们一直以来的进路对自我-他人对称性问题的讨论要比亚里士多德对它的讨论更为明白。不过，亚里士多德并不了解像康德主义道德或基督教/维多利亚道德这样的东西。而我们过去必须，而且将来也要继续明白地讨论对称性问题，以此来试图解释为什么一种常识性的美德伦理学进路可能会优于常识道德、康德主义道德，甚至功利主义道德。

一些术语的问题

我上面说到，我想要像亚里士多德一样允许对行为的独立的德性论评价。不过敏锐的读者可能注意到，尤其是在第一部分，我倾向于聚焦于对作为美德的品质的（赞许性）评价，而认为对行为的评价仅仅是把行为归入到美德之下。换句话说，我对行为的美德理论式的赞扬通常诉诸行动有没有展示或例示了一种美德（好的品质）。不过我这么

做只是为了便于精简我们的讨论，而我确实想要为对行动的直接评价留下空间。说一个行为例示或显示了某个美德，这是通过它与某种被认为是有价值或值得赞赏的品质之间关系而进行的一种典型的间接评价。[7]然而我想不到任何理由为什么我们不能以美德伦理学的方式去评价一个行为自身，而且尽管“美德”不能用于直接的行动评价，我们还有其他的德性论词项可用于这一目的。如果我们赞赏或高度认可一个行动（这个行动可能明显地例示了某个常见的美德，也可能没有），我们可以直接说这个行动是值得赞赏的或者我们对它评价很高，而在这么做的时候，“我们必须让这种行为评价基于对某些一般性品质的在先的或隐含的评价”这个观点一点也不明显，而且我当然不想承诺这种观点。

而且，“值得赞许”这一观念（与诸如“道德上值得赞扬”“道德上好”这些专门道德词项不同）如同“是一个美德”这个观念一样，在其使用中是自我–他人对称的。我们最容易认识到这一点，如果我们注
意到，在日常英语中把一个品格特质称为美德和把它称为值得赞赏的 93
在本质上是一样的。“值得赞赏”这一德性论词项既可以被用于品格特质（与人），也可以被用于特定的行动。一个品格特质对其拥有者的作用和它对其他人的作用都与这个品格特质的可赞赏性相关联，正如我们看到这两种作用与品格特质的美德地位相关联一样。出于同样的理由，一个行为对行动者自己的作用与它对其他人的作用通常都被认为与这个行动的可赞赏性至少有一些关联。因此“值得赞赏”这一词项不仅比“是一个美德”的使用范围更大，而且在它的日常使用中拥有后者明显具有的那种十分可欲的自我–他人对称性。

接下来，相对于美德伦理学可以使用的其他非道德的德性论概念而言，我将更频繁地使用可赞赏性的概念。当然，其他一些德性论词项

也同等地适用于行为、品质、欲望与人，因此我想此刻我应该说说为什么我认为它们不像“可赞赏性”那样适合我们讨论的目的。我将要描述的美德伦理学很大程度上基于我们对于什么算作一个美德以及更一般意义上的什么算作值得赞赏的常识观念与直觉。为了唤起、至少不打击这些直觉，[8]我认为我们应该避免过度延展这些词项的使用，而且任何时候只要可能，就在我们对基础问题的讨论中使用符合语言习惯的或听起来自然的语言。我相信，把“值得赞赏”这一词项作为我们在德性论方面的表扬的最一般的词项，这将允许我们达到上面这些条件，而其他那些最初看来有吸引力的词项最终无法达到这些条件。

因此，美德有时被刻画为好品质或性格的卓越，但当我们试图对特定的行动或人来使用“好”或“卓越”这些词项时，我认为这么做不像我们所希望的那么符合语言习惯，而且，当我们这么使用“好”这个词项时，还很可能把它与道德范畴混淆起来。因为我们可以在最广泛的意义上谈论我们赞赏或不赞赏的人或行动，所以我们一般而言也可以讨论一个人或行动是值得赞赏的或不值得赞赏的。不过关于卓越的行为或行动的概念（无论古希腊语的用法如何推动我们去接受这种说法）与我们对“值得赞赏”的概念的使用相比，在英语中都显得更不自然。例如，想想“我发现他的所作所为值得赞赏”与“我发现他的所作所为是卓越的”谁更自然。我认为，关于“好”的概念也存在类似的情况，即便我们最开始可能倾向于认为“好”是（实际上必定是）我们的美
94 德伦理学的德性论观念中适用范围最广泛的。然而，“我发现他的行为（或他的所作所为）很好”这样的说法需要进一步的澄清，而“我发现他的行为值得赞许”这样的说法则不需要。这里，问题部分地在于，“好”的用法更强烈地暗示道德上的好，而这并不是我们所要发展的这种版本的美德伦理学所想要的。比起“值得赞赏的人”或“卓越的人”对专

门的道德上的可赞赏性或卓越的暗示来说[9]，“好人”更明显地暗示了一种专门的道德上的好。(很有趣也有些矛盾的是，**认为一个人很不错**并不像**好人**那样被限定于专门的道德评价；我们通常会认为任何我们觉得值得赞赏的东西都很不错)。因此，为了我们当下的基础性讨论的目的，我将在大多数时候避免“好”与“卓越”，而使用“值得赞赏”作为美德伦理学在表扬方面的标准的一般词项。不过，像“值得称赞”与“值得表扬”这样的词项的适用范围与“值得赞赏”一样广泛，而且也不限于专门的道德意味。因此，我将自由地把它们当作“值得赞赏”的文体上的替换词，尽管以这种方式使用“应受赞扬”这个词可能是危险的，因为它的反义词“应受指责”有表面上的道德含义。

不过，上面这一点带来了这样一个额外的问题：如何表达可赞赏性的反面。如果我们想要表达一种态度，这种态度的负面程度正如“值得赞赏”一词的正面程度一样高，那么仅仅说这是一种不太赞赏的态度或说某个行为是不太值得赞赏是不够的。而且事实上，看起来英语拥有的针对负面(非道德的)德性论评价的一般性词汇远不如针对正面或赞许性的德性论评价的一般性词汇那么丰富。“应受指责的”、“应受斥责的”和“应受谴责的”全都是专门的道德词项——当温斯顿·丘吉尔在早年访问美国时走出出租车后因看错了左右方向而被对面的汽车撞伤时，他可能是粗心或蠢笨的，但我们通常不会因为他对自己粗心大意而认为他有哪怕一点点应受指责、应受谴责或应受斥责之处。那么，哪个或哪些词语能被用来表达可赞赏性的反面呢？

我认为我们的最佳选择是“糟糕可鄙”。尽管它可以作为谓语来阐述偶然属性、事件或事态，在这些使用中它意味着一些类似于“不幸”的东西，不过在其他语境中它也可以用来暗示当我们指责某个人的粗心或蠢笨的行为时的那种非道德的批评。如果丘吉尔事先已被充分地警告过美国的道路规则对英国人来说十分危险，那么我们就可以把他未能下车后向左望看作是可被批评的，看作是糟糕可鄙的。我们可能会责怪他的疏忽大意，即便谴责看起来不是描述我们的批评性态度的
95 合适词语。而当一个人有意地或疏忽大意地伤害了其他人时，这个人也可以被认为是糟糕可鄙的，因此我认为我们可以把“糟糕可鄙”当作“值得赞赏”的反面。[10]

对称性的模式

在第一部分我们看到常识道德遭受某些不对称性。有些事情，一个人对自己做了或没有去做都是允许的，但对其他人做了或没有去做就是错误的。而且，虽然在其他方面都相同的情况下，一个人对其他人做了多少好事会影响我们日常中认为一个行动、品质或性情在道德上有多么好，然而，一个人对自己做了多少好事却不能（以比较性或非比较性的方式）影响对这个人的行为、品质或性情的正面道德评价。当这种自我-他人不对称性与日常道德的其他方面联合起来之后，它就会给后者带来困难；我曾论证，这些困难使我们有理由去寻找优于常识道德的观点，而我们已经在而且将会继续论证功利主义与常识美德伦理学都能让我们避免上面（大致）描述的这些常识道德的不对称性，并由此避免常识道德的这些难题与悖谬。不过，“自我-他人不对称性”这个表达还有另外一种自然的含义，根据这种含义功利主义是对称的，而（非道德的）美德伦理学则不是。我们现在该去看看这一区分了。

在功利主义看来，在估算结果的善时，每个个体的福利或偏好都应被给予同等的权重，而这种结果的善构成了它关于道德正当性或更优性的断言的基础。因此功利主义在这个意义上表达或体现了对所有人

（或有感知的存在者）进行平等的关切这样一种理想范型：尽管它并不要求道德行动者自己同等地关切每一个人的利益，那种决定了每个行动者的义务（或什么对行动者来说是较好的或较坏的）的计算仍是基于对好结果的估计，而这种估计把每个人的福利看作是与行动者的福利同等重要的。通过这样把非个人的或不偏不倚的仁慈的立场作为它的所有评价的支点，功利主义体现了一种对**每个**个体的统一地或同等地关切的理想范型，而这种理想范型显然也是**自我-他人**对称性的。（不过，从这种理想范型的立场看，在某个给定的行动中，对行动者的关切只是对这个行动的功利主义评价所表达出的总体关切中的一小部分。一个给定行动影响到的人越多，在决定这个行动应被如何评价时，行动 96
者自己的福利或利益就越不重要。）

我们没有任何理由提前假设常识的美德伦理学也体现了上面描述的这样一种特定的对称性，而一个人可能因此会好奇是否由于缺乏这种对称性，我们所提出的美德伦理学相比于功利主义而言具有相对的劣势。事实上，在刚才所说的这种意义上常识的美德伦理学确实不是自我-他人对称的。但我不认为这会为美德伦理学带来问题，因为我们可以证明后者体现了它自己对于自我-他人对称性的独特理想范型，这种对称性是功利主义未能展现的。因此，在值得追求的对称性这个方面，功利主义与常识美德伦理学之间不分胜负。不过，我们现在所讨论的这两种对称性之间的区别可能是理解功利主义与美德伦理学作为伦理准则或理想范型的主要区别的关键所在。虽然功利主义的诸多文献已经让我们对它体现的对称性颇为熟悉，这种对称性被理解为对自己和所有其他人的同等的关切，那种刻画了我们关于美德的常识思考的对称性却在相当程度上被忽略了。然而，无论就其自身而言，还是就它可以帮助我们理解美德伦理学的道德进路而言，这种对称性都是值得讨论的。

我们刚才归结于（直接的）功利主义的对称性显然在常识道德中并不存在。后者所做出的判断并不是在表述对所有人的平等关切的理想范型。相反，在常识道德的衡量中，行动者自己的分量比其他人的份量小，而相比于疏远的人而言，给予亲近的人**更多的**关切是道德上义不容辞的。由此，常识美德伦理学没有体现出我们归诸功利主义的那种对称性。当然（很快我还会回到这一点），我们关于美德的常识思考认为，品质为其拥有者带来的利益是与它作为好品质的地位关联在一起的。但是我们对美德的常识理解并不阻止我们认为那些涉及优先考虑一些人而非另一些人的品质或行为是值得赞赏的。而且事实上，如果一个人没有对自己的伴侣与子女给予比陌生人更多的关切，这看起来是十分糟糕可鄙的，是与我们对美德的日常理解相反的。因此，有理由认为常识美德伦理学与功利主义对每个个体的同等关切所展示的那种对称性是不相容的。

然而，常识美德伦理学体现了另外一种我们还未考虑过的对称性。
97 在第一部分，我提到那些出于涉他的理由而被赞赏的品质通常并不被认为是在任何意义上优先于涉己的美德。善意、正义与慷慨大方通常并不被看作是比审慎、坚韧、敏锐、镇静等涉己的美德，或勇气、自制与实践智慧等“混合”美德更重大或重要的美德。实际上，常识伦理学的语言中包含的描述涉己的或混合的美德的词语与描述涉他的美德的词语一样多。由此，我们关于道德的常识思考同等地强调、同等地关心帮助他人的美德与帮助行动者自己的美德。假设这是个事实，那么这一点表达或体现了一种对自己和对他人的关切的平等性或对称性。

然而，请注意这种对称性与我们刚才讨论的那种与功利主义相联结的对称性之间的重要区别。（我们在第一部分所讨论的那种功利主义与美德伦理学共享的对称性则不是这里所讨论的。）当把一个美德视为（基本上）涉他的时候，我将他人当作一个与行动者的某些给定的选择特别地相关的某个类别或范畴；因此，当我说我们的常识道德思考看起来向那些帮助了美德的拥有者的美德与那些帮助了他人的美德赋予了同等的权重或重要性的时候，我并不是说美德伦理学允许或要求我们具有或按照这样一种倾向而行动：这种倾向体现了对每个单一个体的同等的关切。相反，我在说的是，我们的道德常识思考将品质的拥有者这个类别与“其他人”（也就是说，品质的拥有者之外的人）这个类别当作是大致具有同等重要性的。而这一点暗示了（或许不只是暗示，但我此刻还不想断言任何超出暗示的东西）这样一种关于品质与行动的理想范型，这一理想范型大致展现了在行动者所做的任何抉择中对行动者自己和对被视为由行动者之外的其他人组成的“他人”这个类别的同等的关切。在这种情况下，我们可以说对什么是值得赞赏的与什么算作美德的常识理解体现了对自我与他人的同等的关切，而这里“他人”是作为集合体来理解的，也就是说，“他人”是指其他人这个类别。相反，功利主义的伦理理想范型表达了对自我与他人的另一种平等的或对称的关切，在这种关切中“他人”被理解为是彼此分离的；这一理想范型像关心自我（行动者或品质的拥有者本人）一样关心每一个其他的个体。这意味着功利主义与常识美德伦理学在纯粹涉己的品质与行动的重要性与评价方面彼此不同。 98

功利主义评价反映了一种对自我与每个单独的其他个体的同等关切，而当一个品质或行动能影响足够多的其他人的时候，这情境就会要求将对自我的关切与对其他人的关切的总和进行比较，这种比较会使得对自我/行动者/品质拥有者的关切变得无足轻重。由于在一生（的一个长期阶段）中，我们中的大多数都会影响上千，甚至上百万的其他人，自我很可能被浸没在那种产生了功利主义伦理判断的对他人的关切的海洋中。但是我们对美德的日常思考（尽管它没有排除掉自我牺牲，甚至是巨大的自我牺牲作为一个人之值得赞赏或不糟糕可鄙的条件的可能性）看起来更少地承诺了这种如此不考虑行动者/品质拥有者的涉己关切的评价。如果常识美德伦理学对于品质与行动的理想范型涉及了作为一个类别的自我与作为一个类别而非个体的他人之间的平等性，那么这样就建立了一种自我关切与对所有其他人的关切之间的评价性平衡。我认为，正是这种（双向的）平衡构成了我们关于品质、行动、欲望等等之中什么值得赞赏的，什么不值得赞赏的常识思考的支柱。与此相反，功利主义建立并赞许的是自我与每个单独的其他人（或有感知的存在者）之间的分立的平衡。尽管这种功利主义的平衡在一种意义上也代表了一种对称性处理的理想范型，现在已很清楚的是，在任何给定的自我与作为总体或类别的其他人之间的双向平衡这样的理想范型同样表达了一种对于对称性的伦理学理想范型，这种理想范型是功利主义显然而且必然无法体现的。

由此，我要说的是，“对自我与他人的同等关切”有两种自然的理解，它们体现了对自我-他人对称性的两种不相容的、有吸引力的观念/理想。不过初看起来，对称性的形式竟然以这种方式彼此相反，这似乎很古怪。例如，在生物学中，辐射对称与两侧对称彼此不同但彼此相容，而且我们似乎很自然地会去认为只有不对称的形式才会彼此不相容，对称的形式不会彼此不相容。然而，如果我们认识到对称性的概念与相同性或相似性的概念之间的相似性，而且回想起投射相似性或连续相似性可能会彼此冲突，那么我们可能就不会认为上面这种初看起来的想法有多么重要。古德曼的新归纳法之谜告诉我们，某些理性存在者可能认为蓝绿性是比绿性更自然的一种相似性，而在维特根斯

坦的例子中，某个人可能认为，在数完数列2，4，6，8……中的前五百个
数之后，“1004，1008，1012”以同样的方式延续着这个数列。这提示我 99
们，在我们知觉到的相似性或相同性之间，以及由此知觉到的对称性之间，可能存在着冲突。[11]

不过古德曼与维特根斯坦的例子是关于两个分立的个体（或对它们的解释或知觉）之间的冲突，而我所讨论的对称性之间的冲突则处于功利主义视角或美德伦理学视角之外。我们刚才描述的并不是这样的情境，在这个情境中在一个人看来构成对称性或相似性的东西与在另一个人看来构成对称性或相似性的东西之间不相容。相反，我们描述的是这样的情境，在这里我们可以从同一个视角中发现两种不同的、看起来自然而然的对称性的形式，然而它们两者之间确实是彼此不相容的。事实上，古德曼与维特根斯坦的例子与我们在这一章所聚焦的两种自我–他人不对称性的形式之间并不完全相似。[12]

不过，我们不需要与古德曼与维特根斯坦明确讨论的例子离得太远，就可以找到正确种类的情形。因为，有可能描述出这样的情境，在这情境中无论一个给定的个体（在向他开放的两个选项中）做了什么，从一个自然的方面看，他所做的都以相同的方式继续延续，而从另一个自然的方面看，他所做的则没有以相同的方式延续。或许，通过描述一个我在归纳法课堂上经常做的一个小实验，我能够最好地表明这种可能性。

我站在课堂的正前方，背对课堂，要求学生们注意我做了什么。然后，我把我的右手臂从贴着身体的位置抬到我的右上前方。转过身之后，我要求学生用他们的左手臂做我刚才用右手臂做的事情。

学生中产生了旗鼓相当的两种反应。有的学生把手臂抬到了右上方，另一些则把手臂抬到了左上方。不难理解为什么这两种反应都会

发生。显然，有些学生把我最初的动作理解为将我的手臂向右举起，而当要求他们用左手臂做同样的事情时，他们把自己的左手臂向右举起。另一些人则把我的动作理解为把我的手臂向上举，并且远离我的身体，而给定这种描述和这种看待我的所作所为的方式，他们自然而然地把他们的手臂向左举起。因此，从一种观察我的动作的方式看来是自然而然的东西，会与从另一种观察我的动作的方式看来是自然而然的方式相互冲突。不过，由于即便在描述了实验的旗鼓相当的结果之后，这
100 两种看待我的动作的方式仍然都看起来很自然，我们可以发现在这个情境中，对于“做同样的动作”的两种明显的自然的理解不能同时被遵行或例示。而同样的事情也发生在对本章所讨论的对称性的两个种类的理解之上。这两个种类都是描述对称性的可理解的、自然的方式，但无论功利主义还是美德伦理学都不允许它们同时被例示或遵从。相反，如果我们接受功利主义，我们就得到了一种从分离的个体来理解的自我-他人不对称性，这是美德伦理学不能接受的；而同理，如果我们接受常识的美德伦理学，我们就得到了一种从集合体来理解的自我-他人对称性，这种对称性是功利主义不可能实现的。

由此，从功利主义与尽可能地贴近我们对什么值得赞赏的日常见识的美德伦理学之间做出抉择，就意味着从这两种对称性中做出抉择，而在我看来，这两种对称性的形式中没有一种具有压倒性的方法论敏锐性。我不认为任何单单来自对称性的论证能以决定性的或重要的方式辨别出功利主义的价值与我在这里所描述的美德伦理学的价值。不过鉴于我刚才提到的课堂的例子，这一结论或许既不令人吃惊，也不是特别地难以接受。我们已经看到，功利主义与常识美德伦理学体现了两种自然的、彼此不相容的自我-他人对称性的形式。我之前也提到，我们关于美德的常识思考承诺了一个人对自己的所作所为与一个人

对其他人（或有感知的存在者）的所作所为之间的某种平衡（的理想）。现在我们该去进一步讨论一下，这种平衡会导致什么，它怎样才能被概括为伦理原则。

注　释

1 我在这里想到的是近年来威廉姆斯、内格尔、卡根与舍夫勒等人关于功利主义与直觉主义道德的相对价值的基础讨论。

2 关于美德伦理学的这两个独特要素，see Robert Louden's "On Some Vices of Virtue Ethics," reprinted in R. Kruschwitz and R. Roberts, eds., *The Virtues: Contemporary Essays on Moral Character*, Wadsworth, 1987, pp. 67—79; and Marcia Baron's "Varieties of Ethics of Virtue," *American Philosophical Quarterly* 22, 1985, p. 52n。

3 In *An Introduction to Plato's Republic* (Oxford, 1982)，朱莉亚·安纳斯引入了"行动者中心"的伦理理论这一概念，并运用柏拉图与亚里士多德的伦理观点作为 101
它的例证。不过她对这一概念的描述在正文中提到的两种概念之间摇摆，而正如我们所看到的，二者之中只有一个适用于亚里士多德的观点。

4 不过，柏拉图对灵魂各部分的价值排序本质上依赖于理性部分恰当地朝向了所有价值的源泉，即善的形式。因此尽管对柏拉图而言，行动的价值可能是灵魂的某些状态的价值的函数，后一种价值自身又是通过所有事物中最有价值的东西，即善的形式，来理解或定义的。对柏拉图来说，对灵魂状态的评价并不是最基础层面或类型的评价。

5 See his *Types of Ethical Theory*, 2 volumes, 1885, 1891. Robert M. Adams, "Motive Utilitarianism" (*Journal of Philosophy* 73, 1976, pp. 467—481) 引入了一种被称为"良心功利主义"的观点，这种观点通过行动是否遵循了一种要求效用最大化的良心来评价行为。根据这种间接功利主义观点，对良心的评价先于对行为的评价，正如同，对马蒂诺来说，对动机的评价先于对行为的评价。不过，按照亚当斯的观点（对柏拉图来说）对"心灵内在的东西"的评价并不是最基础层面的评价。在良心功利主义看来，对良心的评价要求先去评价各种形式的良心的效果；与此相对地，马蒂诺似乎认为，对内在动机的（比较级）评价是真正基础性的，并不依赖任何其他在先的或独立的评价。

6 See Louden, *op. cit.*, *passim*.

7 我们需要对这一断言施加一些限制，以处理那些“某个美德被例示，却没有作为美德而作用生效”的情形。不过在接下来的讨论中我将忽略这一复杂性。关于这一点，see Philippa Foot “Virtues and Vices,” in *Virtues and Vices*, California, 1978。

8 我们需要一个词来表示“直觉泵”的反面。

9 In *The Foundations of Ethics* (Oxford, 1939, pp. 270f.), W.D. 罗斯指出“好人”一词具有某些“值得赞赏的人”一词所缺乏的道德内容，并认为后者是一个更宽泛的概念。

10 反面的概念稍有些含糊。可能有人认为，可赞赏性的反面是微不足道性或无关紧要性（例如，值得赞赏的事与微不足道的事彼此相反），而非糟糕可鄙这样一个“负面”概念。因此我们可能需要一些新的术语。我们可以说，“微不足道性”与“可赞赏性”在体量上不同，但不是在正负上不同。而“糟糕可鄙性”与“可赞赏性”则是在正负上不同，而非在体量上不同。（“应受批评性”则在体量与正负两个方面都与“可赞赏性”不同。）在日常交谈中，反面的概念被用来要么指向体量的相反，要么指向正负的相反，不过我们主要是在寻找与可赞赏性正负相反的词语，换句话说，我们在寻找“可赞赏性”这个正面词语的负面对应物。当然，用一些词语来标记体量的大小，这也是有用的，而我们上面
102 也提到了一些这样的词语。

11 See Goodman's *Fact, Fiction, and Forecast*, Bobbs-Merrill, 1965, Ch. 3; and Wittgensteins's *Philosophical Investigations*, New York, 1959, pp. 74e—85e. 段落208则关注样式的均一性这一具体概念。

12 我这里所讨论的东西的最接近的类似物不是来自维特根斯坦或古德曼的著作中，而是来自C.I. 刘易斯的这一观点：无论大自然或世界展现给我们什么，我们都可以从中辨别出一种自然规则性或样式。See *Mind and the World Order*,
103 Dover, 1956, Ch. 11.

第六章

美德的规则

在上一章中我提到一些理由来假设，我们对美德的常识思考为它视为美德的特质的涉己的方面与涉他的方面都给予了即便不完全相等也可以互相比较的权重。在这一章，我将发展这一观点，并给出一些理由来说明，对作为类别的自我与他人给予同等的或比例上平衡的关切，这正是我们关于可赞赏性与美德地位的隐含观点的特色。我不期望能给出一个击倒性的论证，而且，据我所知，关于这种平衡的观点尚未被哲学家所探索过。但不管怎样，我将展示，这种平衡可以与我们的评价性思考的某些被忽略的方面很好地匹配起来；接下来我将尝试描述这些被忽略的方面。

在上一章我提到，在那些采取了对美德的或多或少直觉主义的进路的哲学家中，似乎并没有人倾向于自动地假设涉他的美德相对于涉己的美德或混合美德而言具有首要性。不过，此刻我们同样应该注意的是，对于像勇敢这样一种特定的混合美德来说，我们对它的涉他的方面所赋予的重要性或强调并不明显高于我们对它的涉己的方面所赋予的重要性或强调。看起来，人们需要勇敢来实现他们自己的福祉，也需要勇敢来服务于他人的需求，这两者是同样重要的事实。而对于一个像耐心这样次要得多的美德来说，我相信同样存在着这种大体上的平衡。我们在实践上与评价上同等地关心一个人的耐心对他自己的用处与对其他人的用处。大概，我们将没有理由去从耐心、勇气和其他混合美德中期望这样一种大体的平等，如果我们关于什么值得赞赏、什么糟糕可鄙的日常思考没有在某种意义上建议一种在自己利益与他人利益之间的大体平等的话。

显然，关于在什么样的意义上存在这种平等，关于这种对平衡的建
104 议到底意味着什么，还有许多东西需要我们的说明。我们可以通过考虑对刚才这种论证方向的一个可能的反驳来进行这种说明。这一反驳认为，美德的涉己的方面与涉他的方面同等地重要和有价值，这也不意味着我们应该对于“实现这两种美德、并按照这两种美德来行动”进行推荐或称赞。因为，“这两种美德具有同等的重要性与价值”是与下面这一情况相容的，那就是，我们最好**只专攻一些美德**，也就是说，只培养与展现涉己的美德或涉他的美德，但不同时去培养和展现这两种美德。毕竟，即使我们感到在其他方面相同的情况下做一个建筑师与做一个哲学教授是同等重要与有价值的，我们大概也不会推荐人们去追求建筑师与哲学教授的双重职业。只专攻某一类能力，这样做可能具有巨大的优势与价值，而我们中的大多数人都愿意承认这种可能性。

而且，一种与此类似的关于**伦理**专门分工的观念也并未荒诞到我们应该直接抛弃它的程度。毕竟，存在着圣徒与英雄之间的区分，而这种区分或许可以被看作是体现了两类同样值得称赞的超出了义务的伦理/道德专长。因此，为什么我们关于值得赞赏与糟糕可鄙的常识观念不能也为某种形式的专门化提供一些空间呢，这种专门化将不仅允许

涉己的美德与涉他的美德具有同等的价值，而且允许人们完全只专攻这两类美德中的一类。一个在这两类美德中只精通其中一类的专才，与一个在这两类美德中都有所涉猎的通才相比，难道不是同样地值得赞赏吗？难道前者不是并不比后者更差吗？

对这个问题的回答，部分地来自关于我们（今天）愿意把什么算作美德、把什么算作值得赞赏的考虑，部分地来自一个一般的理论原则，我相信现在这一原则将展现它的价值。一个像善意这样的美德在直观上属于涉他的美德的范畴，一个像坚韧这样的美德主要属于涉己的美德的范畴，而这两种值得赞赏的特质都是与对相反范畴的美德的培养和展示相容的。而且，我们看来可以合理地断言，任何一个只属于这两个范畴之一的特质如果与相反范畴中的那些值得赞赏的特质不相容，那么这个特质就不应被看作或算作美德。[1]而这一假设如果是真的，它为"常识伦理学支持涉己与涉他的道德之间的平衡，而不支持在这两者之中只专供一个"提供了根据。

我们为什么不应该把自私当作一个值得赞赏的品格特质、当作一个美德呢？毕竟，自私能让一个人做为自己好的事情。而且，只要一个 105
自私的人只关心他的艺术、智力与政治才干如何影响他自己的福利，那么自私看起来与这个人的艺术、智力乃至政治才干的发展也是相容的。（在此我只是作一些粗略的描述。）由此，既然坚韧（或平和、审慎等美德）也是有利于一个人自己的，为什么我们把坚韧当作美德，而不把自私当作美德呢？

我认为，这至少部分地是因为，自私排除了那些涉他、惠及他人的美德，而坚韧（或平和、审慎）并未排除这些美德。自然，一个自私的人也可能会无意中做了对他人好的事，或为了实现自己的利益而做了对他人好的事。但一个坚韧或其他基本上涉己的美德都是与对"其他人的关切与自我尊重”的基本的关切与尊重相容的，而当我们说某个人具有一般意义上的自私的时候，这意味着我们排除了这个人的这种对他人的关切与尊重。不过，这样的话，“（与艾恩·兰德在《自私的美德》中的说法相反）自私不被视为一种美德，并且自私经常遭致一种坚韧等特质并不遭致的批评”这一事实就可以作为证据来说明，我们的常识道德认为在涉己、惠益自己的方向上的彻底的专门化是糟糕可鄙的，是应该反对的。

不过，为了避免有人认为我们在这里发现了一种新的形式的自我-他人不对称性，我要指出，我们也不需要把无私当作一种美德。无私在很大程度上与我们直觉上视为涉己、惠益自己的那些美德不相容。而且即便无私在维多利亚时代广受推崇，如今（或许因为我们不再那么自命清高，不再抱有极高的道德观了，或许因为我们认为自己对人类心理了解得更多，不那么愿意对表面的说辞信以为真了），无私已经成为我们在实践上不假思索地加以怀疑的对象。一个不仅对其他人展示出极大的关心，而且在任何时候都愿意为了促进其他人的最琐碎的福利而放弃或忽略他自己的需求的人通常会被看作是不太对劲。例如，考虑一下我们怎么看待小说《高老头》的主角高老头，这个人耗竭了自己的财富，毁灭了自己，只是为了让他的女儿们延续其轻浮、奢侈的生活。从一种似乎是对人类心理现象的更深刻的理解来看，我们会自发地怀疑，一个完全牺牲自己、完全无私的人是不是以受虐为乐，是不是承受了过分的、错误的罪错感。因此，一个人不需要采纳尼采或艾恩·兰德的观点，就可以对这种（维多利亚时代的、道德标准极高的）无私持一批评的态度。（颇为有趣的是，“无私是基于过分的、少见的罪错感”这一观点竟可以从维多利亚时代宣扬高道德标准的典范性人物T.H.格林的
106 作品中找到。在《伦理学绪论》中，格林宣称，人类之中的那些伟大的

慈善家常常受到一种强烈的、比我们大多数人严厉得多的责任感的驱动。他们把其行为中那些我们视为是超出了义务的部分当作是义务所在、义不容辞的。因此，他们比我们大多数人要更多地感受到罪错感的威压。不过，格林的观点仍然是维多利亚式的，所以他并未怀疑从这种严厉的道德心所产生的行为是否值得赞赏。而且，不管怎么说，格林并没有关注那些一边关心他人，一边认为自己不值得关心，为了别人的琐碎需要或念头就牺牲自己的人。)[2]

可以说，那些无私的、为了满足其他人的相对不重要的欲望而忽视了自己的重大需求的人，他们做起事来仿佛有一种**不**为自己做事的积极义务。不过，由于这样的人可能没有能力或不愿意用这种赤裸裸的说法来形容自己，他可能总是会为自己的那些服务于其他人的琐碎需求的行为寻找可能的借口，从而让他的这种自我否定的行为落入"利他"这一更安全或更高尚的道德类别。不过，不管我们想要对这种可能性说些什么，我们似乎都有理由去否认无私具有美德的地位，就像我们否认自私具有美德的地位一样。因此，我们的基本态度是，既反对完全排他的惠益自己的倾向与活动，也反对完全排他的惠益他人的倾向与活动。在我们看来，自私与无私都不是值得赞赏的，而且这二者通常都是糟糕可鄙的、受批评、被认为是负面的。而这一点作为证据恰恰可以表明，我们在这一领域的日常态度与评价青睐一种平衡，这种平衡是一个个体对待她自己的需求和关切与这个个体对待他人的需求和关切这两者之间的平衡。

不过，这是多大程度上的平衡，又是何种平衡呢？毕竟，即使我们到现在为止还没有看到任何与"平等地对待自己与他人"这一观念相反的东西，我们从无私与自私的美德地位得到的论证至多只是说明，我们的日常思考在评价方面认为极端的只关心自己与极端的只关心他人都是缺乏价值的。从这里并不能得出，一种对自己的关切与对他人的关切的精确或大致的均等或平等是在评价上更值得青睐的、是更值得赞赏的。（接下来，我们会更多地讨论"关切"的概念。）因此，我将不会试图论证，我们关于"哪些人类行为与动机值得赞赏"的日常观点要求涉己的关切与涉他的关切之间必须有大致的平等，不过我仍然希望表明，这些日常观点建议或推荐这两种关切之间的**某种程度上的平衡**。
107 到目前为止十分清楚的是，我们关于美德的常识思考把涉他的美德与涉己的美德都当作是重要的。我们为他人所做的事情和我们不是直接为了他人而做的事情，都是我们关于什么值得赞赏的断言的重要来源。而且我们可以以一种在这两者之间保持了某种平衡的方式来表征这两种关于评价的来源；尽管我们早先提的那些问题似乎预设了我们必须论证一种确切程度或确切种类的平衡，我们其实并不需要去论证这种确切的平衡。

要表达这种平衡，我们可以以一种至少隐含地建议或推荐美德的涉己的方面与涉他的方面之间的平衡的方式来详细说明可赞赏的原则与它的反面。不过，以一些更常见的原则为模型来建立这些原则将会很有用，而这些更常见的原则可以从那些采用了诸如职责与义务、可允许性与正当性等特殊的道义论概念的伦理观点中被找到。特别是，作为一个例子，我们需要使用康德的不完全义务的概念。因为，在美德（或值得赞赏的东西与糟糕可鄙的东西）这一非道义论的领域也存在着与不完全义务相似的东西。而一种对上文那种平衡的隐含的建议可以通过引用康德关于我们的不完全义务的观点来得到例证。

康德区分了那些我们在任何情况下都要遵守的**完全义务**（如不说谎的义务与不自残的义务）与那些以一种相对不那么严厉、不那么一刀切的方式约束着我们的**不完全义务**。大致上，根据康德，仅仅一次说谎就足以违背不说谎的义务；然而，某一次当一个人能够帮助他人的时候却没有帮助他人，却不自动构成对康德所认为的促进他人的幸福这一不完全义务的违背。相反，后者这种不完全义务总是具有效力、总是向行动者施加着某种道德压力，却没有绝对禁止一个人在能够促进他人福利的情况下偶尔或频繁地没有这么做。

根据康德，我们有两种基本的不完全义务（的集合）：促进我们自己的道德（或其他方面）的完善的义务，与促进他人的幸福的义务。不过，他认为并不存在与此相应的促进一个人自己的幸福的义务和促进他人的（道德）完善的义务，对此他也给出了一些论证，不过这些论证要么是有问题的，要么缺乏说服力。我们已经讨论过，康德对一个人追求自己幸福的义务的否定以及康德为了支持这一否定做出的断言："一个人不可能有任何义务或职责去做他总是自发地想要去做的事情"如何给康德带来了困难。然而，康德为了否定促进其他人的（道德）完善所做的论证恐怕明显更加成问题。康德说："令一个人的作为一个人的**完善**， 108
是以他根据他自己的义务概念来采取他的目的的力量作为其主要部分的。要求我去做那件只有另一个人自己才能做到的事情（或把这当成我的义务）是自相矛盾的。"[3]这一论证似乎做出了一些可疑的模态性假设，而这些假设又依赖于康德式的关于自由的形而上学，而这种形而上学是我们完全有理由质疑的。这一论证可能也会让我们疑惑，难道一个恰当的类似的论证不是也会反驳"通过在当下行动来增强一个人以后的道德力量"的可能性，并因此质疑康德所假设的那种促进一个人**自己的**道德完善的义务吗？[4]

不过，此刻让我们先把"康德关于我们的不完全义务的观点是否整体上是一致的或有充分根据的"这个问题放到一边，而去考虑康德是如何表达他的这些观点的。他问道："哪些目的同时也是义务？"然后他立即给出了回答："**一个人自身的完善**与**其他人的幸福**，这两个目的同时也是义务。"我想，我们可以很自然地认为康德通过这么一问一答向我们建议或推荐了在生活中帮助别人与发展自己的道德和其他力量这两者之间的平衡。不过康德的这一建议并不是通过任何断言了这一平衡的重要性或价值的明确陈述来实现的，而是通过做出关于不完全义务的**两个各自独立的断言**，通过这两种义务在康德的文本中的**并列**来实现的。当然，康德隐含地建议的这种平衡并不是我所说的我们关于可赞赏性的日常判断中所隐含的那种特有的平衡。不过，无论如何康德所建议的都是一种平衡，而康德用来发展他自己的观点的方式为我们提供了一个很好的范例，这个范例展示了关切之间的平衡或平等如何可以在不被明确讨论的情况下被建议或推荐。

请注意，如果一个人把自己全部的时间都投入自我发展或自我完善中，或者反过来，如果一个人把自己的全部时间都投入到促进他人的幸福中，那么这并不符合康德的建议。一个有充分的机会既发展自己的能力、又帮助他人，却只致力于这两个方面中的一个方面的人并没有完全遵从由康德关于不完全义务的说明所推导出的命令。这样，康德关于我们的不完全义务的明确说明就等同于一个**双方面的禁令**，这个禁令一方面反对忽视他人的利益，另一方面也反对忽视一个人自己的发展。而仅仅去帮助他人，不能算作对这个禁令的充分遵从，正如，种植极多的玉米并不能算是对"种玉米并且种棉花"这一命令的充分遵
109 从。由于后一个双方面的禁令/命令似乎隐含地涉及要求**同时**种植足量的**玉米与棉花**，在什么意义上一个双方面的建议要求所建议的两种活动之间的平衡这一点看起来就很清楚了。因此，我们现在很容易看到，康德对于不完全义务的明确说明与我已经并且将要做出的对令人赞赏的生活的一般条件（这种一般性条件可以从我们关于特定行动、动

机与品格特质的常识观点中积累和总结出来）的说明都要求或至少建议个体的伦理生活中的某种平衡。

当然，康德所建议的东西与常识美德伦理学所建议的东西在形式与质料上都是不同的。我们的美德伦理学并未使用康德关于完全与不完全义务的那些断言中的那些特殊的道德或道义论概念。不过，在本章中我将忽略这一差别，因为我相信可以表明，美德伦理学有能力为衍生性的道义论概念奠基；在揭示或提供了美德伦理学观点的内容或实质方面的更多东西之后，我才会尝试做这种奠基的工作。换句话说，我将假设，我们可以把关于什么是值得赞赏与糟糕可鄙的美德伦理学观点表达成命令的形式，或表达成关于一个人应该做什么的断言的形式。通过这样一种表述与理解，我们可以容易地看到，美德伦理学的建议与康德关于我们的不完全义务的观点之间有实质性的不同。

对康德来说，不存在为自己谋利益的不完全义务（除非这样做是自我完善或帮助他人的手段）；不过如果我们上面对美德伦理学的解释位于正确的路线上，那么一个人就可以因为他促进（或成功地促进）自己利益的能力而值得赞赏，而也可以因为忽视或阻碍他自己的福利或幸福而被谴责或批评。在预设了一些我们此后需要表明和捍卫的东西之后，我们可以说，我们的关于什么是美德或什么算作值得赞赏的常识观点要求我们去追寻和发展实现我们自己的幸福的能力，而康德却恰恰想要避免产生任何这样的禁令或建议。现在我还想要说清楚的是，康德主义的建议与美德伦理学的建议在另一个重要方面也彼此不同。

康德（无效地）论证说，我们没有义务去追求他人的（道德）完善。除非我们现在希望坚持某种隐微的却有根据的美德伦理学，与这一伦理学的“高贵谎言”式的建议之间的区分，美德伦理学显然并不希望要 110

求特别的道德发展或自我完善。不过，在早些时候说到我们关于美德的常识思考似乎同时推荐对他人的关切与对自己的关切时，我并没有明确地把这些关切限制于对行动者自己的福利或幸福的关切中。现在，我想明确地指出，在常识语言中，我们既赞赏一个人为促进自己或他人的幸福而有能力去做的东西，也赞赏一个人为促进自己或他人的可赞赏性而有能力去做的东西。我们通常因为人们拥有涉己与涉他的美德而赞赏他们（在这里我有意地比较模糊地使用这些词语，把它们当作某种占位符），而我们也赞赏那些帮助别人发展了值得赞赏或有德性的品格特质的人。因此，尽管，“美德伦理学在要求我们关心他人和关心自己的同时，也建议我们在道德上促进自己或促进别人”这样的说法可能是错误的或误导性的，在某种意义上我们关于伦理现象的隐含观点仍然建议了一些东西，这些东西不仅仅是去促进一个人自己或他人的幸福或福利（或追求幸福或福利的能力）。即使对涉己与涉他的美德的拥有部分的是由人的幸福或福利构成的（我们将在第三部分更详细的考虑这一问题），我也不认为，为了相信“对人的美德的促进是值得称赞的”，我们必须假设上面这种联系是存在的或不存在的。因此，我认为常识美德伦理学的一部分要求我们假定，人们应该关心**自己的与他人的**幸福与（非道德意义上的）美德。正如同，以一种不那么对称的方式，康德提倡一种对**自己的**（道德自我发展意义上的）美德与对**他人的**福利或幸福的实践关切。

美德伦理学观点与康德观点在对称性上的差别值得思考。康德关于不对称性的论证是脆弱的，而且从本书的观点看，对一个缺乏对称性的理论来说，缺乏对称性这一点就是质疑这一理论的伦理学有效性的理由之一。因此，按照这一标准，美德伦理学的这种不偏不倚（或至少**比较**不偏不倚）[5]的进路相比于康德主义伦理观点便具有一些优势。而且，不像康德，常识道德似乎认为关心某些其他人的各种美德的发展是一个人的基本义务。例如，人们一般认为，我们对自己的子女的义务既包含了促进他们的福利的义务，也包含了对他们进行道德教育，为他们培育好的价值观的义务。我们应该帮助我们的子女发展那些促进他们的福利所需要的生活技能，然而我们一般也希望并认为我们能够帮助 111
他们成为好人、值得赞赏的人，而且在一定程度上我们可以在让子女幸福的命令/欲望之外独立地感受到这一命令/欲望。如果为了确保子女的幸福或满足，我们在把他们培养成可憎的或糟糕可鄙的人，培养成为了实现自己的福利不惜给他人带来巨大伤害的人时，可能会感到迟疑，或许不只是迟疑。

不过，我们希望我们的子女在道德上不糟糕可鄙，这并不是“对于他人，我们除了关心他们的幸福之外，还应关心他们的其他方面”的唯一例子。我们对于让自己的行为不轨的配偶或父母获得道德改善具有一种责任感，这种责任感超过我们对于让较疏远的人得到道德改善所具有的责任感，不过即使对于后者，我们有时也感到某种程度的义务，这种义务关心的是一种道德操守或美德是否在人们身上得到了体现。[6]在越南战争期间和之后，那些反战的美国人感到一种教育自己的美国同胞的道德冲动，他们对同胞的这种道德冲动要超过他们对那些在其他国家容忍着同样不可容忍的战争的同样愚昧的人民的道德冲动。因此，我认为可以有把握地说，我们对人们的美德的日常道德关切按照人们与我们的亲密程度而变化（当然亲密程度的概念无疑需要进一步的澄清），而且与我们对幸福的关心方面的道德准则不同，这种变化关系中既包括一个人对自己的关心，也包括一个人对有些疏远的他人的关心。在关于对幸福的关心的常识道德中，我们看到义务（的强度）随着与行动者的亲密程度而变化，但行动者对他自己的幸福的关心却被排除在外，因为在常识语言中似乎并不存在促进自己的幸福或福利的实质性基本义务。不过，我现在要说的是，在促进美德这个方面，常识道德并不允许把一个人对自己的美德的促进排除在外。在这个方面，一个人最重大或最强的义务是促进他自己的美德。我相信，常识道德展现的这种不对称性是对常识道德的又一打击。

因为，除了前面在第一部分讨论的那些不对称性与悖谬之外，常识道德中还有另一种不对称性，这种不对称性只出现在本章的此处。常识道德在促进美德方面的要求与它在促进人们的幸福或福利方面的要求是不对称的。这种不对称性使得常识道德缺乏“促进一个人自己的幸福”的义务这一点甚至显得比之前更加古怪。因为除了我们之前对此所做的评论之外，现在看来常识道德既要求人们关心除了自己之外
112 的每个人的福利与美德，也要求人们关心自己的美德，却把人们对自己的福利的关心当作唯一的例外，当作一个大规模的、本该具有对称轮廓的关于人的命令集合的唯一例外。这是我们之前揭示出的怪异性之外的一种新的怪异性，而这让我们有进一步的理由抛弃常识道德，如果我们仍需要任何理由的话。

不过，既然我们已经放弃了常识道德，我们现在就应该回到对常识美德伦理学的阐述与发展。我们让美德伦理学对我们的指向自己与指向他人的行动的建议基于一种类比，一种与康德就人与自己和与他人的关系所（不对称地）断言的不完全义务之间的类比。我已经描述了康德的观点与我们的观点在内容上的差别，以及我们的观点（至少在表面上）的优势，而我们也注意到，需要解释德性论描述如何能产生实践禁令或建议。不过，且把这个问题放到后面再说，我现在想要指出，康德的不完全义务与美德伦理学所赞许与谴责的东西之间还存在着另外一种平行。

正如一个人可以实现他的不完全义务的同时却不必每时每刻都遵循这项义务的建议/要求一样，常识美德伦理学也不要求/建议我们每时每刻都关心着自己与他人的福利与美德。如果常识美德伦理学认为“一个人为别人或为自己做得不够是件糟糕可鄙的事”，那它也并不倾向于认为，要是一个人没有每时每刻都主动地关心人的幸福或美德，这就是糟糕可鄙的。我们在后面章节将会把德性论建议或命令的概念与非糟糕可鄙的条件联系起来。而此刻应该指明的是，这种基于常识，却往往未被哲学家们认识到的命令，这种要求一个人既关心他人的福利与美德，又要求一个人关心自己的福利与美德的双方面的命令，是可以被那些并未时时刻刻地投入这些被要求的活动的人所实现的，只要这些人在足够多的时间里展现了对这些活动的足够多的投入即可。

在前面的章节，我们谈到了许多个别的美德，并指出我们的日常思考中在涉己与涉他的美德之间有某种平衡。在本章，我展现了两个原则，或者说是一个双方面的原则或规则；我们可以论证，这个原则总结 113
或概括了常识对于每个个别的值得赞赏的品格特质的意见。正如，在很大程度上我们关于什么特质构成美德或美德的反面等常识观点的总结或概括了我们如何把值得赞赏与糟糕可鄙的评价归属给特定的行动与动机，在一个更一般的层面上，这里所阐述与捍卫的这个双方面原则也总结与概括了我们关于给定的美德与美德反面、关于值得赞赏与糟糕可鄙的品格特质的观点。我们对这样一个更一般或更全面的美德伦理学原则的拥有是可欲的，不仅因为这原则自身是可欲的，也就是说，它为美德伦理学带来了基本构成上的统一性，而且因为它允许我们在常识美德伦理与康德关于不完全义务的观点之间做出比较，还因为，它向我们许诺，它能让我们理解，一种基于伦理学的德性论进路的建议与命令是什么样的(这一点将在后面的章节完成)。

不过,在对康德的不完全义务在美德伦理学中的类似物进行了这么多讨论之后,我们不应该忽略康德的完全义务在美德伦理学中的类似物。对康德来说,不说谎是我们的完全义务,因为说谎在**任何时候**都是错的。对一个不完全义务的命令的可接受的遵从并不要求一个人总是依照这个命令而行动,然而,对康德来说,对一个像不说谎的义务(或不杀人的义务)这样的完全义务的道德上可接受的遵从,要求一个人恒常的或持续的按照这义务的命令而行动。类似地,在我们关于美德的常识思考语境中,我们可以伪说谎与杀人从来不是值得赞赏的,从来都是糟糕可鄙的;尽管与康德不同,我们可能希望在描述什么是普遍地糟糕可鄙或普遍地不值得赞赏的时候,能引入一些限制条件。我们可能也希望普遍地谴责某些(主要是)涉己的行为或倾向,例如服用烈性毒品或更一般的伤害自己的身体。显然,原则上并没有任何理由认为,美德伦理学不能像康德主义或常识道德中的完全义务那样能够把某个种类的行动或特质的所有实例都视为是错误的或应该责备的那样,把某个种类的行动或特质的所有事例都视为是糟糕可鄙的。因此,似乎我们可以合理地推论,完全义务与不完全义务之间的道德区分在我们这里所理解的美德伦理学中有与之相似的对应物。

即使我们不使用特殊的道德概念,这里所发展的常识美德伦理学
114 也可以为对他人的福利与美德的底层伦理关注提供空间。而正如我们所看到的,这不仅允许我们在不太具有一般性的层面上谈论特定行为或特质的值得赞赏或糟糕可鄙时这么做,而且也允许我们阐述一个更一般性的原则,这个原则在常识美德伦理学中所起的作用类似于道德中的完全义务与不完全义务(的命令)所起的作用。我们也看到,与常识道德和康德主义道德形成鲜明对照的是,美德伦理学允许,当一个给

定的行动或特质(潜在地)增进了行动者自己的利益的时候,这种增进也会使得这个行动或特质得到比较有利的美德伦理学评价。这一特征让我们所描述的这种常识美德伦理学能够避免一些难题与陷阱,在第一部分中正是这些难题与陷阱让我们拒斥了常识道德与康德主义道德。我现在想到的这些难题与陷阱大部分都是常识道德与康德主义道德所具有的自我-他人不对称性的结果,而我们已经看到,常识美德伦理学并不具有这种自我-他人不对称性。不过,另一方面,功利主义也不具有这种自我-他人不对称性。而且,我们已经看到,功利主义如何切断了道德运气的难题。因此,如果我们要全面地捍卫常识美德伦理学,正如我们在第二部分尝试全面地捍卫功利主义那样(也就是说,如果我们想要表明常识美德伦理学如何能像功利主义一样免于第一部分中的所有问题),我们就必须去看看,这种美德伦理学怎样才能应对那些反对的声音。至少对常识道德来说,这些反对的声音从我们在道德运气领域中那些彼此不一致的直觉中产生。这将是下一章的任务。

注　释

1　很清楚的是,这仍然允许那些与涉己的美德和涉他的美德都并非不相容的特质出于其他(直觉性)理由而不具有美德的地位。

2　Green, *Prolegomena to Ethics*, Oxford, Clarendon, 1907, Book III, Ch. 5, Book IV, Ch. 1.

3　See Kant's *The Doctrine of Virtue*, ed. M. Gregor, New York: Harper, 1964, pp. 44f.

4　Sidgwick, *Methods of Ethics*, seventh ed., p. 240 指出了这一点。

5　即便考虑到常识道德所假定的那种(大体上的)自我-他人的平衡,仍然很难看出常识道德到底是假定,个体应该同等地关心他自己的福利与他自己的美德呢,还是假定个体应该同等地关心美德与他人的福利呢?这一话题要求进一步的详细阐述,不过我认为我们不需要再进一步处理它了。在讨论我们的常识美

德伦理学的内容时，我也通过聚焦于各种美德的发展而简化了问题。不过某些
115 值得赞赏的特质可能并不能严格地算作美德，而我们对他人与对自己的关切可能也伴随着值得赞赏的成就。由此，我们的双方面命令可以最一般地，或许最合理地表达为：要求关心一个人自己的福利，关心那些事实上让自己更值得赞赏的东西，也关心其他人的福利与可赞赏性。

116 6 关于对他人的（道德）美德或可赞赏性的关切，see Sidgwick, *op. cit.*, pp. 239ff。

第七章

美德伦理学的运气

我们已经为常识美德伦理学背后的基本想法提供了一个高度一般性的阐述。关于那些能被我们的常识算作值得赞赏的或糟糕可鄙的特质、行动与动机，我们做了几个更具体的说明。不过，关于那些像理性、审慎、聪慧等主要是涉己的概念如何能与一个总体上的美德伦理学框架相匹配，关于这样一个框架如何能在不使用专门的道德概念的前提下以一般的方式处理我们与其他人的关系，我们还需要进行更多的讨论。不过，我们将把这些进一步的讨论延迟到下一章，因为我们似乎有一个更紧迫的需要去看看美德伦理学如何能够逃脱常识道德在道德运气方面产生的问题与矛盾。在我们对常识美德伦理学的正面内容进行进一步的细致研究之前，我们应该先确定它确实能避免第一部分中的那些困惑与困难。因此，我们必须再一次把注意力投向道德运气的问题。

即使给定我们的美德伦理学只使用道德上中性的概念（也就是说，那些并不专门用于道德的概念），我们也已经看到这些概念对于评价我们如何对待他人而言也具有重要的、实质性的意义。而且，美德伦理学对于我们如何对待自己也有许多重要的东西可说。因此我们可能会感到需要问一问我们自己，正如我们在道德运气领域曾经遇到的严重的问题一样，美德伦理学的这些关注是不是也会产生深刻而棘手的美德伦理学运气问题。

可赞赏性与运气

可谴责性的问题位于道德运气问题的核心，因为正是“运气或偶然可以改变事情的可谴责性”这种想法，烦扰着我们先前的道德直觉。
117（内格尔在《道德运气》一文中主要使用的是可责备性的概念。）如果我们聚焦于可赞扬性的话，直觉之间的冲撞就没有那么明显或容易察觉了，这既是因为，存在着非道德的可赞扬性（我们可以赞扬一个艺术表演或作品，但我们却不能说这艺术作品是应受谴责或应受责备的），也是因为，非道德的可赞扬性优势依赖于偶然性，这一点也不奇怪。当然，我们可以区分出道德可赞扬性与一般意义上的可赞扬性，并宣称“道德上的可赞扬性受制于运气”的说法烦扰着我们的直觉。不过，聚焦于可谴责性更容易一些，因为在可谴责性这个概念上，我们更不容易受到歧义的误导，因为所有的可谴责性似乎都是道德上的可谴责性。

我们的美德伦理学必须面对的问题，显然是是否能通过避免像可谴责性这样的道德概念来避免那些困扰着我们的常识道德的困难与矛盾。而由于我们所做的每件事情都带有或多或少的运气或偶然性的气味，我们需要考虑我们在美德伦理学中所要做出的那些伦理判断是否能无争议地，甚至合理地允许运气与偶然。让我们从涉己的情况开始。

考虑一个人出于疏忽而伤害了自己，比方说，这个人在维修自己房屋时由于粗心大意而弄伤了自己的身体。在正常情况下，我们不会说这个人是应受斥责的，不过我们当然可以批评他的疏忽与粗心，对此表达一种负面意见：例如，我们可以说，他很愚蠢因为他没有向他正在做的事情投入更多的注意。这样我们就拥有了一个轮廓相当清晰的例子，在这个例子中一个人可以鄙夷地反对或批评一个行为，却不需要认为这个行为是应受谴责的。

不过，刚才的例子是涉己的，而因为关于可谴责性的道德判断主要适用于那些涉他的行为、倾向或态度，此刻我们需要去寻找一个涉他的例子，在这个例子中我们对某个人的行动、态度或其他方面的不那么好的评价并不要求我们做出这应受斥责或这应受谴责的评价。如果我们的负面或批评性的判断在一定程度上依赖于运气的因素，并因此使我们能看到“这样一种非道德的伦理判断受制于运气的因素”这样的看法是无害的，那就更有利于我们的论证了。事实上，存在着不少这样的例子。让我从“职责伦理”的领域中举一个例子。 118

说一个人是或不是一个好父亲、好妻子，这是在评价这个人。这种评价并不明显是道德评价，却显然一般被认为是伦理评价。做一个好父亲、好母亲的一个要素是，能够较好地挣钱养家。想象，一个父亲在某份职业上工作了很多年之后失业了，但在经过几个星期的徒劳的求职之后，他由于纯粹的运气而得到了一份与他原先的职位相当的职位。（可以去想象，有成千上万的人具有与他相同的技能，而且都在像他一样为极少的几个职位而竞争。）在这种情况中，如果他接受了这个职位，并因此能为他的家庭提供他过去一向所提供的经济收入水平，那么最终我们就能说他是一个好的挣钱养家者。不过，假使他未能找到好工作，并因此再也没能为他的家庭提供安逸的生活，那么“他是一个好的挣钱养家者”这个断言就会被不可挽回地取消了。这里所描述的这种情况在1930年代的大萧条中是常见的，而在这样的时期，“运气的因素在决定谁是一个好的养家糊口者，谁不是一个好的养家糊口者方面起到了相当大的作用”这样的说法毫无问题也毫不奇怪。

这一结论也与我们之前对于道德或伦理运气的某些成问题的特征的解释匹配得很好。如果做一个好的养家糊口者方面的运气相比于专门的道德运气而言，不那么构成难题，那么我们就有理由把这一差别归因于，道德判断以一种不能令人满意的方式允许可斥责性等依赖于偶然或运气的因素。关于一个人是不是一个好的挣钱养家者的判断是与任何道德指责分离开来的，并且可以仅仅以一种**伦理评价**的方式来起作用。而且很容易看出，为什么一个人未能成为一个好的挣钱养家者这一点未必是应受谴责或应受斥责的。那些自己没犯什么错却没有在大萧条中找到工作的人不能被看作好的挣钱养家者，但我们在做出这些评价时并不需要去指责或谴责他们；实际上，很难看出，人们怎么**能**谴责他们在这种情况下未能很好地挣钱养家。（在大萧条中整整一代人都如此严重地面临就业的窘境，这是一个悲剧；不过我们这里不讨论这种悲剧性。）

因此，上面提到的例子代表了一种明显无疑的涉他的情况，在这种
119 情况中评价取决于运气的因素；而且由于道德谴责与指责在这种情况中都不适用，当我们设想我们的评价部分地依赖偶然情况时，我们这么做并无任何古怪或冒犯之处。不过我们还可以举出其他的例子。

设想，一个人频繁地出乎意料地攻击别人——哪怕这个人并未受到任何最轻微的挑衅，他也常常愤怒地或攻击性地对待别人。我们自然会认为这个人是凶狠的（比方说认为她具有凶狠的性情倾向），不过这里的凶狠概念指的并不是字典中“邪恶多端”这个陈旧的义项，而是指上面描述的这种更具体的易怒、攻击性强的倾向。显然，这种意义上

的凶狠与一个人的品格与性情有关，但我不认为我们可以自动地假设，每一个这样的凶狠的人都是自己让自己成为这样，或者都应该为自己变得凶狠而在道德上负责。毕竟，按照我们对凶狠的描述，我们也可以把一个**动物**描述成凶狠的。然而，当我们说一只狗凶狠的时候，我们并未假定这只狗是自己让自己变得凶狠了，或者应该就其凶狠而受谴责。狗变得凶狠有可能是因为它的主人曾残忍地对待它，而我们当然知道，一只小狗是受到主人的友善还是残忍的对待在很大程度上取决于运气。显然，在狗的情形中，对凶狠的判断并不承诺任何关于可斥责性或可谴责性的判断，而且我们没有理由认为上面所描述的人的凶狠的情况与这有什么不同。

我们或许知道，曾有某个精神变态杀手在童年饱受父母的殴打与折磨。我们因此相信，由于偶然地出生在这样的家庭，由于受到这种他自己无法控制的对待，他可能发展了一种凶狠的性情，甚至成为一个凶狠的杀人犯。但这并不要求我们认为他为他的性情或所作所为而应受谴责——我们可能仅仅想制止他，并在他无法变好的情况下把他长久地投入监牢。当我们说一只狗凶狠或说某个人是凶狠的杀人犯或精神变态的时候，我们显然是在以一种并不肤浅的、重要的方式评价他们，然而这种对于某个人或某个东西在较深层面是什么样的评估并不要求我们做出道德评价，也就不会由于这种道德评价而让我们陷入与运气有关的困难。那个凶狠的杀人犯可能没有能力促进自己成为他所是的人或做出他所做的事，但当我们描述他的时候，我们在表达一种对他的高度负面的看法。我们在说，（在核心或深刻的层面上）他的存在方式是一种非常糟糕的存在方式。因此，这个例子很好地向我们揭示了不附带道德谴责的伦理批评的可能性。 120

最后，我将简要地提出另一个解说性的例子。某个人可能与其他人关系很差，而对这一事实的解释可能是，这个人由于遗传问题而精神错乱。然而，这个解释并没有消除它所要解释的东西，它并没有丝毫减轻这个人在其他人的关系方面遭受的批评。相反，这个解释只是让我们有理由不去谴责她，不去认为她因为她与他人相处的方式而应受谴责。当然，如果我们承诺了一些常识道德观念的话，我们可能实际上希望能谴责某些并无精神错乱的人与他人相处的方式。不过，这里的关键之处是，“某个人与其他人关系很差（或具有凶狠的性情）”这一判断/断言本身并不要求我们对此进行谴责，因为，在那些我们可以恰当地进行谴责的情况中和那些我们无法进行谴责的情况中，我们都可以产生这样的判断。而且，从语言学方面看，我们也不应该认为，可谴责性这个词语的含义在不同的情况下具有歧义（关于这一点，下面将作更多的阐述。）

批评但不作谴责

由此我们可以采取一种视角去把一个人做的某些事情看作是较好的或较坏的，这种视觉允许我们把这个人判断为比较值得赞赏的或比较应受批评的，却不要求我们对这个人做专门的道德判断。而一种非利己主义的美德伦理学正是通过这种视角，一方面对行动、动机与品格做出判断，一方面又避免那些道德概念。常识美德伦理学可以避免所有常识的或其他的道德判断，并把它自己限制于对可赞赏性与糟糕可鄙性的直观上合理的判断，这种判断与可谴责性之间并无本质性的联系。[1]从我们在这个方向上的努力中可以产生一种伦理学，我们从斯宾诺莎的作品中可能已经对这种伦理学感到熟悉，而这种伦理学也与日常的美学评价之间有一些有趣的相似。

在《伦理学》中，斯宾诺莎反驳了自由意志，并排除了合理谴责或可谴责性的可能性，尽管他仍然希望就哪些人类特质构成美德，哪些特质构成邪恶或软弱做出一些断言。[2]按照斯宾诺莎的观点，即便当一个人缺乏自由意志主义的自由条件的时候，这个人的理性也可以起作用，而真正的美德意味着按照理性来行动或生活。但斯宾诺莎的美德观点在其基础上是利己主义的：他允许高贵这样的涉他的美德与勇敢这样的涉己的美德之间的区分，但他似乎认为，只有当对他人的关切有利于个体自己的福利的时候，这种关切才是美德性的。 121

在这里，我们当然并不是要采用一种利己主义的美德观点。然而，尽管在对美德的构想上与斯宾诺莎有所不同，斯宾诺莎的思想系统却允许我们（更好地）了解，对行为与品质的评价如何能在没有道德赞扬与道德谴责的情况下发生。斯宾诺莎赞许并建议了某些形式的活动与倾向，同时批评并试图劝阻我们不要有另一些活动与倾向，然而这些都是在没有作任何常见的挑剔的道德判断的情况下做出的。因此，我相信，在我们追求某种形式的道德上无过错的伦理评价，并且向对他人的关切给予斯宾诺莎未曾给予的基础性的强调的时候，并不存在任何不一致性。

在主张这样一种对美德伦理学的发展的时候，我们让伦理学在某种方式上看起来更像美学，因为像后者一样我们致力于批评与赞美，却不作谴责。当然，我们也可以把我们与艺术家和艺术的关系道德化，像过去许多人在许多个世纪里所做的那样谴责某一幅不道德的绘画。我们也可以因为艺术家以某种方式绘画或以某些对象为其绘画的主题而批评这个艺术家不道德。不过，我希望我们能看出，我们可以把这些判断都从美学中排除出去，并把它们看作与美学判断无关的东西。这样，美学形式的评价看起来确实为斯宾诺莎的伦理学和本书所要发展的美德伦理学提供了一个有趣的模范,或某种有趣的类比。

我们认为某些艺术作品比另一些作品更好,我们也可能会用非常激烈的词语来批评较差的作品,然而所有这些都不会引起我们认为艺术作品或艺术家是应受谴责、应受斥责或应收指责的。如果像我所提出的那样,我们允许自己去把某些行为或特质看作是较好或较坏的,却不要求自己去谴责那些较坏的或最坏的,那么至少在这个方面我们是以一种与美学类似的方式来对待美德。这种类比并不新鲜:**一个**意义重大的事实是,古希腊人和古希腊哲学家用来表达光荣或高贵的那个词语也可以用来表达“美丽”,也可以作为一个纯粹美学评价的词语来起作用。[3]不过,我们在这里并不仅仅限于与美学判断的类比。棒球不是一种高尚艺术;人们对棒球冠军赛中的球队表现所做的那些赞扬与批评既不是美学性的也不是伦理性的,不过这些赞扬和批评也不会带来谴责或责备方面的事。(“笨蛋”默克莱可能由于愚蠢的粗心而在冠军赛中落败,但任何人如果不仅仅是在较为中性的因果意义上谴责默克莱导致了失败,而是认为他**应该**为了他的所作所为而受谴责,那么这个人就已经超出了对球队表现做评价的范畴,而进入了专门的道德批
122 评。不过,有些时候这样的道德批评也是合理的,例如1919年“黑袜”队因受贿而放弃了比赛。)我们也可以鄙夷或赞赏一个人智力的聪慧或缺陷,却不需要认为,如果一个人做了一件那些天生比他更聪明的人不会去做的事,我们就可以正当地谴责这个人的做法。当然,我们所举的“不能很好地挣钱养家”“凶狠”“与其他人关系差”这些例子都与美学判断无关。因此,我们所构想的评价与美学评价的关系并不是排他性或独有性的,尽管,这种评价与美学评价之间的类比能帮助我们更好地理解我正在详细说明的这种伦理观点。

我提出的这种伦理学观点最终落到了这样一个假设上,即,“可赞

赏性”与“糟糕可鄙性”(以及“值得称赞”与“应受批评”)在广泛范围的各种情况的使用中都具有单一的意义。我们可以说,一个涉他的品格特质、一本哲学书籍、一幅画或一个涉己的行动是值得赞赏的;在这些广泛的范围里,这个词的意义并未变化。我们把这个词语赋予这些事物的理由或许各自不同,不过这当然是另一码事。当我们把存在赋予不同种类的实体,或把不同种类的论证称为坏的论证时,我们的理由可能彼此不同,不过得益于蒯因与其他哲学家的工作,我们越来越没有理由认为我们在使用“存在”或“坏论证”时有歧义。我认为我们有理由用同样的态度来对待我们对“可赞赏性”与“糟糕可鄙性”的不同使用。[4]而且,我认为在我们对品格的评价中需要涉及道德概念的程度,并不高过在美学评价与对球赛的评价中需要涉及道德概念的程度(如果我们**不**把基本智力当作人的**品格**的一部分,那么品格评价涉及道德概念的程度也不高于基本智力评价涉及道德概念的程度。)如果拒绝表达某些(斯特劳森所说的)“反应性情绪”标志着疏离性、客观性或非个人性,那么这些表述也适用于我们所提出的美德伦理学所采取的这种斯宾诺莎式的视角。不过它只是出于理论的目的才采取这种视角,而美德伦理学也可能会像功利主义的伦理构想那样满足于一种隐微秘传的状态。[5]因此,常识美德伦理学进路(“常识”在这里仅仅是就这种伦理学所做的判断而言的,而不是就这种伦理学所排除掉的那些判断而言的)并不要求我们认为,人们应该变得更加疏离,更加不愿意对事物进行谴责。它认为,人们做出的任何关于可谴责性的判断都未必是真的、都面对着极多的理论困难;但它也可以允许,如果人们不知晓这些困难或至少没有老是想着这些困难,这可能倒是件好事。因此,如果 123
那些接受这种美德伦理学的人拒绝传播它,并且在处于哲学研究领域之外时又重新回到赞扬与谴责的旧习惯中,那么我们也没有什么根据来反对他们这么做。

因此，美德伦理学可能与功利主义进路不同，因为它没有使用专门的道德判断或概念；不过通过区分理论有效性与实践有用性，它仍然借鉴了功利主义的一些做法。对斯宾诺莎来说，当然，那些全心全意地接受《伦理学》的理论教导的人将是更有美德的、更好的人。不过，美德伦理学不需要假设越卓越的美德就意味着越丰厚的福利或幸福（我们将在第三部分回到这一主题），尽管它也可以这么假设。而且，无论如何，美德伦理学不需要假设，对它自身的理论真理的知晓是一种首要的美德，或是在让人们成为有美德的人的过程中起到了重要的作用。我希望在这个议题上保持中立（常识美德伦理学已经有够多的问题需要处理了，不必再在这个方面找麻烦），不过，由于斯宾诺莎与功利主义者都在这个议题上占有有趣的立场，在这里提一下这个议题仍然是值得的。

然而，我们的主要目标是，展示一种非道德的美德伦理学如何能避免常识道德中关于道德运气的那些悖谬与矛盾。为了尝试做到这一点，我们表明，如果美德伦理学既避免了专门的道德概念，又避免了常识的或其他种类的道德判断，那么美德伦理学就可以与运气和偶然性和平共处，也就是说，我们可以允许运气与偶然部分地决定，哪些美德伦理学属性适用于对某个情况的描述，哪些美德伦理学属性不适用。[6] 不过由于我们的美德伦理学不会做出道德判断或关于可谴责性的断言，去更进一步地、更详细地探讨一下这一进路对于人与人之间的关系能说些什么、不能说些什么，就是十分重要的。因此，尽管在下一章和下下一章，我们将更多地探讨涉己的美德，我们也留意对那些涉他的行动与特质的评价。我们必须看看，常识美德伦理学对关于我们与他人的关系的伦理评价能否说出足够多的合理的东西。

注　释

1 In "Involuntary Sins" (*Philosophical Review* 94, 1985, pp. 3—31), R.M.亚当斯似乎认为，当行动者伤害了自己，而我们批评他因为疏忽而让自己受伤的时候，谴责是恰当的。他指出，我们会自然地说这个人因为他对自己的伤害而应负责任。即便如此，说这样一个人（在并不影响他人的情况下）为了他对自己的所作所为而应受谴责或应受责备也是不自然的。正如，我们可以用一种伦理上中性的方式来使用"负责"一词，我们也可以这样来使用应负责任一词。（例如，飓风为造成的损失负责。）因此，亚当斯的例子并没有让我们有理由认为，对一个人的故意行动的严肃伦理批评总会令这个人具有某种应受谴责性。 124

2 斯宾诺莎的《伦理学》中的如下部分与我们对斯宾诺莎的讨论相关：Part 1, Appendix; Part 3, Prop. LIX; Part 4, Props. XVIII, XX, XXIII, XXIV,XXXVII, LXVII, LXXIII and Appendix XXIX; Part 5, Prop. XLII。

关于另一种把伦理批评从对可谴责性的归咎中分离出来的尝试，see L. Blum's *Friendship, Altruism, and Morality* (Routledge and Kegan Paul, 1980, esp. p. 189)。不过，布鲁姆的观点是，如果一些专门的道德批评足以让一个人有理由轻视另一个人，那么这不一定就让这个人有权利谴责那个人（的态度或价值）。如果确实如此，那么我们就更容易表明，非道德的伦理批评可以从谴责的行为与/或对可谴责性的归咎中分离出来。（关于另一种将道德评价与可谴责性的归咎相分离的尝试，see my *Goods and Virtues*, Oxford, 1990, pp. 56f, 关于对此的反对，see Adams, *op. cit.*, p. 23。）

3 内格尔（*op. cit.*）认为，道德运气问题引导着我们去用"道德态度的美学或其他评价性对应物"来代替道德态度。

4 "美德"这个词可能不是完全没有歧义。我们会谈论一把刀的美德，也会说，刀的某种特征是刀的美德，但当我们不加限制地认为某些特质或属性是一个美德时，这通常意味着它是一个品格方面的美德（而不是某个物件的美德）。如果这是一种歧义的话，那么这类似于可溶解这个词的歧义；我们也使用"可溶解于王水"这样的说法，然而在我们不加限制地使用"可溶解"这个词时，这通常意味着可溶解于水。

5 一个因为采取了我提出的这种美德伦理学而认为在面对他人时"谴责"是一种

不恰当或不正确的态度的人不一定需要认为，对他人感到气愤或感恩是不恰当或不正确的。气愤与感恩都被认为属于反应性情绪，不过不同的理论或个人观点可能对这些“反应性”的态度持有不同的推论。

6 尽管大部分反对道德赞扬与道德谴责的论证都基于对自由意志的否定，我们在这里却是基于我们关于道德运气的直觉中的矛盾来论证我们有一些理由去考虑放弃道德赞扬与道德谴责的概念。不过，请注意，如果我们以这里所建议的方式放弃了道德赞扬与谴责，我们也会不那么热衷于一般地辩护自由意志的存在或它与决定论（或非决定论）的相容性。关于对此的更多讨论，see my
125 “EthicsWithout Free Will,” *Social Theory and Practice* 16, 1990, pp. 369—383。

第八章

美德、自我与他人

我已经说到，这里发展的这种美德伦理学将对我们在常识道德与康德主义道德中发现的那些悖谬、不一致性和其他缺陷免疫。通过表明基于常识观点（但却忽略了常识**道德**的那些断言）的美德伦理学可以使用多种多样的评价性概念来评价涉己与涉他行为与属性，同时却不会陷入我们的常识**道德**思维所产生的那些关于道德运气的悖谬，我们已经在很大程度上展现了上面这种免疫性。这么做的代价是（如果此刻我们真的相信这是一个代价的话），它（至少在理论上）没有能力辩护关于可谴责性、可斥责性等等的断言，而那些讨论道德运气的人已发现正是这些断言引起了道德运气中的悖谬。[1]

不过，早在第三章，我们也讨论了一些常识道德中的其他一些最终需要处理的困难。而且，现在是时候来兑现我们之前的一个断言了。这个断言是，常识美德伦理学不具有常识道德在理性领域和道德领域所具有的那种不对称性，但从常识美德伦理学的基础中却可以产生常识道德中的那些关于理性的合理观点与关于道德的合理观点。尽管常识的实践理性具有偏爱行动者的自我-他人不对称性特征，我们仍没有理由认为常识实践理性具有我们的日常道德思维所具有的那种**不一致性**。我建议，先去考虑这样一个挑战：从美德伦理学框架中衍生出我们关于涉己理性的直觉观点——至少是它们之中最重要的那一部分。之后，我们将会检验，我们的常识道德思维中的多大比例（以它自己的方式、使用它自己的词汇）可以被美德伦理学覆盖，却不会产生常识道德中的那些困难。不过，我们现在要着手去做的，不仅是去表明美德伦理学的完整性；我们之前对涉己的美德与涉他美德的讨论在本章中也将让我们看到，与（包括一些美德伦理学的捍卫者在内的）人们的通常看
126 法相比，美德的这两个"种类"或区域之间其实是更紧密地联系在一起的，更像是一个整体。

美德伦理学与涉己理性

我们无疑认为，像审慎、未雨绸缪、明断、远见、谨慎、有策略、坚持、自制与适度等品质都在很大程度上属于并非排他性的涉己的美德。[2]（粗心，不审慎、轻率、无耐心等等，在类似意义上也是涉己的。）这些美德自然都落在实践理性的类别之下；它们都是实践理性的美德，而当一个人未能依照这些品质行动时，或未能在某种程度上具有这些品质时，这个人通常会被批评为不理性。由于，那些我们日常视为不理性的事情自身是可以被批评或鄙视反对的，美德伦理学评价的基础概念如"值得赞赏""应受强烈的批评"等明显也适用于我们在常识中视为涉己的实践理性或其反面的那些事例。

不过，值得注意的是，在我们关于理性的常识思考中至少存在两种一般形式的理性批评。我们可以把某些行为或倾向称为是不理性的或

理性上不可接受的，[3]不过，有时一个人会说某些行动或倾向尽管并不是不理性的或理性上不可接受的，却未能满足某些实践理性的理想形式，或者不是这个人在她所处的特定情况中不是理性上最优的，这时，这种说法在某种意义上也算作一种批评。[4]

例如，有人可能在她的私人事务中展现了我们称之为自制、适度、远见或未雨绸缪的特质，从而令我们有理由把她称为自制、适度、远见或未雨绸缪的，并且甚至为她拥有这些特质而赞赏她。不过，我们可能仍然不会认为这个人能够像苏格拉底那样适度或自制，或者像1929年股市崩盘时的伯纳德·巴鲁克那样未雨绸缪或具有远见。所以，如果她具有上面所说的那些美德，那么从我们所能展望到的最理想的方式来看，与我们提到的那些模范相比，她并不是在最高程度上具有它们；而且实际上哪怕不做这些比较，我们也能发现这个女人可以具有，或本来可以具有与她实际所具有相比更高程度的自制、适度、远见或未雨绸缪。这一点对行动同样成立，因此就直观而言，我们不需要把一个我们 127
认为是令人赞赏地未雨绸缪或自制的行动看作是这个行动者在这个情形中所能执行的最未雨绸缪或最自制的行动，更不需要把它看作一个理想意义上未雨绸缪或自制的行动。

通过允许我们自己以这种方式来思考，我们在以一种特别非亚里士多德主义的方式来为超出义务的美德或可赞赏性提供空间。我们要说的是，一个行动或人可以展示一种美德或是值得赞赏的，哪怕某个相关的替代者可以在更大程度上展现出这种美德，或者是更加值得赞赏的。实际上，如果我们考虑一下，如果伯纳德·巴鲁克在崩盘前只卖出了他持有的普通股中的三分之二，而不是像现实中那样卖出了他的全部普通股，我们将会怎么看待他，我们可能会最容易看清上述观点所具有的常识说服力。即便只卖出三分之二，我们也会认为他令人赞赏地未雨绸缪和富于远见，尽管那样的话他大概不会像现实中这样成为实践中关于未雨绸缪与远见的非凡的理想的代表。在自制的领域，我们也可以找到类似的例子：那些未能体现出理想的或最优的自制的那些自制（的美德）的例子。部分地由于我在其他地方大量讨论了自制方面的例子，我将不会在这里再进一步讨论它。[5]不过值得注意的是，在当下的语境中，亚里士多德未能为超出义务的理性提供空间，这使得他的观点似乎不像这里提出的“实践理性作为一个或一组美德”的图景这样与常识相符。（在这个方面，难道古希腊的普通人的观点在真的与我们自己的观点如此地不同吗？）

根据亚里士多德，各个有美德的行动代表了当给定的个体面对不同的情形时，向他们提出的实践难题时的独一无二的解决方案，而那些以任何方式未能实现（或超出了）美德的要求的行动都不是有美德的（尽管我们可能也没有理由谴责或批评这些行动）。[6]基本上同样的想法也以不同的面目出现在唐纳德·戴维森的观点中。戴维森大致认为，如果存在着某些可得的行为替代选项，综合而言一个人有更好的理由按照这个替代选项来行动，从而使得这个选项是这个人的更好的选择（在这里“更好”的意义不限于道德上的更好），那么当这人采取了另一个行动选项时就是不理性的。[7]因此，如果关于实践理性和关于什么值得赞赏、什么是一个美德的常识观点在这个领域中要求某种“超出义务”的概念，那么这种常识就与一个漫长的哲学思想传统相反，这个传统或
128 隐含或明确地否认了在（与道德相对的）理性方面超出义务的可能性。

在其他地方我已用相当大的篇幅论证过，实践理性可以具有超义务性的程度，我就不在这里重复论证了。不过当我们把实践理性纳入美德、可赞赏性、它们的反面等更一般的概念时，我们就得到了对这一结论的进一步的证据。因为，当我们把美德等概念运用于实践理性的

狭窄领域时，它们在直观上就允许程度的高低：未雨绸缪、自制等等都有程度的高低。当我们把特定的理性方面的美德赋予人或特质时，我们的日常思维也接受“超出义务”的概念，而这也把我们导向上面的结论。自制、耐心、未雨绸缪以及我们本章前面提到的其他美德都可以被归入同一类别：实践理性的美德。而这可能让我们得以把实践理性视为一种“一般性的美德”，而自制和其他美德则是从属于它的具体美德（或美德的子类别）。不过在这种情况下，既然我们能很自然地认为自制、耐心和其他理性美德具有超出义务的程度，我们似乎也能很自然地允许理性与可赞赏性具有超出义务的程度。[8]由于我们完全可以合理地说，“约翰是有耐心的（或自制的、审慎的），但吉尔**甚至更加**有耐心（或自制、审慎）”，我们便有进一步的理由去质疑甚至放弃这个古老的（隐含的）理论假设，即，实践理性不允许超出义务的程度。（实际上，大部分哲学家自动地认为“超出义务”指的是道德上超出义务。）

不过，此刻一个人可能会好奇是不是所有的（基本的）涉己美德都属于实践理性（或实践智慧）这个类属。我认为不是。

想想坚韧这个特质，它是一种面对困难仍然保持镇定或活跃的能力或倾向。大体上我们赞赏坚韧，但我怀疑我们是否有任何理由认为那些具有这个特质的人与他们没有这个特质的时候相比要更加理性。当然，在某些情形中一个人可能最好拥有坚韧的特质；但有些时候一个人也可能最好无忧无虑想做什么就做什么，然而我们并不会因此就把这种无忧无虑的特质当作理性的某种存在形式。或许，关于坚韧具有理性地位的最好的论证是，坚韧的特质体现了、并且必定体现了一种怀有希望的态度，而非一种绝望的态度，而这是当一个人在逆境中力争上游时实践理性得以有效实现的一个绝对条件。不过我发现这个论证并不能完全令人信服。而且，更重要的是，即便不能令人信服地证明坚韧

是某种实践理性的存在形式，我们仍然可以赞赏坚韧并把它当作一种
129 美德。我们赞赏在困苦、混乱与厄运中坚持和苦干的能力，不赞赏在这些情况下被压倒、气馁或丧失能力。不过，很难看出为什么我们应该把坚韧作为理性的这个一般类别的下属而给予尊重，而不是更直接更简单地把它当作一种个人的力量或韧性。[9]而坚韧主要是一种涉己美德，人们更多地因为它为它的拥有者贡献了什么、展现了什么而赞赏它，而不是因为它对其他人的好处而赞赏它。因此并不是所有的涉己美德都可以算作实践理性的存在形式或子类别。

此外，我们也不是必须把所有涉己美德都当作对美德的拥有者有益的，也不是必须把所有对自己有利的品格特质（一些涉他美德也可以被算在内）都视为值得赞赏的、都视为美德。回想一下，曾有大量的作家向我们建议即便缺乏证据也要拥抱信仰，并认为如果上帝不存在的话，最好不要让人类中的大多数人知道上帝不存在。[10]这些说法暗示，在这些情形中，那些高贵、勇敢、强大的少数人应该去面对上帝并不存在的事实，而隐含在这一判断中的对真相的极高估价似乎与“对上帝不存在这一点进行忽略或自我欺骗这样一种有益的倾向是一种美德”这一断言不相容。实际上在直观上我们可以有意义地区分那些对我们有益或让我们过得好的东西与那些构成了值得赞赏的特质、美德的东西。

例如，自我欺骗可能有它的用处。一个患有不可治愈的癌症的患者可能在一种我们都能理解的意义上，在面对自己患有晚期癌症的证据时曲解证据或自我欺骗，而这种自我欺骗的能力可能对他有益。（这些证据中不仅包括医学证据，还包括他的亲友如何对待他等方面的证据。）不过我们通常认为这样一个人，与一个直面类似的事实、敢于面对死亡、对自己没那么不诚实的人相比，是不那么让人赞赏的，哪怕我们愿意承认有些时候后一个人可能会受更多的苦、过得更差，因为他拒绝

逃避关于病情的知识。[11]因此，在其他情况相同时，当我们允许某些美德（例如直面某些非常让人不快的事实的勇气）不让这美德的拥有者受益，也允许某些对自己有益的品格特质（例如拒绝面对某些事实）不被算作美德或不被看作值得赞赏的时候，这看起来与关于美德与可赞赏性的常识观念高度相符。

而且，由于直面令人不快的事实的勇气受到赞赏，既不是因为它对勇气的拥有者自己有益，也不是因为它对其他人有益，此刻我们可以看清楚，在常识中，一个品格特质可以是值得赞赏的，而这独立于它给**任** 130
何人带来利益的能力。当然，那个直面自己罹患癌症的事实的人可能会把他的亲人从欺骗他的努力中解脱出来，在这个意义上他的态度可能对其他人有益。然而，如果一个人承认自己患有晚期癌症，他也可能更难以避免抑郁与恐慌。在这个意义上，如果一个人不肯自我欺骗或不肯让别人欺骗自己，他也可能会给他人带来更多的麻烦。无论如何，看起来很清楚的是，在直面事实与自我欺骗之间，我们相对来说更加赞赏那个诚实面对自己处境的人，这并不是基于这能给他自己或别人带来更多的利益。由于我们向心灵的坚强和对真相的知晓赋予了价值，我们倾向于**更赞赏**那个直面自己癌症的人，即便我们可能都同意他这么做可能并没有让他**过得更好**。我相信类似的努力也可以被用来表明，至少就常识而言，某些其他的美德作为美德也缺乏与其拥有者或其他人的福利之间的联系。[12]

考虑一下谦逊的品质，无论是在不虚荣自大的意义上，还是在欲望与野心方面温和适度的意义上。一个不自吹自擂的人比一个自吹自擂的人更有可能受到赞赏，而且显然我们常常想要批评或反对不谦逊的人的那些自我炫耀或沾沾自喜的行为。不过，如果说这些沾沾自喜的行为有时会让人们对自己的价值也产生怀疑的话，这些行为也常常是好笑和逗乐的。因此我不认为我们在谦逊与不谦逊之间青睐谦逊是因为前者能带来更多的利益，而且很明显我们赞赏谦逊并不是基于谦逊能让我们快乐。我们有时也能通过沉思他人的谦逊而感到快乐，而当谦逊的人发现他们在各种情境中都能抵御虚荣自大的诱惑时，谦逊的美德也能使其拥有者感到快乐。但这些快乐都**预设**了谦逊的价值、作为美德的地位与可赞赏性，而不是反过来构成了这些价值的**基础**。正如，一个利他的人从帮助他人中获得的快乐预设了利他的独立价值，通常伴随谦逊的实例的那些愉悦的赞赏、自我实现的意味也是基于（作为自负与炫耀的反面的）谦逊所具有的独立的价值和可赞赏性。不过，类似的论点也可以用于欲望与野心的适度这个意义上的谦逊。而这将产生一个或许更加有趣的例子：一个既不是有益于自己，又不是有益于他
131 人的美德。

有时，类似伊壁鸠鲁主义者的人认为谦逊是一种纯粹的工具性的涉己美德；通过谦逊这种手段，与那些贪婪的、在任何情况下都倾向于挣扎着寻求最好的或最快活的东西的人相比，拥有谦逊的人可以拥有一种更幸福或不那么不幸的生活。而适度，或者不贪婪，有时被认为是一种纯粹的工具性的**涉他**美德。例如，亚里士多德认为，贪婪癖就是欲望或倾向于拿走比一个人所配得的份额更多的东西。现在，我并不想否认，一个人的欲望中的谦逊或适度可以出于纯粹工具性的理由而具有价值，不过我相信当我们高度评价谦逊与谦逊的人的时候，这些工具性的考虑并没有穷尽我们这么做的理由。我想，我们同样有一些纯粹内在的理由来赞赏谦逊，而我认为对这一点的最好证明是这样一个事实：有时，哪怕谦逊（并非偶然地）引起了其拥有者和其他人的总体利益的减少，我们仍然会赞赏谦逊。

在经济学、决策理论和若干哲学领域中，一个标准的假设是，一个

真正理性的个体总是会最大化他的效用，总是会去寻求按照期望对他最好的东西，至少那些道德或利他的考虑不起作用的情形中是这样。然而，我在其他地方已经论证过，某种我们所赞许的谦逊或适度将会让我们倾向于在某些情形中不去追求自己的最大利益，甚至有时去拒绝那些无疑是最好的东西，而去接受那些对于我们的目的而言仅仅是足够好的东西。[13]我将不会在这里回顾这些论证，也不会去列举所有那些相关的例子，这些例子代表了关于值得赞赏的非最优性的理性这一观念在直觉中、常识中的合理性。不过为了此刻的目的，我会说说，我们为何有时会因为我们已经满意了就拒绝午后点心（或者饭后的第二或第三道甜点，或者更多的茶水）。

当一个人这么说的时候，她不需要认为、也未必认为，她不喜欢这顿午后点心或者认为吃这顿点心对她来说不是一件好事（或她的生活中的一件小小的短暂的快活事）。因为，如果一个人在欲望与需求方面是适度的，这个人有时就会拒绝一些她完全承认的好东西，因为这好东西超出了她的需要或关切，也因为，不管怎样，她对自己的状况已经很满意了。适度的人可能会完全、彻底地对现状满意，哪怕他们（隐含地） 132
知道他们还可以让自己进入更好一些的状态。而且，正如我所说，我已经以相当的篇幅论证过，这种态度从常识理性来看并不会遭致批评。

不过，与我们现在的讨论更相关的是，这样一种适度的态度对我们大部分人来说是值得赞许的，尽管它拒绝最优化或最大化个体的利益。与一个满足于已有的善好、（在非工具性的不涉及他人的意义上）具备适度的品质的人相比，那个总是汲汲于对自己最好的东西的人看起来不够天真自然、像是被逼迫着这么做、贫乏无依而不够自足。这样一个适度的人并不是一个禁欲的人。而直观上，我们赞赏自立自足与天真自然。我们对天真自然的赞赏在一定程度上削弱了我们对审慎的美德的看重，而自足性则是一种我们倾向于赞赏的品质，这种赞赏独立于自足性为行动者自己或其他人带来的好处（尽管斯多葛派夸大了自足性的价值，并认为自足性实际上构成了美德的全部）。当然，当一个人因为自己已经过得足够好了而拒绝进一步的好时，他可能从这种拒绝中获得一种快乐的自足感，不过，我们不需要赋予这种快乐以太大的分量来超过这个人所拒绝的那些东西的价值；正如同，对一个在战场上为祖国而战死的士兵来说，不需要赋予为国尽忠的那种快乐感受以太大的分量来超过死亡的代价。从个人利益的总体来看这个士兵可能受到了巨大损失——我们没有理由不这么认为；而同样的判断也适用于一个有意地拒绝了更大程度的福利或个人利益的人——她并没有通过这么做就自动地增加了自己的总体福利。

我们在非工具性的谦逊态度中发现的这种自足似乎在不考虑它所带来的总体利益的情况下仍然是值得赞赏的。（我们对坚韧和镇定的赞赏态度可能也部分地依赖这些品质所展现的自足性。）虽然，如果要令人信服地展示谦逊在它对其拥有者和他人所带来的好处之外仍然具有可赞赏性，我们可能需要一个像我在《超越最优化》中尝试去做的那种更完整的论证，我想读者仍然能大致地看出这样的论证将如何进行。因此，欲望或需求的适度这个意义上的谦虚的道德地位是独立于这一品格特质为其拥有者或其他人带来的好处的。这样，我们就拥有了又一个（潜在的）例子，在这个例子中，至少从常识看，某个品格特质可以被视为一个美德、被高度地评价与赞赏，却不需要假设这品格影响了它
133 的拥有者或其周围的人的总体利益。

作为对比，功利主义像伊壁鸠鲁主义一样，没有为（纯粹的或优势性的）非工具性的美德提供任何空间。它们把一些品格特质当作是有美德的，仅当这些美德（在伊壁鸠鲁主义者看来）促进了其拥有者自己

的利益，或者（在功利主义看来）促进了所有有感知能力的存在者的总体利益的时候。但在日常思维看来，美德的地位具有其他方面的来源或基础。因此，这里所描述的这种常识美德伦理学就更难以明确地说明行动与特质是通过什么方式才值得赞赏的。如同常识道德一样，常识美德伦理学不试图向它所承认的所有的价值都强加上一种单一的样式或原则。它并不认为，所有的美德都是因为有利于其拥有者的利益、或者有利于人类（或有感知的存在者）的利益才成为美德。而且，恰恰因为它否认了对于可赞许性或美德地位的来源的这样一种简单的或系统化的统一观点，它才让自己诉诸多个不同的直觉，而且很可能它也无法把这些直觉划分为能够穷尽我们关于美德与美德的反面的地位的直觉性来源的有限个清楚可辨的类别。我当然也不想宣称，本书中所提到可赞赏性与它的反面的这些来源已经穷尽了我们关于美德的来源的所有直觉性基础。除了本书中已经以这么多篇幅对美德伦理学所给出的这些概括性的、一般性的捍卫之外，美德伦理学还有很多东西有待发展。不过我确实想要提醒一下读者，我早先已经提到的，我在伦理学中的多元性与系统建构方面的立场。

那些困扰了常识道德与康德主义道德的悖谬与困难可能让我们有理由去拒绝这两种伦理学进路。不过，我相信，只要我们远离不一致性、悖谬和类似的困难，那么这些困难就并没有质疑一种直觉主义、多元主义和不那么有条理地处理伦理学的方式。只要常识美德伦理学可以远离常识道德与康德主义道德所面对的那些困难，我想我们没有理由去以这种方式去发展这种伦理学。（不过我们接下来当然还要看看我们的美德伦理学进路是否能避免常识道德与康德主义道德的所有问题。）

同样值得一提的是，我们对直觉的依靠恰恰能让我们避免第四章中的那种不确定性，那种指引着我们去发展甚至偏爱一种梯度型的功利主义的后果主义的不确定性。因为功利主义通常不太情愿去依靠直觉方面的考虑，我们看到，对功利主义来说，一方面很难论证那种更常
134 见的最优化、最大化版本的效用原则优于底线版本的功利主义，另一方面也很难反过来论证底线版本优于最优化的版本。出于类似的理由，功利主义也无法论证它的任何一种底线版本优于其他的底线版本，因此如果我们把自己限制于基本的功利主义理论动机与假设，那就很难避免梯度性。然而常识美德伦理学确实依赖直觉，而且，正如我们所看到的，我们的直觉告诉我们美德可以在非最优化的情况下也可以体现出来。而且，我还倾向于认为，通过允许某种程度上的模糊性，我们对于什么是理性的和什么是道德的日常认识可以帮助我们回答关于我们需要多少美德这样一个复杂的问题，也就是说，在某类情形中要达到什么样的程度才能算作某个特定的美德。美德伦理学当然可以综合不同的维度而做出梯度性的判断，不过此刻我想没有理由去怀疑它在直观上也可以做出原级的（也就是说非梯度性的、非比较级的）判断。现在，我们应该去考虑一下，当下的进路通过哪些方式能够允许涉己与涉他美德之间的一种有趣且可取的统一。

把涉己与涉他美德联系起来

日常道德思考处理那些涉及诚实、忠诚、与人相处时的可信的问题，也处理相反的欺骗、不忠与不可信的问题，以一种一定程度上独立于后果的好坏的方式为那些关于道德对错的结论奠基。不过，我们已经论证过，某些主要是涉己的特质也可以独立于它们对人的福利的影响而被认可和赞赏，因此，即使某些像仁慈或同情这样的涉他品格特质

是(部分地)由于它们与其他人的福利之间的联系而被赞赏的,看起来我们也没有理由认为其他涉他特质不能在一定程度上独立于它们对他人的好处而被尊重、赞赏。

因此,这样的事实并不奇怪:我们倾向于鄙夷、责怪和强烈地批评不诚实、欺骗、不可信、不忠、多变与不可靠等等,哪怕我们关于什么东西糟糕可鄙的直观认识并不能完全以后果主义或功利主义的方式来兑现。我们有能力批评上面这些以及类似吝啬的其他一些行动与特质,
而这些行动与特质都与其他人的利益更彻底地相关,这说明常识美德 135
伦理学可以覆盖在本质上主要涉及他人的常识道德所覆盖的内容。不过,美德伦理学的这种覆盖并没有使用专门的道德批评性词汇,因此它有机会避免那些感染了我们的常识道德思考的理论/伦理困难。美德伦理学有能力批评从常识道德的立场来看我们想要批评的许多东西,不过,在这么做的时候它使用的是像"糟糕可鄙",而非像"应受谴责"或"应受斥责"这样的词汇。在这种意义上,常识美德伦理学在用词方面并不像常识道德那样多姿多彩,相反它显得比较灰暗。"应受斥责"作用一个批评性词语,无疑比"糟糕可鄙"甚至"**十分**糟糕可鄙"都看起来更强烈、更有力。由于,在其他方面相同甚至不相同的情况下,我们都希望能够使用最强烈的负面语言来表达我们对希特勒或斯大林的憎恨或谴责,这里所捍卫的这种美德伦理学是在要求人们在他们批评的权力方面有所牺牲。

不过,其他方面的因素也可能足够不同,从而让我们能至少在理论上辩护这种牺牲。我已经论证过,那些在方方面面困扰着常识道德的悖谬与问题,特别是当"应受斥责""应受指责"等词语应用于所谓的道德运气的情形时所产生的那些令人痛苦不堪的问题,都让我们有理由去寻找一种可以避免这些悖谬与问题的伦理观点。正如我们所看到

的，如果功利主义可以通过对可谴责性的概念进行重新划分或重新思考来避免道德运气的问题，那么我们就有同等的理由来尝试发展一种理论、一种伦理观点，这种观点通过完全放弃可谴责性等概念，通过青睐一个在理论上不那么成问题的关于批评与赞许的词汇集合来避免这些问题。

不过，同样重要的是我们应该记住，在某种意义上，美德伦理学关心涉己特质与行动，而常识道德并不那么关心；我们也应该注意到（或许读者已经发现），上面提到的那些（非后果主义的）涉他特质全都具有涉己方面的类似物。尽管某些哲学家否认了自我欺骗的可能性，我们的常识思考显然相信，既存在自我欺骗，也存在对他人的欺骗。不过“对自己不诚实”在直观上被认为属于与“对他人不诚实或欺骗”不同
136 的道德类别。类似的观点也会引起我们的注意，当我们把常识道德现象与它们的涉己方面的相似物做比较时。人们可以认为一个人是不可信的，哪怕并不是因为这个人在某个断言或命题的真假方面做了欺骗，而是因为这个人以一些不那么聚焦于命题真假的方式显得不可靠或不可信，例如，从常识的观点看一个对朋友忽冷忽热的人，一个在涉他义务方面的表现变动不定的人也可以成为“不可信”这样的道德批评的目标。不过，这种对他人的不可靠性和不可信性也存在着在涉己方面的对应物，对此一个很好的例子便是频繁、重复的意志软弱。一个出于道德方面或别的方面的软弱而常常未能按照他的（最佳）意图而行动的人展现了一种涉己不可靠性和不可信性，这种不可靠性并不等同于自我欺骗或忽视真相，而且他可以恰当地批评自己意志软弱，或者被其他人批评为意志软弱。实际上，一个发誓不再喝酒的人可能为他的退步而深深地懊恼和动摇，他可能会以一种和他责怪那些涉他不可信性时一样激烈的方式去鄙夷责怪他的涉己不可靠性（或不一致性、

不可信性）。

或者看看另一个例子。常识道德与常识美德伦理学都会严厉批评那些泄露了自己的朋友或爱人的秘密的不忠者（例如，罗伯特·洛威尔泄漏了伊丽莎白·哈德威克在书信中告诉他的秘密），那些把自己的朋友或爱人出卖给盖世太保的人，或是那些在自己的朋友或爱人最需要帮助的时候拒绝施以援手的人。这些人一般被认为是在以一种很坏的、糟糕可鄙的方式对待他人。不过有趣的是，那些涉己背叛或不忠也可以让我们产生“这个人做了很坏或糟糕可鄙的事”这样的信念。当华兹华斯在晚年说他愿意把生命献给英国国教时，许多人认为他背叛了自己早年的社会和政治理想。这样一种背叛自然被视为是一种对这个人曾经美好的样子的不忠，对这个人早先那个更好的自己的不忠。在这个例子中，这种个人内部的跨时间的情形与那些人际间的情形平行而类似。不过，与大多数这类情形不同，这里举出的这一对跨时间的涉己例子与人际间的涉他例子涉及了对美德、对值得赞赏的特征的比较，而非对理性或生活中的利益的比较。[14] 137

不过，在各种涉己诚实、可信、忠诚与涉他诚实、可信、忠诚之间的联系往往在道德理论的讨论中不被察觉。在这些讨论中，涉己的诚实、可信、忠诚要么被忽略了，要么被视为（不那么有价值的或不相关的）特例。人们这么做的理由，可能来自常识道德中普遍存在的自我-他人不对称性。[15]当不涉及对一个人如何对待他人时，对自己诚实或不诚实，可信或不可信，忠诚或不忠诚在直观上都不被看作道德赞扬或道德批评的基础。

不过，一旦我们放弃了对伦理学的牺牲行动者的进路，并允许自己注意到这样一个事实：频繁的意志软弱将会被其他人或行动者自己指责为是在涉己方面不可信的，我们就会发现涉己方面的不可信与涉他方面的不可信之间的关联和类似的程度比我们原先想象的要深。这样的说法对于其他那些涉己特质与它们在涉及他人方面的对应物来说同样也成立。因为美德伦理学进路对涉己和涉他情形、行动、特质使用相同的词汇，它倾向于把那些让涉他欺骗等等与涉己欺骗等等划入同一类别，而非不同的类别；它倾向于认为这两种情形都体现了欺骗这一单一现象的不同部分或方面，而非认为它们是彼此互异的两类现象。涉己与涉他欺骗可以通过相同的常识美德伦理学词汇而被鄙夷责怪或批评。从这种自我-他人对称的伦理思考视角来看，而它们各自在涉及自己与涉及他人方面的反面则会被高度评价和赞赏。因此，我们这里提出的这种美德伦理学与功利主义、康德主义和常识道德进路相比，不仅倾向于让我们更多地聚焦于涉己美德，而且把涉己美德与涉他美德更紧密地联系在了一起，让它们显得更相似、更像是属于同一个整体。[16]

在某种意义上，由此产生的统一性是可取的，而功利主义所产生的那种统一性与系统性则不是可取的。因为常识美德伦理学的这种统一性极大地基于我们的常识道德直觉，而非与这种直觉相反或以牺牲这种直觉为代价。实际上，美德伦理学所带来的刚才描述的这种统一性
138 也依赖于我们对专门的道德性的伦理判断的基础地位的否认。不过与这种假定的否认相关的是，美德伦理学做出这种统一的过程即便不是完全地也是极大地基于我们的直觉（之间的经常被忽视的关联）。一旦牺牲行动者的自我-他人不对称性不再被强调或被放弃，我们就可以向我们关于涉己品格特质的直觉与观念投入更多的注意，并发现它们与我们对于涉他情形中什么值得赞赏、什么糟糕可鄙的直觉之间是多么广泛而深切地相似。因此，常识美德伦理学所特有的这种涉己的东西与涉及他人的东西之间的紧密联系，在很大程度上是对直觉进行沉淀积累的自然结果，而非像功利主义那样完全地或极大地是常识伦理

思考与追求系统统一性、避免悖谬与不一致性的欲望之间冲撞的结果。至少在某个意义上，我们的美德伦理学是通过比过去的人更深入地开发我们对事物的伦理直觉而产生的；这一点对功利主义的伦理学进路并不成立（这里且不论功利主义的其他优点。我们将在本书的最后两部分批判性地比较功利主义与美德伦理学）。

不过，我还要说说，我们现在对某些涉己与涉他美德之间的相似性的强调不应该或不需要被认为是削弱了我们的另一个直觉性区分，即（涉己或涉他）美德与（涉己或涉他）天赋和令人愉悦的个性特质等等之间的区别。在《道德原理研究》一书的附录四中，休谟明显地把涉己与涉他特质都视为（道德）美德，但却拒绝在基本层面上区分美德与那些常常被当作美德的令人愉悦或赞赏的特质。因此，风趣和魅力可能让我们愉悦甚至赞赏，然而如果把它们称为值得赞赏的品格特质就有些奇怪，这就解释了为什么我们不倾向于把它们称为美德。相反，我们自然而然地区分可取的性格特质与可取的品格特质，只有后者通常被当作美德。不过休谟出于一些我们在这里不需要考虑的原因并没有做出这个区分。

不过，在这本书中我希望对这个问题保持中立。即使我们不区分道德性与非道德性的美德，即使我们出于与休谟不同的理由而像休谟那样选择去强调那些各种涉己与涉他美德所共有的东西，我们仍然不需要否认在美德/值得赞赏的品格特质与值得赞赏的性格特质之间存在着区别。这一区分可以被留给未来的研究，尽管在下面的部分（特别 139
是第十四章）当我感到坚持这一区分并不会在根本上影响论证过程的时候，我会淡化或忽视这一区分。

还有另一个我想要保持中立的问题。在本章和之前的章节，我讨论了各种特定的美德（以及邪恶或美德的反面）与理性的关系方面的大量问题，讨论了这些美德对行动者自己或他人的好处，还讨论了这些美德的总体可赞许性或美德地位的问题。因此，人们可能想知道，在发展常识美德伦理学时我是否希望或需要使用伯纳德·威廉姆斯最近在“厚的”与“薄的”伦理学概念之间所做的区分。威廉姆斯的区分在一定程度上近似于那些更专门的伦理概念与那些更一般的伦理概念之间的区分，而我的研究当然也要依靠比较专门的概念和比较不专门的概念之间的区分。不过，威廉姆斯的概念还诉诸了一些稍微有争议的知识论论题。例如，威廉姆斯认为，那些厚的/专门的伦理学词语/概念更加是“被世界上的事实所引导的”，因此厚的概念相比于薄的概念来说能够被更客观地使用。关于在某个厚的概念盛行的文化社群中这个厚概念的哪些方面能被社群之内的人所知晓，哪些能被社群之外的人知晓这个问题，他也做了一些新奇的断言。鉴于威廉姆斯的这些理论承诺，我选择不去依靠威廉姆斯在厚概念与薄概念之间做出的区分，不在这样的基础上开展我的工作。[17]

现在，我们该转向常识道德与康德主义道德的一个成问题的领域了，我们还没有考虑过美德伦理学与这个领域的关系。我们必须去看看，美德伦理学能否避免或抵抗舍夫勒在《拒斥后果主义》中提出的那些关于道义论的困难。[18]

道义论与美德伦理学

上一部分的讨论提示我们，值得赞许与糟糕可鄙等这些属性在自己与他人的区分方面怎样能够以一种相当匀称的方式被运用。它们不仅能用于有益和有害的方面，也能用于像欺骗/不欺骗，诚实/不诚实，忠诚/不忠诚等一些不那么能以后果主义方式来衡量的关系。在这种意义上我们就容易看清，美德伦理学如何能避免常识道德与康德主义道德由于它们的牺牲行动者的自我-他人不对称性而产生的那些不一致性、悖谬与怪异。[19]我们也已经看到，美德伦理学怎样避免了道德运 140
气方面的那些最严重的困难。不过，我们还没有处理那些关于“为了阻止其他人杀死或伤害更多的人，是否能允许，是否应该去杀死或伤害另一些人”的难题与悖谬，舍夫勒在他关于道义论的讨论中提到了这些难题。常识道德倾向于认为，这种为了最小化杀人的总量而进行的杀人是不可允许的或至少是高度可疑的。[20]而标准的行为后果主义则认为（在其他方面情况不变时）这样的杀人不仅是可允许的，而且是道德上应当做的。那么，美德伦理学的立场是什么呢？

当然，一种从常识道德中获取它的全部直观暗示的美德伦理学将会在这个领域产生严峻的困难。只要我们坚定地相信，通过杀人来阻止更多的杀人是错误的，（并且为了论证的目的暂且假设常识道德在这个问题上具有毫不含糊的立场），我们或许就会简单地把这一观点用那些道德上中性，但在其他方面表现相同的美德伦理学词语来表达，说这种杀人是极其糟糕可鄙的。问题是，为了最小化那些糟糕可鄙的行为而以这种方式来行动，这何以是糟糕可鄙的？早先提到的所有那些这方面的问题也都会这样扑向我们。不过，或许我们还拥有一个更温和的选项。

早先，我曾提到西季威克等人认为，常识道德是不完整的，因为它并不能为所有需要运用规则来决疑的或情境性的道德难题提供答案。我还主张，这种不完整性尽管不是最理想的状况，却并不让人惊讶，也不是不可接受的。为什么我们应该认为我们的直觉性、批判性的道德思考已经向我们揭晓了它对实践或抽象的道德问题的全部解决方案呢？几个世纪以来，甚至几十年以来，我们关于奴隶制的道德地位，关于男女在就业机会上的不平等问题的观点都经历了彻底的修正，而常识道德可以容易地、有理由地坚持认为，我们不应该期望它能为所有关于对错的议题都给出答案。我也看不到任何理由去认为，为什么基于常识的美德伦理学不能同样地要求自己保持谦逊。

舍夫勒等人的近期讨论借助一些有力的理论考虑批评了“为了阻止杀人而进行杀人是错的或至少可疑的”这样的常识信念，我相信这些理论考虑足以减轻或削弱那些认同这些考虑的人在这一领域中的常识
141 直觉。在这样的批评之下，我们会发现自己不那么坚持常识道德在“为了阻止大量杀人而进行杀人”方面的观点在美德理论中的对应物了。一个具有足够批判性、能够留意到其他伦理进路的内在困难的美德伦理学（在处理常识道德判断在美德伦理学中的对应物时）可能会想要反对常识道德，或至少悬置判断并宣称我们不能期望它此刻就能回答所有的议题。换句话说，美德伦理学可能是不完整的，而且鉴于我们近来的讨论，美德伦理学可能对于“为了阻止大量杀人而进行杀人是否糟糕可鄙或值得赞许”这个问题不抱任何观点。（请注意，美德伦理学的这种不抱观点并不会自动地令美德伦理学逊色于功利主义。毕竟，**梯度性**的行为功利主义对于“为了阻止大量杀人而进行杀人”的问题也不抱任何观点。不过关于这一点的进一步讨论最好留到本书的最后一部分再说。）

不过，为了完整性的目的，值得一提的是，美德伦理学或许乐于认为，“通过杀人来阻止杀人”这个问题展现了道德两难在美德理论中的对应物。我们还没有说清楚，对于美德伦理学来说允许两难意味着什么。不过，粗略地讲，我们可以把它看作这样一种情况：在这种情况中行动者不可能不糟糕可鄙地行动。把这一观点运用于当下的例子，我们或许可以认为，“为了阻止大量地杀人而去杀人”是糟糕可鄙的，然而

反过来拒绝去杀人，从而让更多地人死去，这样做也是糟糕可鄙的。[21] 因此，尽管我不想选定一种特定的解决从舍夫勒关于"为了阻止杀人而杀人"的讨论中产生的那些问题的方式，我希望我已经表明至少在此刻常识美德伦理学（或许应该说是一种**批判性**的常识美德伦理学）并不会遭受这些问题的伤害。[22]

由此，我想我们已经很好地说明，美德伦理学在缺乏专门的道德概念的情况下如何能避免第一部分提到的康德主义道德与常识道德的那些困难。在下一章，我将关注美德伦理学在两个涉他道德/伦理领域中的优势。我希望表明，除了第一部分所提到的那些问题之外，与那些专 142
门的道德进路相比，美德伦理学还可以为友谊与公民身份提供一个更好的、直观上更合理解释。在本章，我们用了一些时间来考虑美德伦理学如何能把涉己与涉他方面统一起来。不过，我们还值得花更多的时间来探讨某些涉及他人方面的问题。许多道德理论已经讨论过这些问题，而美德伦理学拥有独特的优势来澄清这些问题。

注　释

1 See, e.g., Nagel, "Moral Luck," in *Mortal Questions*, Cambridge, 1979.

2 关于降低或限制审慎的美德地位的尝试，see my *Goods and Virtues* (Oxford, 1990, Ch. 2)及参考文献。

3 "不理性"似乎比"无法被理性地接受"要更强烈、更负面。这使得对这两个词的使用产生了差别。某些道德冒犯可能是道德上不可接受的，但还没有严重到不道德的程度。在实践理性的领域可能也存在着类似的差别。对这个区分我要感谢谢利·卡根。

4 如果（涉己）理性两难是可能的（see my *Beyond Optimizing*, Harvard, 1989, Ch. 5），那么一个情境中的最优选项就可能是理性上不可接受的、不理想的。即便没有两难，在许多选择情境中行动者的最佳选择也远远算不上理想的选择。

5 See *Beyond Optimizing*, esp. Ch. 5.

6 See *Nicomachean Ethics* 1109b 14—27; 1126a 31—1126b 5.

7 See Donald Davidson, "How is Weakness of the Will Possible?" In J. Feinberg, ed., *Moral Concepts*, Oxford, 1969.

8 完善论或许允许程度的高低，即，一个东西可能比另一个东西更接近完美；但它显然不能允许超义务的程度高低：没有任何东西能比另一个（已经完美的）东西更完美。

9 我假定，一个人即使在为失去爱人而悲伤时也可以展现出坚韧。

10 参见伏尔泰写给阿让塔勒伯爵查理·奥古斯丁·费里奥尔的信，see T. Besterman, ed., *Voltaire's Correspondence*, Geneva: Institute et Musée Voltaire, 1962, vol. LXXI, pp. 246ff.; and Tillotson's *The Works of Dr. John Tillotson*, Dublin, 9th edit., 1726, Sermon I。

11 Cf. Mark Johnston, "Self-Deception and the Nature of Mind," in B. McLaughlin and A. Rorty, eds., *Perspectives on Self-Deception*, California, 1988, esp. p. 85.

12 上面这些与"知识是某种个人的好而无知是某种个人的坏"的观点相容。我认为这种（非道德的）好与坏有时可以被其他因素所抵消或压倒。

13 See *Beyond Optimizing*, esp. Chs. 1—3.

14 跨时间性与跨人际性之间的平行类比是西季威克的《伦理学方法》，罗尔斯的
143 《正义论》以及帕菲特的《理与人》等著作的重要主题。

15 对美德的明晰处理中，可信、诚实、忠诚、可靠等美德都常常被视为道德美德。考虑到道德与涉及他人之间的常识联系，这意味着这些美德的涉己方面仍然被未被重视。关于对美德的这种处理的一个例子，see Edmund Pincoffs, *Quandaries and Virtues*, University Press of Kansas, 1986, esp. p. 85 and Ch. 5。

16 常识道德的捍卫者也会把涉他问题说成是道德的，而把涉己问题说成是关于审慎（或理性的）。这种命名上的区分也使得涉己与涉他观念保持分离。

17 See Williams's *Ethics and the Limits of Philosophy*, Harvard, 1985，关于对厚薄之分的知识论假设的批评，see S. Scheffler's "Morality Through Thick and Thin," *Philosophical Review*, 96, 1987, pp. 411—434。

18 See *The Rejection of Consequentialism*, Oxford, 1982.

19 在第三章中，康德主义道德中的不对称性与常识道德中的不对称性稍有不同。但这两种不对称性都产生了问题与悖谬。

20 In "A Critique of Utilitarianism," in Smart and Williams, *Utilitarianism: for and*

against, Cambridge, 1973，伯纳德·威廉姆斯不太愿意说，“通过杀死一个人来阻止许多人被杀”实际上是错的。威廉姆斯的例子涉及，通过杀死群体中的一个成员来阻止群体中的每一个成员都被杀。不过，显然康德认为这样一种杀人也是错的。

21 In “War and Massacre” (in *Mortal Questions*), T. 内格尔提出了对“一个人必须选择杀死一个无辜者或是杀死极多的无辜者”这种情形的一个类似的处理。

22 对于我们讨论的这个问题在常识道德中的类似物，常识道德也能靠一些类似的策略来应对；不过这并不能帮助常识道德避免从自我-他人不对称性与道德运气中产生的问题。 144

第九章

朋友与公民的美德

关于人际关系的一些难题

许多哲学家和其他人都认为，存在着友谊（或更一般的，私人关系）方面的道德职责或义务，也存在着作为公民（或更一般的，团体成员）的道德职责或义务。实际上，反功利主义的伦理学家常常宣称，某些个人之间或机构之间的关系代表了道德生活的一个方面，功利主义在这个方面特别笨拙无能，而在这个方面我们有理由设定一些无法兑现为功利主义或道义论概念的专门道德义务。[1]

关于一般认为的专属友谊的道德义务的最佳描述之一来自西季威克的《伦理学方法》，在书中讨论常识道德的部分，西季威克以他独有的细心描述了通常所认为的一个人仅仅由于友谊关系而对他的朋友所具有的义务。[2]人们还认为，一个国家的公民具有一些专门的义务去服从**他们自己国家**的法律，支持其政治制度（至少在这些制度合理地公正且有益的情况下是这样）；这一观点具有常识的合理性，也拥有悠久的传统。这种观点的捍卫者为了论证人们对自己的国家的特别义务，常常会诉诸一些很一般性的道德考虑，即一些并不局限于政治或社会领域的考虑。尽管在这些讨论中人们会引入一些功利主义考虑，人们常常也会用一些广泛的、并不纯粹地或严格地属于后果主义的道德原则。人们往往认为，人对自己的政府、社会、民族、国家的义务的是这样一些 145
东西："公平待人"的想法，默会或隐含的同意，在道德上知恩图报。在所有这些情况中，人们都尝试以一些适用于私人道德的方式来理解政治性或社会性道德。（不用说，在这里公共与私人之间的区分是模糊的、具有情境相对性的。）

由于西季威克等讨论过友谊、父母、婚姻等方面的常识道德的哲学家也曾用一些适用范围更广泛、超出了这些特殊关系的理由来进行论证，我们就不会惊讶于这一点：这些用来为某些特别的个人或私人义务提供基础的论证常常与那些为政治或社会性义务提供基础的论证彼此相似甚至相同。诸如一个人因为其他人有意地帮助自己而怀有的感激这样的观念（这个观念很容易适用于那些既不属于同一国家、也未受到任何亲密关系约束的人），既被用来作为人对朋友（和伴侣、家庭）的义务的基础，也被用来作为人对自己的政府/国家的义务的基础。同理，人们也援引"默会地或隐含地同意助人或合作"这样的观念来辩护狭义的私人义务与政治义务；尽管这一观念也可以被更广泛地应用于那些彼此之间不具有任何亲密性或共同的过去的个体之间的关系。

近些年来，人们对这样一个道德图景的有效性提出了大量的怀疑。我所想到的怀疑，并非来自常见的、容易预期到的功利主义观点，而是来自那些非功利主义，甚至反功利主义的哲学家，这些哲学家怀疑，关于公平待人之类的考虑，再加上一些合理的事实性假设，是否能为那些出于特殊关系而产生的特殊义务的存在提供直观上可接受的或成功的论证。(这里“特殊”至少意味着,这种关系并不是对地球上任意两个人都成立。)

例如,在一个对“用直观上有吸引力的道德原则为政治义务提供基础”这样一种传统的,最近也常见的理论尝试所进行的全面批评中,A.约翰·西蒙斯令人信服地论证说,所有这些论证都未能为“服从本国的正义的法律或政府”的义务提供充分理由(我在这里只是很粗略
146 地概括了西蒙斯的立场)。其他人,比如写作《友谊、利他与道德》的拉里·布鲁姆,则没有直接反对那些用来捍卫对朋友的特殊道德义务的论证,而是提供了一种关于友谊现象的有洞察力的、替代性的图景,这一图景向我们显露出,我们无法恰当地把友谊(它的典型关切、感受以及看待事物的方式)看作仅仅或首先是朋友之间的道德义务方面的事情。[3]

鉴于我们已经出于其他理由放弃了常识道德义务的直觉,我们此刻大概不需要去回顾布鲁姆或西蒙斯的那些特殊的探讨。我将像他们一样假定,我们无法以通常的、熟悉的那些方式来辩护友谊的义务或政治服从(或合作)的义务。不过我还想比布鲁姆或西蒙斯走得更远一些。因为在淡化或否定了我们谈论友谊的义务或政治服从的义务的权利之后,西蒙斯与布鲁姆都下结论说,我们最好通过**其他一些道德概念或关系**来理解他们处理的这些现象。根据布鲁姆的观点,即使我们不需要或不应该强调友谊方面的道德义务,我们也应当注意到,以某些方式,某些友谊在道德上高于其他友谊,友谊中的一方对另一方的某些行动与感受相对于另一些行动和感受而言在道德上更可取。根据西蒙斯的观点,既然我们不应该通过道德义务来理解公民身份,那么自然而然地我们就应该通过像道德上的善好、道德上的辩护根据和道德价值这样一些**不那么严格的**方式来理解公民身份。[4]

不过，从本书的立场来看，我们有理由拒斥布鲁姆与西蒙斯所采取的这些更进一步的理论举动。关于能否把那些不严格的道德概念运用于友谊与公民身份等现象这个问题中，布鲁姆的长篇论证与西蒙斯的简短论证都面对着同样的困难、怪异性与不一致性——那些弥漫于我们的直观道德理解中的困难、怪异性与不一致性。因为，我们早先已发现，无论在对道德义务的道义论观念中，还是在对道德善好的德性论观念中，都存在着不对称问题与运气问题。而从这两类观念出发只要再迈上一小步，我们就会发现道德价值或道德辩护根据方面的不对称问题与运气问题。如果能证明我们的常识美德伦理学无法为这些关系提供一种合理的、足够详细的或完整的伦理图景的话，那么我们对关于友谊、公民身份以及其他人际关系的常识道德进路的任何批评都会显得苍白无力。

不过，我相信，美德伦理学能够为友谊、公民身份以及其他特殊关
系提供合理的解释。接下来，我将会论证，出于一些与第一部分那些难 147
题无关的理由，美德伦理学关于友谊、公民身份等等的直观图景比任何道德进路所提供的图景都更可取。美德伦理学关于友谊与公民身份的观点比道义论或德性论的道德观点关于这些问题的判断在直观上更令人满意。尽管我们将会把讨论限制在友谊这个问题上，在讨论结束时我们将清楚地看到，我们关于友谊的观点也一般性地适用于政治领域以及其他人际关系的领域。

友谊与公民身份是道德关系吗

我希望能提供一些与第一部分的那些批评不同的理由，来表明友谊与公民身份不是道德关系。我想最好从迈克尔·斯托克的一个开创

性的例子开始。在这个例子中，某个人在医院里探访一个朋友。[5]近年来一些关注私人关系的道德性的著作家反对一种康德主义的观点，这种观点认为，道德价值仅仅存在于那些出于义务感而产生的行动中，而那些出于对某个给定个体的仁慈或友好感受而产生的行为则完全缺乏这些价值。为了扭转与康德主义者之间的论战的胜负，这些哲学家中有些人还论证道，不仅那些出于友善或同情而帮助他人的行为具有道德价值，而且那些具有这样的动机的行为通常比那些严格地仅仅出于义务感或其他道德考虑的动机的行为在道德上更优越。

斯托克还特别地邀请我们去设想一个叫史密斯的人。这个人去医院看望他的朋友，他的朋友也乐意见他。住院的那个朋友告诉史密斯，“我很高兴你这么关心我”，或者告诉史密斯他感受到了温暖的友谊。然而，史密斯却打断了他朋友感激的话语，而是反驳他的朋友说，“不，我来自这里是因为我认为这是我的义务，而不是因为我对你的任何感觉或感情。”

那位住院的朋友在听到史密斯这样的话时，他的第一反应可能是去假定，史密斯的话并不是认真的，史密斯是在表达某种不那么恰当的谦逊，这种谦逊令史密斯不想谈论情感方面的东西。然而，如果这位朋友问史密斯是不是这样，而且史密斯澄清了他的真实想法，从而令他的
148 朋友吃惊地发现，史密斯的这句话是当真的，那么这位朋友很可能会很自然地感到沮丧或失望，因为他本来以为史密斯可能是出于一种温暖的情感才来看他，但史密斯却缺乏这种温暖的情感。那些近来爱使用斯托克的这个例子的哲学家倾向于认为，在许多甚至在大多数情形中，出于友爱的情感（或仁慈、同情的情感）而行动比出于义务感而行动在道德上更可取。[6]

不过我认为，我们有理由去质疑，上面这些断言是否真的与我们的

这些例子的直观反应相一致。拉里·布鲁姆与其他人都指出,我们中的大多数人都更乐意得到出于同情感或友爱感的帮助,而不那么乐意得到出于义务感的帮助。[7]不过,从这里并不能推断出,我们确实或应该认为第一种类型的帮助在道德上优于第二种类型的帮助。[8]因为,那些导致我喜欢一个人的东西,那些导致我们对一个人(的行为)感到愉悦的东西,不一定会让那个人更值得赞赏或在道德上更好。不过,支持"出于同情等感受的行为具有更高的(道德)价值"的人可能会回复说,那些在面对朋友时仅仅出于义务感而行动,从不出于友爱而行动的人一定有什么地方不对劲。[9]当然,我们都会同意,这样一个朋友**作为一个朋友**而言确实有些地方不对劲。我认为,我们确实倾向于认为,那些倾向于仅仅出于友谊的义务(或出于帮助朋友这种行为的**道德优越性**)而行动的人(在友谊或友谊的能力方面)有所欠缺。面对这样的人的这种冷冰冰的态度,我们可能想要说,这样一个人不是真正的朋友,他甚至缺乏友谊的能力。

不过,即便那个有同情心、富于感情的人与那些仅仅出于义务而行动的人相比有能力成为一个更好的朋友,所谓更好(或更真正)的朋友的概念可能也不是一个专门的**道德**概念。相反,如果我们把这个概念看作是一个属于关注什么值得赞赏,不使用专门道德概念的美德理论进路的概念,这个概念才能得到更准确、更直观的理解。无论如何,如果我们假定"更好的朋友"是一个道德概念,也就是说,"在其他方面相同的情况下,如果一个人与其他人相比是更好的朋友,那么这个人与其他人相比也在道德上更好,或是一个道德上更好的朋友",那么这么做是把一件有待证明的重要的事当作了定论。

而且,那些像休谟一样强调道德在同情心方面的基础的人也强调,我们需要一种能比逐渐消退的同情更持久,能战胜即刻敌意的道德倾向；而一个出于义务而行动的人可能会比那些首先出于同情而行动的人展现出更稳定的做（我们所认为的）正确的事的倾向。[10]因此，或许我们之所以对那个有意识地出于义务而行动的医院访客评价较低，是
149 因为我们发现这个人作为一个人不那么令人赞赏，在某种意义上甚至不像我们对朋友所希望的那样有人性；而不是因为我们发现他在**道德上**有缺陷。因此，斯托克的医院来访者与一个出于同情而行动的人相比，是不是真的在道德上不那么有美德或不那么值得称赞，这一点也不明显。不过，我们确实有理由认为，在其余相同的情况下，这个来访者与一个更有能力出于同情与友谊（或爱）而行动的人相比，作为一个朋友、作为一个人而言不那么值得赞赏。我们的美德伦理学进路恰恰把自己限制于上面这些表达方式，并以最自然的、经典的方式通过这些说话方式来表达自己。

如果上面的说法是正确的，那么布鲁姆对于“我们不应该像康德那样把私人关系过度道德化”的坚持就有些反讽了。即使我们不去谈论关于友谊的道德**义务**，当我们把友谊看作专门形式的**道德上**的好或更好的来源时，而不是把它看作我们的美德伦理学所谈论的原级或比较级的可赞赏性或美德地位的来源的时候，友谊仍然会被过度道德化。看起来，事实上无论布鲁姆还是西蒙斯都忽略了我所提议的这种关于友谊与公民身份的美德伦理学进路的可能性和可能的力量。当然，并不是每一种试图把握像友谊这样的私人关系的尝试都忽略了这一点。连布鲁姆自己也注意到，克尔凯郭尔就认为，爱与友谊的行为不具有一般认为的道德价值。

不过，布鲁姆进一步宣称：“克尔凯郭尔所代表的传统仅仅强调了对陌生人，或脱离了特殊关系的抽象的他人的利他主义态度。”布鲁姆之前这样描绘克尔凯郭尔：克尔凯郭尔认为，那些仅仅基于一个人对特

定个体的友好感受的关切是“有缺陷的,因为这种关切不是一种普遍性的关切”。[11]我认为这些说法对克尔凯郭尔来说是非常不公正的,至少对他在《恐惧与颤栗》一书(布鲁姆没有引用这本书)中表达的观点来说是不公正的。令我吃惊的是,克尔凯郭尔的这些观点与我们对特殊私人关系的美德伦理学进路高度一致,而且是这种进路的先声。[12]

我不打算否认,克尔凯郭尔跟从康德而认为那些出于对特定个体的爱或友谊的行动没有道德价值。但这不意味着,克尔凯郭尔认为这种私人关系或私人承诺在价值上低于道德上的关系或承诺。在《恐惧与颤栗》中,克尔凯郭尔认为,当亚伯拉罕遵照上帝的命令献祭他自己的儿子时,他的这种愿意体现了一种“对伦理原则的目的论悬置”, 150
而且他对亚伯拉罕对上帝的深厚信仰与虔诚表达了极大的赞赏。不过同时,他也接受了康德的观点,即,伦理原则是普遍的(就是说,伦理原则通过那些可以被普遍应用的规则而运行)。克尔凯郭尔认为,亚伯拉罕的所作所为是出于他与上帝的特殊关系。因此,亚伯拉罕的行为不能以普遍规则的形式来构想或要求,这一行为超出了伦理(或道德)的范围。

我们应该如何阐释这些令人困惑的观点呢?首先,我们必须弄清楚克尔凯郭尔对术语的使用,我认为他对这些术语的用法不同于本书与当代伦理学的用法。我用“伦理”来表达一个比“道德”更广泛的概念,在此意义上道德哲学只是伦理学的一个分支。按照这种使用,我们的这种美德伦理学并不是一种严格意义上的道德理论,尽管它肯定是一种伦理学(进路)。不过克尔凯郭尔似乎不仅接受了康德关于“什么是道德”的观点,而且接受了康德在术语上将道德等价于伦理的做法。他与康德之间的这种术语一致性掩盖了他与康德之间的一个实质性分歧,克尔凯郭尔自己也认识到了这种分歧。

康德拒绝承认任何非道德的或独立于道德的价值。在康德看来，正因为如此，像先见之明这样的美德只有出于好的或道德的目的而被使用时才具有价值。然而，在克尔凯郭尔看来，通过对上帝的特殊承诺或关系[13]超越了道德的亚伯拉罕是值得赞扬、值得赞赏的。不过，由于他跟从了康德对“伦理”的狭义使用，他不能把亚伯拉罕的虔诚描述为对道德的伦理悬置；为此，它采用了“目的论”这一术语，并使用“对伦理原则的目的论悬置”来传达他对亚伯拉罕的赞赏与他与康德在这一话题上的分歧。

按照我们自己的、更常见的使用方式，我们可以这样阐释克尔凯郭尔：他认为，非道德甚至反道德的人类行动与情感都可以是值得赞赏的；他认为，存在非道德甚至反道德的**美德**。不过，我们不应该认为，克尔凯郭尔持有像我们这样的对伦理的美德理论构想，因为他仍然想要把专门的道德属性归属给人、倾向和行为。尽管如此，克尔凯郭尔乐于探索那些康德主义伦理学明确否认的那些可赞赏性与美德。他对特殊私人关系的观点与我们关于特殊私人关系的美德伦理学观点相当接
151 近。当然，我们刚才谈到的友谊的例子并不暗示对道德的**违背**。然而，一旦我们像克尔凯郭尔一样，认为某些被强烈感受到的反道德的私人承诺是值得赞赏的，那么我们就更容易跟从美德伦理学的引导，认为并不是道德上的东西使得这样的私人承诺以及体现了这些承诺的私人关系成为值得赞赏或糟糕可鄙的。

此外，克尔凯郭尔似乎还认为，某些私人承诺与关系比某些更普遍化的态度以及这种态度所产生的行动与关系**更值得赞赏**（尽管前者不那么具有道德性）。因此，现在我们值得去问这样一个问题：在那些特殊化的态度与关系中，是否存在着任何更重大的或特殊的伦理价值？

在人际关系中存在特殊的伦理价值吗?

给定我们当下的美德伦理学进路与术语，上面这个问题首先就分解成了一个这样的问题：成为一个好的朋友，是不是更值得赞赏的？（我将暂缓对好的公民的讨论。）不过，人们也许会问，这里说的是与什么相比而更值得赞赏呢？大概，一个好的朋友比一个糟糕的朋友更值得赞赏。（即便当一个人是一个糟糕的人的好的朋友的时候，这一点仍然成立。）不过，这种比较看起来与上面的“在那些特殊化的态度与关系中是否存在着更重大或特殊的伦理价值”这一问题无关。相反，与这一问题相关的，是在友谊与那些指向陌生人的行动之间的比较；这些指向陌生人的行动在相关的意义上可以和一个朋友被情感驱动而对她的朋友的所作所为相比拟。一个朋友出于忠诚、关切或爱而为她的朋友所做的事看起来自然而然地类似于一个仁慈的人出于同情、人道或善意而为一个陌生人所做的事。因此，我们可以说，一个人可能出于友谊而为朋友所做的事，也可能被另一个陌生人出于纯粹的人道或一般的善意而做出。因此，我们想要问的问题可以被看作是聚焦于这样一个议题：在那些由友谊的感觉所驱动的指向特定个体的助人行为中，是不是存在着某些比那些出于非个人的、一般化的对人的关切的助人行为更值得赞赏的地方？

不过，我认为对问题的这样一种分解仍然是不能令人满意的。这 152
个分解要求我们比较两种具有不同动机的行动，而不是要求我们比较那些为这些行动提供基础的倾向或品格特质。不过我认为，如果我们把这个问题当作人的两种品格特质、两种朝向感觉与行动的一般倾向之间的比较，我们才能更好地理解这个问题，而不是在还没有理解它的时候就试图回答它。

这样,我们就必须考虑和比较我们的两种直观评价:一种是对那些出于友谊而向特定个人施以行动或建立友谊的倾向;另一种是出于更一般意义上的人道或仁慈而行动的倾向。这样,我们面前的议题就可以被看作是涉及两个理想的(或极端的)类型之间的比较:在其中一个类型中,一个人倾向于建立亲密关系,并仅仅为了那些与她亲密的个人而行动;在另一个类型中,一个人缺乏亲密关系,却倾向于出于强烈的、一般意义上的人性的同情而去帮助那些并非朋友的人。即便我们以这种相对来说界限分明的方式来表述这个问题,看起来仍然很难解决这个我们尝试发问的问题。

例如,请想想,一个出于一般性的仁慈的人不大可能像一个出于友谊的人那样为一个特定的个人付出那么多。不过,即使前一个人对他人的助益均摊在每个受益者身上后要更稀薄一些,后一个人为整个人类所带来的总体善好可能仍然小于像前一个人这样随时准备帮助陌生人和熟人的人。在比较这两种个体时,我们必须考虑,那种帮助陌生人的倾向是多么地出人意料与不同寻常。我们期望着人们拥有朋友、爱某些人,而当人们向这些亲友施以帮助时我们并不感到惊讶。当然,对亲友的事漫不经心的情况也很常见,这使得我们对那些善待自己亲友的人评价较高。然而,那些更一般地为人类而尽心竭力的人要比那些为了亲友而尽心竭力的人少见得多。和这样一个事实性假设相关的是,一个倾向于一般地帮助他人的人似乎比那些普通的、倾向于帮助自己亲友的人更值得赞赏。

然而,这一议题还有另个一侧面。我们出于刚才提到的那些理由而倾向于赞赏的那个为人类尽心竭力的人,同时也缺乏形成亲密的依恋关系的能力。而我们也有一种强烈的倾向去责怪鄙夷这种亲密能力的缺乏，并对那些缺乏爱与亲密能力的人给予较低的评价、感到遗憾。153 在我看来，这种只在一般意义上帮助人的倾向既有糟糕可鄙的方面，也有值得赞赏的方面，而那种建立友谊、为朋友做事的倾向正好对两个方面起到了平衡抵消的作用。

因此，如果我们问在亲密私人关系中是否有任何特殊的伦理价值或可赞赏性，那么，只要我们问的是，在那些包括友谊在内的亲密关系（的能力）中、在那些为了亲友而做的行动中是否有一些独特的值得赞赏的东西，我们就可以回答“是”。也就是说，如果我们问的是，亲密关系（的能力）的值得赞赏之处是否不同于一般性的仁慈的值得赞赏之处，那么我们刚才的讨论显然指向一个肯定性的回答。不过，如果我们的问题是，这两种倾向中的一种是否在总体上比另一种更值得赞赏，那么我们刚才的讨论似乎倾向于让我们做出否定性的回答。按照我们对“做一个好的或值得赞赏的朋友，是否比做一个以好的或值得赞赏的方式对待众人的人更值得赞赏或更重要”这个问题的理解，我们不认为这两种善好或可赞赏性中的一种在直观上比另一种更高。即便我们可能会对这个结论感到失望，当我们回想一下我们的讨论，我们也会认识到，达到这样的结论是理所当然、并不出乎意料的。

“对朋友好是否比对众人好更好或更值得赞赏”这个问题与另一个更为常见的、从常识道德理论中浮现的问题很相像。这个问题便是，私人美德的道德权重或重要性是高于还是低于公共美德。即便我们不考虑本书第一部分中关于常识道德思考的那些疑难，这个问题也很难回答。功利主义可能以它自己的方式对这个问题提供某种回答——我们在后面会讨论功利主义如何解决这些问题，以及它对这些问题的解决如何令功利主义与我们的一些最深切的日常直观相冲突。不过，直观或常识道德既不明显倾向于认为公共美德高于私人美德，也不明显倾

向于认为私人美德高于公共美德。在我们按照美德伦理学视角对友谊
154 和一般性的仁慈的相对价值的讨论中，我们似乎发现，常识道德中不存在任何确定意义上的公共道德相对于私人道德或私人道德相对于公共道德的优先性。

不过，这种谁也不比谁更优先的状况让我们得以进一步讨论，出于友谊的感觉而行动与出于对朋友的义务而行动这两种行动的相对的（非道德的）可赞赏性。一个出于"探望朋友是道德义务或道德上有价值的"想法才去医院探望朋友的人向我们表明，他缺乏友谊的能力；而一个出于强烈的感情和探望朋友的愿望而去医院探望朋友的人可能不仅具有友谊的能力，而且对朋友之外的其他人也是仁慈和善意的。当我们面对斯托克的例子时，我想我们倾向于认为，在斯托克描述的那个人与那些出于友谊的感受去探望祝愿朋友的更"正常"的人在其他方面是相同的；斯托克并没有提供任何理由让我们去假设，那个仅仅出于对朋友的义务感而行动的在道德上拘谨的人会比那些出于个人关切而探望病友的人更倾向于帮助朋友之外的人。

这样，这两个假想的人之间的差别仅仅在于他们展现了不同的对待朋友的倾向。那个同情地关心自己的朋友的人在态度和行动中没有任何明显的缺陷，而那个拘于义务的人在友谊的能力上却是有缺陷的、糟糕可鄙的；因此，前一个人那里并没有任何缺陷来与后一个人的缺陷构成平衡。这样，从总体上来看，那个拘于义务的朋友与那个出于同情和爱的朋友相比看起来更加不值得赞赏、更加糟糕可鄙或更易招致批评。不过，这个比较性判断尽管考虑了相关个体的涉他方面，却不要求任何专门的道德属性或道德评价。这个判断完全源自我们的美德伦理学所能允许的那些概念与考虑。

我们刚才的讨论几乎都聚焦于亲密的个人关系上；而忽略了一个

人作为公民所具有的美德。与“做一个好的朋友是否比友善待人更值得赞赏”这个问题相互平行的问题是，“做一个好的、忠诚的、助人的本国公民，是否比博爱地待人，同等地对待本国人与外国人，做一个好的世界公民更值得赞赏”。我认为，要想表明这两者之中一个优先于另一 155
个，这将是十分困难的，正如同之前我们已经看到的，要在“做一个好的朋友”与“博爱待人”之间比较高低是十分困难的。为此，我将不会进一步讨论这个问题。

无论如何，我们已经看到我们的美德伦理学与常识道德相比，更有能力处理关于友谊的各种各样的问题。在我们评价友谊时，道德的相关性令人质疑；在我们评价公民身份时，道德的相关性也以类似的方式令人质疑。因此，我想我们有理由认为，我们最好用非道德的可赞赏性与其反面来理解好的公民身份与好的友谊。对朋友忠诚与尽心，这些都可以被褒奖、赞赏和高度评价。这种赞赏出于这样一些理由，这些理由一方面像常识道德理由一样基于涉他的现象，另一方面又与常识道德不一样、避免了专门道德概念。我相信，同样的情况也适用于作为公民的忠诚与尽心。

不过，即使我们可以说是以不同的详细程度处理了好的公民身份与好的友谊的问题，我们也还没有触及其他一些人际现象。我们还没有讨论什么是一个好父亲、好丈夫或伴侣、好女儿，也没有讨论，作为一个比国家更小的集体的成员以某些方式行事有哪些值得赞赏或不值得赞赏之处：例如，成为一个居住性社区或学术共同体中的好的或值得赞赏的成员意味着什么？一些这样的话题会产生一些我们还完全没有考虑过的问题——例如，做一个好母亲将涉及一些法定权利与义务，而做一个好的朋友则不涉及法定权利与义务。因此，当我说我相信美德伦理学进路也可以成功地处理其他这些人际关系的时候，读者最好把我的话当作关于未来的承诺。

在《道德原则与政治义务》中，约翰·西蒙斯反驳了作为公民所具有的专门道德义务，特别是，他通过这样做来表明我们并未以任何特殊的方式与我们自己的国家联系在一起。通过整体上避开道德概念，我们的美德伦理学也到达了这样一个理论位置：一方面，对于是否存在任何比义务更弱的，与公民身份和政治生活有关的道德描述，我们与西蒙斯意见不一致；另一方面，我们与西蒙斯都同意，由于不存在对国家的道德义务，“政治理论无法为我们的政治纽带提供令人信服的一般性解释”。[14]不过，这样一种看上去的意见一致其实具有欺骗性。如果我们像西蒙斯一样把“政治纽带”的概念与“和自己的国家联系在一起”的
156 概念理解为一种道义论意义上的义务，那么美德伦理学与西蒙斯在否认对国家的义务这一点上没有什么分歧。不过，还存在着一种被西蒙斯忽略了，却可以被美德伦理学利用起来的可能性：美德伦理学可能把“纽带”与“联系”当作一种非道德的，在基础层面上德性论的、清晰的伦理概念，为它们赋予意义或重要性。由于，即便在标准的道义论的道德用法中，“联系”或“纽带”的概念也多多少少是象征性的，我们可能会希望这个概念在德性论的领域中具有充分相似的对应物，以便我们能在德性论领域中为“联系”或“纽带”的概念找到(象征性的或不那么完全的)立足点。由此，我们可能希望，能找到一些(基本的)美德伦理学概念，这些概念能允许我们为道德义务、联系和纽带的概念建立美德伦理学方面的等价物。我们将在下一章中转向这一问题。

注　释

1　有人认为对家庭与朋友的具体义务在性质上稍微不同于典型的道义论义务，

如不得杀死无辜者的义务。See S. Scheffler, *The Rejection of Consequentialism*, Oxford, 1982, pp. 22n, 23n.

2 See *Methods of Ethics*, pp. 257—259.

3 See Simmons, *Moral Principles and Political Obligations*, Princeton, 1979, *passim*; and Blum, *Friendship, Altruism, and Morality*, Routledge and Kegan Paul, 1980, *passim*, esp. pp. 160ff.

4 See Simmons, *op. cit.*, pp. 198ff.; Blum, *op. cit.*, Chs. 4 and 7.

5 See his "The Schizophrenia of Modern Ethical Theories," *Journal of Philosophy* 73, 1976.

6 See, e.g., Philippa Foot's "Virtue and Vices," *Virtue and Vices*, California, 1978, p. 13.

7 *Op. cit.*, p.168.

8 我们不需要、也不想因为出于义务的行动常常被误解（比如在斯托克的例子中），就使得出于友谊的行动在道德上或美德伦理学上高于出于义务的行动。

9 在康德的著名例子中，如果一个人是因为暂时太过悲伤而无法激起太多的同情或惺惺相惜感才出于义务而行动，那么我们不应该认为他拥有任何基于义务感来对待朋友的一般倾向。布鲁姆以有趣的方式质疑了康德的"与仁慈、同情或其他这类感受相比，义务感是利他主义的更可靠的来源"这一假设。

10 不过，关于对"自觉的道德动机比同情、友谊或爱的感觉更稳定或持久"这种 157
观点的批评，see Blum, *op. cit.*, esp. Ch. 2。

11 See Blum, *op. cit.*, pp. 77, 81.

12 拉里·布鲁姆曾向我指出，他所引用的克尔凯郭尔作品《爱之工》出现于《恐惧与颤栗》之后，并可以被看作对《恐惧与颤栗》中的道德存在主义观点的一种撤回。不过，这不妨碍正文中相应的纯粹哲学观点的成立。

13 关于值得赞赏的不道德性的观念，以及对克尔凯郭尔的更多讨论，see my *Goods and Virtues*, Oxford, 1990, Ch. 4。

14 See *Op. cit.*, p.192. 158

第十章

美德、祈使句与义务性

早先我曾说过，我们最终会去考虑，一种对伦理学的基础层面上的非道德的德性论进路怎样才能容纳那些有时以（语法上的）祈使语气来表达的伦理推荐。常识美德伦理学可以很自然地被表达为一些准则，这些准则既推荐我们关心自己，也推荐我们关心他人。我希望能表明，这些准则，乃至我们所使用的祈使语气，都能恰当地与德性论的背景相协调。不过，我也想要论证，与过错与义务这样的道义论概念十分类似的概念也可以从纯粹德性论的非道德的基础上发展起来，而这种发展将允许我们为私人的或政治的联系或纽带的概念建立美德伦理学方面的等价物。

我们所描述的美德伦理学要求某种为我们所熟悉的、祈使语气的表达。通过这样的构想，我们可以部分地通过（大体上的）双方面原则或准则来表达我们的常识美德伦理学进路：为你自己的关切而行动，也为了他人的关切而行动。我们现在必须考虑，这种准则是否能以纯粹德性论的方式得到理解，或者说，我们是否能通过明确地引入那些常见的道义论概念在美德论中的对应物来为这些准则赋予意义与实质性。

或许，首先值得注意的是，像“好”这样的德性论词语通常可以用来表示赞扬与推荐。我们不需要承诺黑尔对关于“好”的陈述的祈使性分析，就能看到，像“这是个好东西”这样的短语通常被用来执行“推荐”这样的言语行为，比方说，推荐别人买某一只甜瓜，或是阅读阿加莎·克里斯蒂的某一篇悬疑作品。不过，我们可能会问，这样一个德性论的建议/推荐具有多大的行事力量，并且怀疑，这样一种德性论的推荐是否能具有我们日常使用的祈使句的那种行事力量。

不过我认为，如果这么想的话我们就搞错了方向。最有益的问题，159
不是在假定祈使句的行事力量之后去问那些使用“好”和“坏”的陈述与断言是否具有和祈使句同等的行事力量，而是去问，我们是否应该假定祈使句总是具有像命令那样大的行事力量。我们不应该被祈使句这个词的词源所误导，而忽略了语法方面语言的祈使性使用的广泛多样性；事实上，只要我们仔细留意一下这种多样性，我们就能看清楚，一些(或许多)语法上的祈使句的行事力量远远小于命令的行事力量。

当我们对一个朋友说，“快些好起来吧”还说“过一个美好的夏天”的时候，我们并不是在发出命令，而且我们看起来甚至不是在做出推荐。例如，一个说出“快些好起来吧”的人不一定是在劝说我们吃药，他可能只是在表达，他希望我们能更快地从疾病中恢复。而这些对祈使句的使用可能会让我们想起一些对“应该”的所谓“理想”用法。[1] 我们常常会发现，当我们说“我们都应该彼此相爱”或“我们不应该就这么死去”这样的话时，我们并不认为任何一个或一群人有能力做到那些我们所说的“应该”的事情，而这些对“应该”的使用往往被拿来与“应该”的另一些特定的或情境化的道德使用进行对比，在这些道德使用中“应该蕴含能够”是适用的或看起来是适用的。[2]“应该”这一理想观念表达了一种愿望、一种理想，而非一个命令或一个推荐；不过，在那些像“你应该马上回家”这样的句子中，“应该”确实表达了一种推荐甚至潜在的命令。我想说的是，在我们对祈使语气的日常使用中也存在着类似的分裂。

“为别人着想”可以被用作或被当作一个命令，不过我们没有理由认为这句话在其他情况下不能仅仅被用来表达一种说话者所支持的行为理想。由于像“值得赞赏”与“糟糕可鄙”这样的德性论词语显然都能够表达一个人的理想或最深切的价值，看起来，让德性论的美德伦理学去容纳至少一些对祈使语气的常见用法这样的做法并无任何问题。因此，我们没有理由认为，不应该用语法上的祈使语气来表达对人类行为的美德伦理学理想或标准。而且，给定我们关于“应该”的理想观念的上述观点，我们也没有理由认为不能用“应该”等词语来表述所谓的双方面原则，这种双方面原则提供了对美德伦理学观点的最一般性的（稍微有点模糊的）的陈述。

不过，此刻我怎么可以仍然用“准则”这个词来描述一种纯粹的德
160 性论进路所能允许的东西呢？如果纯粹德性论进路中的“应该”与祈使语气仅仅是在表达价值与理想，我们还能有理由地探路“准则”或“推荐”吗？不过，我已经指出，我们可以用“好”来做推荐，所以，使用德性论意义上的祈使句或“应该”来表达推荐，这样做并无问题。而鉴于前面这些讨论，我认为我们也可以以类似的方式理解德性论语境下的“准则”的用法。一个准则所劝说或建议的是一般性的东西，因此“这是一把好刀”显然不是一个准则。不过“开放式婚姻是最好的”则具有足够的一般性，能够算作准则，不过这个准则仍然只使用了德性论的评价性概念。

这些年来，那些所谓的描述主义者一直在指出，我们不可能把所谓

的评价性、情绪性或规约性力量/意义与非评价性或描述性的力量/意义分离开来。我们也可以把这些讨论添加进来，用以支持“德性论的价值判断可以构成或恰当地产生推荐、准则、表扬甚至规则”这样的想法。还不只是这样。因为，我们还可以论证说，德性论概念可以拥有一种像“(道德)义务”与“(道德)过错”这样的道义论概念那样的“要求”或“禁止”的力量。让我们看看这是怎么回事：

人们常常说，像“(道德)义务”与“(道德)过错”这样的词语至少对那些认真对待道德的人而言具有一种实践性力量和行为引导性。由此有人或许会认为，在德性论领域不可能存在这样强有力的东西。德性论领域在整体上包含道德概念与非道德概念，而初看起来，像“糟糕可鄙”与“道德上坏”这样的概念不可能拥有像正当与过错这样的道义论概念那样的引导行为的力量。不过，让我们考虑一下后两个概念。当我们说一个行动是正当的时候，我们自动地要求某个人执行这个行动了吗？当然没有。在一个给定的条件下，两个乃至更多的(彼此不相容的)行动可能都是正当的，而只要一个人知道或表达了这一事实，那么关于这几个行动中的某个特定行动的正当性的断言就不能算作一种对行动的推荐，也不能等同于在要求某个恰当的听者去执行这个行动。不过，在这种情况下像道德义务与道德过错这样的概念(为了简便起见我将只讨论过错)可能看起来比正当性的概念在引导行动的能力方面更加具有确定性。因为，至少看起来我们是绝对地禁止(例如，要求某个人不要去做)任何我们称之为过错的行动，即使我们可能会因为各个 161
行为选项同样正当而不愿意去要求某个特定的正当的行为选项。

不过，为了避免道德两难的可能性，即便是上面这个断言也要受到一些限制。在一个一般认为的两难情境中，每个行动选项都是道德上错的，并因此在某个恰当的意义上是道德上禁止或不允许的，不过一个人经过仔细的审视仍然可能发现一个相对不那么坏或最不坏的选项；由于，去推荐一个最不坏或相对不那么坏的选项显然是可能的，“某个行动是道德上错的”这样一个断言也不一定等同于绝对禁止执行这个行动，因此这个断言也并不像我们有时倾向于假设的那样纯粹地或完全地具有行为引导性。[3]

此外，鉴于上面的结论，我怀疑我们是否有任何理由认为，对（道德）过错等等的道义论断言要比对（道德）邪恶或高度的糟糕可鄙性的断言具有更强大的祈使力量。难道我们有任何理由去认为，与“x将是一个坏的行动”相比而言，“x将是一个错误的行动”会更强烈地反对行动者做x吗？对此，请考虑一下那些非道德的语境，在这些语境中“坏”和“错误”都被用来传达不同的关于行动者自己利益的建议。在这样的情况下，“做x就是一个失误”与“做x将是错误的”“做x将会很坏”相比，谁的祈使力量更大呢？

我认为，很难说。不过，如果“做x将是一件错误的事”真的比“做x将是一件坏事”拥有更大的情绪性-规约性力量，那么我们将可以合理地期待一个关于“失误”的陈述要么在力量上与上面这两个陈述中的一个相等，要么在力量上处于这两个**之间**。然而，我找不到理由去认为，我们可以让“做x将是一个失误”等同于上面两个陈述中的一个，却不等同于另一个；看起来，如果认为这个关于“失误”的陈述的力量处于上面两个陈述之间的某个确定的位置，似乎也不大对劲。实际上，恰恰相反，我认为这三个陈述都拥有大致相等的力量；所以一旦那个关于“失误”的陈述被带入讨论，我们就更容易发现，上面那个关于“过错”与那个关于“坏”的陈述之间并没有任何实质性的或直观上显而易见的力量差别。

当然，为了有意义地讨论那个关于“失误”的陈述，我们是在审慎考虑自身利益的语境下而非道德的语境下比较这三个陈述的。不过，如果对“过错”与“坏”的审慎性的使用在实践的力量方面是不可区分的，那么，认为给这两个强度相等的非道德禁令加上“道德地”这个词 162
就能让它们在力量上产生差别，这种看法就是缺乏根据的、实际上也是不合理的。

不过，先不管这些抽象的考虑，我们也可以去看看那些道义论的道德禁令最充分地显而易见的情形（也就是，那些两难的情形，在这些情形中每个行为选项都是错误的），并看看，当我们用德性论道德概念来取代道义论道德概念时，这些情形中的特定禁令的力量，以及这些禁令所导致的两难的力量是否会减弱。设想，我告诉某个人他所面临的每个行动选项都是道德上错的；如果我把我的说法改为，他所面临的每个行动选项都是道德上坏的或邪恶的，这样的改变会使这个人所承受的道德负担有任何程度的减轻吗？毫无疑问，看起来这样做并没有带来任何道德负担的减轻或撤回。我认为，这是因为，无论一个令行动者在其中无法避免不做错事的情形有多么糟糕，一个令行动者在其中无法避免不做道德上的坏事的情形在糟糕程度上也不会逊色于它。如果我们的道德感从一开始而且始终受到这样一个观念的冒犯，即，“一个人可以在自己之前并无过失的情况下进入这样一个情形，在其中她能够做的每一件事都是道德上错的”，那么，另一个观念，即，“一个人可以在自己之前并无过失的情况下进入这样一个情形，在其中她能够做的每一件事都是道德上坏的”对我们的道德感的冒犯程度也毫不逊色。[4]因此，我相信，负面的德性论概念的力量并不弱于负面的道义论概念的力量，这一点看来也同样地适用于对“过错”与“坏”这样的词语的道德使用和道德之外的使用。

因此，一旦我们看到，“对”与“错”等道义论概念并不是像我们所假定的那样与行动或对行动的推荐紧密联系在一起的，一旦我们适应了在对与错的有效标准与适合对人类行为进行实践管控的原则之间的这种功利主义区分（并且看到这一区分在常识道德中也有其位置）[5]，我们就更容易接受这样一种可能性：基于德性论的伦理观点可以构成我们的最基础性的伦理标准，但它缺乏某些引导行动的力量和日常实践的有用性。而且，进一步地，鉴于第一部分中的工作，在各种基于直观的德性论进路中，那种看起来最有可能具有这种作为伦理标准的有效性的进路是这样一种进路：它避免了道德概念与直观，而把关于美德地位与可赞赏性的判断当作是基础的。

上面所有这些都是与道义论的对与错和德性论的好与坏这二者
163 之间的基本区分相容的。看来，好与坏是相反的，对与错是相反的；而在这里，我们按照哲学讨论的惯例认为“对”是“可接受”的意思，而不是在为某个对象赋予正面价值或善好。不过我认为，这种结构性差别将会消退，只要我们想想，德性论伦理学可以容易地用“并不糟糕可鄙（或并不应被批评）”来表达正当性在它那里的对应物。当然，这样的话，德性论伦理学至少需要两个词才能表达正当性在它那里的对应物。不过，对我们研究的目的来说重要的事实是，德性论伦理学能够同时表达道义论的正当概念的对应物与道义论的过错概念的对应物。只要我们看到这一点，我们就能够理解，我们何以能从德性论伦理概念中衍生出与道义论概念相似或可以替代道义论概念的概念来。[6]

（道德）过错性的美德伦理学对应物是糟糕可鄙性或（某种恰当程度上的）可批评性。而既然正当性被看作是过错性的反面或否定，也就是说，被看作是可允许性或可接受性，看来非糟糕可鄙性或非可批评性就是（道德）正当性的美德论对应物。这样，我们现在就可以去定义“应该”“应当”和祈使语气陈述的德性论对应物了。

因为人们认为关于道德过错的断言可以用来为关于“应该”的断言与祈使句提供理由[7]，所以只要关于“某件事是错的”的断言是有理由根据的，我们就有权利宣布某个人不应该做这件事，并用语法上的祈使句来告诉这个人不要去做这件事。同理，在德性论的领域中，关于“某件事是糟糕可鄙的”的断言至少也能为那些相应的祈使句和应然性断言提供理由，这些祈使句和应然性断言与那些更常见的道义论的祈使句和应然性断言的关系，正如同糟糕可鄙性与过错性的关系。当一个给定的行动糟糕可鄙的时候，我们可以说“别做这件事”或是宣称一个人不应该做这件事；这样的说法在衍生意义或类比意义上是道义论性的，如果我们坚持认为德性论概念在基础层面是非道义论性的话。即便面对着我们早先给出的“关于坏或糟糕可鄙性的（道德的）德性论断言与关于过错性的（道德的）道义论断言具有同等的力量”的论证，上面这样一种坚持可能仍然可以被证明是正当的。不过，实际上我不太确定，一个人如何能够坚持德性论与道义论之间的区别，同时却又能假定德性论判断与道义论判断具有同等的力量；因此，尽管在这一议题上还有许多东西需要讨论，我想，鉴于上面的这些讨论，我们此刻至少需要指出这样一种可能性，即，很可能在德性论概念与道义论概念之间并没有基础性的区别。

当然，如果有这样的区分的话，我们就可以像上面所建议的那样定义和使用那些衍生性的、类比性的道义论概念。不过，如果这个区分并不显著，或至少不是基础性的，那么德性论判断仍然能产生关于一个人 164
应该做什么、不应该做什么的完整的道义论断言和完整的道义论祈使句。无论通过哪种方式，“美德伦理学**要求我们既关心**我们自己的利益与美德，也关心他人的利益与美德”这样一个先前提到的观念都具有了理论基础。而且，我们可以看到，即使像“关心别人；同时也关心你自己的福利”这样的祈使句也可以在一种美德理论的、德性论的基础上得到辩护。

更进一步的，如果祈使句与应然性陈述要么可以从德性论概念中衍生出，要么在基础层面上就可以与德性论概念融洽相处，那么或许我们还可以导出一个关于祈使句和应然性陈述的用法的一个更一般性的规范。那就是，**任何**允许足够大的范围的关于行动的正面和负面判断的评价性概念集合都可以包容衍生性或类比性的应然性陈述与祈使句，甚至实际上还允许它所特有的祈使句和应然性判断。例如，在像芭蕾舞这样的美学评价领域，一个“某种舞蹈方式是糟糕可鄙的或坏的”这样的断言可以自然地产生像“不要这样跳舞”这样的祈使句和像“一个人不应该这样跳舞”这样的应然性陈述，正如我们之前看到关于糟糕可鄙性和可赞赏性的评价可以自然地导向祈使句和应然性陈述一样。这到底是因为祈使句和应然性陈述可以轻易地从这些评价性概念中衍生出来呢，还是因为祈使句和应然性陈述本身就具有**基础层面上的自由漂浮的评价性特征**呢？我还没有尝试去确定这个问题的答案，尽管我认为这是一个值得研究的问题。不过无论如何，给定我们上面的这些讨论，我想，对于我们在第六章预先承诺的那种常识美德伦理学的“规则”，我们此刻至少已经提供了一个最终的、典范性的或基础性的说明。

完全义务在美德伦理学中的对应物是一种无论如何始终糟糕可鄙的行动。不过，和康德不同，我并没有试图论证说谎行为总是错的；说谎的糟糕可鄙性必须被理解为，在某些情形中的某些类型的说谎是糟糕可鄙的。而且，由于关于说谎的道德性的常识道德直观（关于什么情况下说谎是道德上可辩护的，什么时候不是）**或许并不能**以任何长篇的、复杂度的、限制性的陈述来编成条文，我们也没有理由去假设我们关于糟糕可鄙性的直观**必须**以这种方式被编成条文。我们仍然能够断定的是，我们的直观感知告诉我们，某些类型的行动（如说谎）是否糟糕可鄙（或是道德上错的），需要依据不同的事例而定，而另一些像慈善或 165
仁慈这样类型的行为是否值得赞赏或糟糕可鄙，则是依这个类型的全体而定。完全义务在美德伦理学中的对应物是这样一些行动或行动的种类，这些行动在依事例而定的基础上是糟糕可鄙的（但一般不是值得赞赏的）。因此，"存在一个'不要说谎'的完全义务的美德论对应物"这样的说法是在说，在恰当的类别中的每一个事例中，说谎都是糟糕可鄙的。从这样一种典范性陈述中我们可以衍生出像"一个人**不应该**在这样的情形中说谎"这样的美德伦理学断言和类似的美德伦理学祈使句。

与此相反，不完全义务的美德伦理学对应物必定要涉及"恰当的类别中的足够数量的足够权重的行动"这样一个全体性的概念。因此，美德伦理学能够允许，而且在直观上应该允许"去帮助那些需要帮助的他人"这个不完全义务的美德伦理学对应物。美德伦理学还可以宣称，如果一个境遇良好的人没有向那些需要帮助的人足够频繁地给予足够多的帮助，他没有这样做就是糟糕可鄙的。不过，不完全义务的概念也允许我们认为，足够多的善举就能够让一个人在道德上值得赞扬的；因此，不完全义务在美德伦理学中的一个合理的对应物也应该允许我们认为，足够多的善举确实是值得赞赏的。这样，我们可以以这样的方式来陈述第六章所提到的"不完全的"美德伦理学规则：如果一个人没有主动地关心他自己的福利与伦理发展，他这么做就是糟糕可鄙的；如果一个人充分地主动关心他自己的福利与伦理发展，他这么做就是值得赞赏的；如果一个人没有主动地关心他人的福利与伦理发展，他这么做就是糟糕可鄙的；如果一个人充分地主动关心他人的福利与伦理发展，他这么做就是值得赞赏的。[8]

经过这些讨论，我想现在很清楚的是，美德伦理学何以能为联系与纽带的概念提供基础，甚至直接地允许这些概念。按照我们的解释，一个好的或值得赞赏的朋友大致上是这样一个人：他（几乎）从来不会去做那些从一个朋友的角度看糟糕可鄙的事，那些作为一个朋友永远不应该做的事；这样一个朋友会为他的朋友在某些事情上做得足够多，如果一个人对这些事情做得不够多，那么这个人作为朋友就是糟糕可鄙的；这样一个朋友还会足够经常地为他的朋友做某些事情，而为朋友做这些事情是确定无疑地值得赞赏的。换句话说，他为他的朋友做了不少他（不完全地）应该为他的朋友做的事，而且没有做任何他（完全地）不应该对他的朋友做的事。联系与纽带的概念可以直接从这些关于“应该”的断言中衍生出来，因此很清楚的是美德伦理学能够为私人联系的概念提供基础。类似的推理也允许我们为政治联系或纽带的相应
166 观念提供基础。不过我想我们此刻不必给出更多的细节了。

我们现在已经看到，这种避免了专门道德判断与直觉的常识美德伦理学进路能够避免康德主义道德与常识道德在第一部分遇到的那些悖谬、不一致性和其他困难。我们也看到，通过使用美德和可赞赏性的概念，我们可以把我们的伦理思考建立在一种简洁的（即，不含冗余的）自我-他人对称的基础上。这个进路对其他人的利益与美德给予了内在性的考虑，由于这一点，它与亚里士多德主义的伦理学更加接近，而与我们在斯宾诺莎、伊壁鸠鲁、斯多葛派或尼采的美德伦理学进路中发现的那种利己主义基础不那么接近。因此，与抛弃康德主义道德和常识道德而采取一种利己主义的美德伦理学的做法相比，我们采取的是一种更加保守的方针。实际上，由于我还没有看到有任何学者想要捍卫利己主义，我一直在假设利己主义不会令我们忧虑。

不过，许多人仍然并非不合理地把功利主义看作一种一般化或普遍化的（伊壁鸠鲁式的）利己主义，而功利主义仍然令我们忧虑。此刻，在抛弃了康德主义道德和常识道德之后，我们仍然需要考虑功利主义和美德伦理学的相对价值。从现在起，我将假定，我们的主要目标是去确定这两种伦理学进路中哪种更可取，我们也将面对本书第四章所提出的任务。不过，首先我想要花一些时间来比较功利主义与美德伦理学。前面我已经以相对分离的方式描述了功利主义与美德伦理学。我想对于这二者我们可以了解到更多的东西，如果我们下面在第三部分中能弄清楚它们之间的一些最重要的不同。而这些研究将会大大有助于我们在第四部分去判断，这两种理论作为哲学/伦理学观点的相对价值。

注　释

1 See, e.g., Sidgwick, *Methods of Ethics*, 7th ed., p. 33.

2 我并未假设“应该”是有歧义的，或“应该”具有某个专门的道德含义。

3 我假定，如果某些东西允许对x的推荐，那么这些东西就不会绝对地禁止x。不过我们才刚刚触及一个复杂议题的表面。Cf. Bernard Williams, *Moral Luck*, Cambridge, 1981, Chs. 9 and 10.

4 类似地，否定使用“坏”这个概念的压倒性论题，这种做法的风险性不亚于去否定那种标准版本的、使用“（道德上）错”这个概念的压倒性论题。去想象“做一 167
件道德上的坏事是总体上得到辩护的”与去想象“做一件道德上错的事是总体上得到辩护的”一样难。

5 In *Common-sense Morality and Consequentialism* (Routledge, 1985,Ch. 4)，我论证说，一个合法地出于自卫而杀人的人不需要考虑自卫杀人的常识或直觉可允许性。当一个人的生命处于迫近的危险中时，去直接有效地应对危险而非（在任何层面上）去诉诸这么做的可辩护性/可允许性，这是可接受的。因此，关于自卫杀人的可允许性的恰当原则可能代表了关于正当或可允许的行动的有效标准，却不是一个恰当或必需的行为指导规则或实践规诫。

6 罗伯特·劳登（in "On Some Vices of Virtue Ethics" in R. Kruschwitz and R. Roberts, eds., *The Virtues*, Wadsworth, 1987, p. 69）提到了从德性论概念中衍生出道义论概念的可能性。

7 有些人认为道德断言并不能自动产生理由，而对"应该"的恰当使用逻辑蕴含了行动理由的存在。这些人可以把我关于背景/个体的观点给相对化，而错误性或糟糕可鄙性则自动地构成不去做某些事的理由。无论如何，如果我们仅仅认为某个东西构成理由，我们不需要它也构成了支持或反对行动的压倒性理由。

8 我稍微简化了问题，因为我没有区分那些足以推翻关于错、坏或糟糕可鄙性的
168 断言的东西，与那些足以辩护关于善好或可赞赏性的断言的东西。

第三部分

美德伦理学与功利主义

第十一章

还原与排除

美德伦理学与功利主义的一致性

在第一部分和第二部分，我分别给出了功利主义和美德伦理学的轮廓。这两种实质性的理论或进路都注意到了常识伦理学与康德主义伦理学的那些悖谬与困难。我还没有尝试过，现在也不准备去分析我们一直使用的那些伦理概念或词语。近年来对常识主义道义论的批评并没有把其批评建立在对过错性或义务的特定分析的基础上，也并未宣称重大的伦理学理论进展要求我们在理论化的过程中对那些我们使用的词语做出分析性定义。在这方面，我看不到任何理由去反对他们的这一方法论或假设。

近年来许多针对常识道德的批评所做的都是，对常识道德的总体形态或基础结构（在这里"总体形态"与"基础结构"的说法都是有用的比喻）进行方法论的批评：人们批评常识道德的不一致性、不对称性、不完整性、怪异性等，而这些批评都一定程度上类似于对其他领域的理论化工作所作的方法论批评。我们在批评康德主义和常识主义的道德/伦理时，在捍卫功利主义和美德伦理学的相对优点时，都遵从了这一实践方式。不过，美德伦理学和（直接）功利主义用来避免康德主义和常识主义道德/伦理的问题的方式是非常不同的。我们需要用更长的篇幅更明确地说明它们的这些差别。这两种理论中的每一种在避免我们第一部分所遭遇的那些困难并从中汲取教训这个方面实际上都
171 是内在一致的，然而这两种彼此分离的一致性实际上增加了功利主义与美德伦理学之间的巨大而显著的差别。这些巨大的差别将是本章的主要关注点。

根据第四章所提供的功利主义的构想，功利主义为所有的道德和理性/审慎的概念都提供了相似的适用性条件。通过这么做，功利主义抚平了常识思考或康德主义思考在使用这些概念时的那些变化多端的不对称性。此外，功利主义为从这些不对称性中产生的困难所提供的解决方案，与功利主义为道德运气问题所提供的解决方案十分相似——这种进一步的相似性要求我们注意。

这种进一步的相似性并不仅仅来自这样一个事实：功利主义将效用原则运用于可指责性、可赞扬性、可责备性等概念，正如同功利主义（以多少有些不同的方式）将效用原则运用于过错性、理性和义务等概念一样。通过运用效用原则，功利主义在可指责性等概念的运用方面明显地与常识直观发生了冲突，也在过错性、理性的概念的适用条件方面与常识直观发生了冲突。不过，我现在正在思考、并且接下来想要强调的那种相似性更密切地涉及两种方式之间的相似性，即，功利主义尝试解决道德运气问题的方式，与功利主义尝试避免自我-他人不对称性以及康德主义道德与常识道德为我们的亲密关系和疏远关系所赋予的不同程度的义务所产生的那些悖谬与不一致性的方式之间的相似性。

在这两个领域中，功利主义都致力于避免困难；它不是通过简单地排除掉某个词语或概念来避免困难，而是通过为这些词语或概念的适用条件提供它自己的独特构想来避免困难。功利主义的这种策略与美德伦理学处理这些困难的方式形成了鲜明的对比。功利主义先假定是诸如可指责性、(道德)可赞扬性和可责备性等概念(而非整个道德概念的类别)产生了关于道德运气的常识思考中的不一致性，而后功利主义又为可指责性等概念提供了一种新的、我们在第四章所看到的构想，这种构想试图减轻道德运气的观念所带来的麻烦。而正如我们所看到的，美德伦理学要求直接把产生了道德运气的困难的那些概念都排除掉，而非用自己的专门词汇去重写这些概念。在功利主义和美德伦理学对从自我-他人不一致性和我们在直观上对亲密者的更强的义务中所产生的那些悖谬与不一致性的各自不同的处理中，也可以找到这种“重写”与“排除”之间的差别。通过重写义务与过错的概念，功利主义 172
抚平了自我-他人不对称性，也抚平了我们对他人的差别性义务，并由此避免了常识道德与康德主义道德在使用这些概念时所面对的难题。与此相反，美德伦理学没有去重写这些产生了困难的概念，而是排除或避免了这些概念。而且，与道德运气的问题不同，那些与不对称性和对他人的差别性义务相联系的悖谬看起来毫无例外地对所有道德词语都成立。因此，这些悖谬指引着美德伦理学家排除或放弃了所有专门的道德词语，而去青睐这样一种语言：这种语言即使在日常直观使用中也能成功地避免康德主义道德和常识道德(或包含道德概念的常识伦理学)面对的那些困难。

因此，至少对我已经提到的这些问题来说，常识美德伦理学是前后一致地排除性的，而功利主义则前后一致地重写了那些产生了常识困难的概念。(后面我们将会看到，这一区分并不像我们现在看到的这么绝对,不过为了当下讨论的目的,我们可以姑且这么说。)我们还可以进一步地刻画这两种不同的一致性,而这种刻画方式最终将对我们当前的工作十分有用。这种进一步的刻画特别地涉及功利主义进路看起来所具有的还原主义特征。

例如,在重写“可指责性”的概念/词语时,功利主义把它还原为一个更加经验性的词语:一个行动的可指责性被重新理解为,存在着一种去指责这一行为的道德义务;而义务的概念又可以进一步地用效用原则来解释;而“去指责一个行为与不去指责这一行为相比,能产生更好的后果”这一事实又被最终解释为“去指责这个行为与不去指责这个行为相比,将会产生更大的总体快乐(或欲望的满足)”。由于这最终环节的断言没有使用任何评价性概念,而且大概只具有“严格的经验性的”含义,我们此刻似乎可以下结论说,功利主义为可指责性、可责备性等概念提供了一种还原主义的解释。而这与美德伦理学对这些概念的排除主义处理形成了鲜明的对比。

在对自我–他人不对称性和对他人的程度各异的义务的回应方面,功利主义也为正当性、过错性、义务、可允许性、理性、审慎和正义提供了一种还原主义解释。(在非梯度性功利主义中)义务性被还原为(导
173 向)对快乐(或幸福、偏好的满足)的最大化的生产,而后者又被等同于好的结果或效果的最大化。不需要多么具有独创性,我们就能看到,梯度性功利主义允许我们把“道德上更好”“更正义”“更理性”等比较级词语以类似的方式还原为基础层面上的(至少在非评价性意义上的)经验性概念。因此功利主义在它尝试避开或解决从对道德词语的日常使用中产生的那些困难时具有前后一贯的还原性。同样地,美德伦理学在面对同样的困难和同样的词语时采取了一种前后一贯的排除主义立场。[1]

从理论性还原与理论性排除之间的更一般的、实际上几乎具有普遍性的对峙来看，具有道德上的还原性的功利主义与具有道德上的排除性的美德伦理学之间的对峙具有特殊的意义。例如，在过去几十年间，心理实体或概念的还原性与排除性之争，是心灵哲学的核心议题之一。那些参加了争论的人广泛地承认并依从着与这两种进路相关的方法论理想或理论理想。类似的还原性–排除性争论也在许许多多其他哲学领域中发生着。(例如，数学哲学；又如，在社会哲学中，社会整体主义的反对者要么寻求把对像社会这样的东西的理论承诺还原掉，要么寻求把它排除掉。)不过，当下语境中的要点是，功利主义与美德伦理学之间的竞争或分歧从属于还原性与排除性的理论或进路之间的对峙这一更大的背景。无论我们最终如何决定这两种(剩下来的)伦理学进路的相对价值，我们的结论都将为其他哲学领域(或科学理论)中我们更熟悉的那些还原主义与排除主义之争带来一些理论后果。不过，同样地，其他领域中那些似乎能影响我们对还原主义或排除主义的选择的方法论考虑或其他考虑，可能也会牵扯到我们在功利主义和美德伦理学之间的抉择。所以，一旦我们发现了功利主义的还原主义特征和美德伦理学的排除主义倾向，我们可能就更有能力找到在它们之间进行判定的方法。而一个最初看起来十分棘手的问题可能会向某种方法论性/理论性的考虑投降；这种理论考虑可能在常识与功利主义之间的漫长争论中十分常见，但在美德伦理学的运用中却不那么常见。

在上文中，我说过功利主义以还原主义方式对待道德概念，而美德伦理学以排除主义的方式来对待道德概念。尽管这一陈述仍然成立， 174
我想值得指出的是，这两种理论之间的这一区别并没有完美地说明功利主义与美德伦理学之间的区别。功利主义把所有的伦理和评价性概念都还原为心理/因果的经验性词语；而美德伦理学在排除了专门的道德概念的同时，显然并**没有**全部地排除所有的伦理概念或实体。尽管美德伦理学中没有严格意义上的道德的理论空间，它仍可以包容像审慎、理性等概念，并把它们当作是美德，当作是值得赞赏的。而且，很可能我们会发现美德伦理学最终可以把理性和审慎的概念还原为可赞赏性（或美德）的概念与像涉己、涉他、因果性/反事实性等非伦理（即，非评价性的）概念的总和。因此，美德伦理学和功利主义在道德事实与道德概念方面展现了最鲜明的对比。而当我们谈论它们的更广泛的理论倾向的时候，“一方是排除性的，另一方是还原性的”这样的说法便是缺乏根据和误导性的了。

伦理学与心灵哲学中的还原主义和排除主义

现在，我想如果我们再次把注意力投向还原主义与排除主义之间的对比中，那种从功利主义与美德伦理学的比较中产生的对比，那种在心灵哲学中的还原主义唯物主义与排除主义唯物主义之间的对比，我们将得到更多的教益。

心灵哲学或形而上学中的两个主要类型的唯物主义分别是还原主义的同一性理论与排除主义理论。前者认为，心灵状态、过程和事件都可以被还原为大脑或中枢神经系统中的状态、过程、事件。而后者则排除了心灵的东西，认为只存在纯粹的物理或物质实体与概念，而否认任何心灵性或心理性的东西的存在，并宣布人的行为或身体动作都可以以物理现象的形式得到解释，而这些物理现象并未实现或例示任何心灵性或心理性的谓词。

近年来，有人提出了一些新的类型的唯物主义，这些唯物主义不属于上面两种中的任何一种。例如，戴维森的异常一元论，以及若干种功能主义理论。不过，为了与伦理学的情况相比较，我们不需要考虑这些新的类型。

初看起来，仅仅因为两个领域中各个选项之间的主要差别，就把伦理学中的还原主义与排除主义之间的抉择，与心灵的本体论/意识形态 175
中的还原主义与排除主义之间的抉择放在一起比较，这似乎是个错误。在心灵哲学与科学领域，还原都是通过把不同种类的高级实体等同于不同种类的低级实体而发生的：例如，疼痛被等同于C神经纤维的激活，而快乐被等同于一些不同种类的物理状态或过程。然而，功利主义的还原主义似乎与这些模型十分不同，因为它显然想要把运用于各种各样的实体的各种各样的伦理学谓词都还原为一个单一的自然属性：有利于产生总体上的快乐减去痛苦（或偏好满足减去偏好的不满足）的最大差额。因此，有人或许会认为，当我谈论功利主义的还原主义倾向的时候，我混淆了还原与统一。通过让各种各样的评价性概念都能适用同一个标准——即，一个以这样或那样的形式体现了效用原则的标准，我们可能为伦理学提供了一个值得欲求的系统统一性。不过由于不同的谓词并没有被还原为不同的经验性属性，这里的情况与心灵哲学中所面对的情况或科学理论中的还原并不相像。因此，或许我们不应该说功利主义是还原主义的，而应该把自己限制于认为功利主义具有统一性的倾向。

不过，为什么我们不能反过来，坚持认为功利主义的还原主义是以一种强烈的统一主义**联合**在一起的呢？毕竟，某些类型的身心还原论在还原的层面上要比另一些身心还原论更加具有统一性。而我们可以想象这样一种还原论：它认为某些嗅觉与某些味觉（在物理层面上）是同一的，并且因此在与常识或其他身心还原论相比时，会认为这两种现象类别之间是更加接近的。进一步地，各种形式的中心状态唯物主义在某种显著的意义上与其他更早的身心还原论相比既是还原性的，又是统一性的。德谟克利特式的身心还原论把不同的感觉和心灵功能等同于不同的身体器官，而现代还原论则认为所有的心灵和感觉功能都聚集在一个单一的身体器官或系统之中。而这所代表的不仅仅是一种空间统一性，因为，所有的心理功能都位于同一块空间里，这让我们能（更容易地）解释不同的心理活动与状态之间的依存关系，并能帮助我
176 们为心灵生活提供一个（更加）统一的、系统化的说明性解释。

在上面提到的情况中，统一性与还原性携手而行。由于功利主义把所有道德和伦理的东西都等同于一个单一的自然或经验属性，看起来我们可以恰当地把功利主义看作一种还原主义。尽管，功利主义所代表的是一个限制性的情形：对功利主义来说，统一性的方面是如此地彻底或极端，以至于它在还原性方面缺乏多样性和复杂性。不过，我们应该质疑一下，功利主义的还原主义是否真的像我们到目前为止为了论证的目的所假设的那么统一，那么稳定不变呢？功利主义真的把所有伦理的东西都还原为一个单一的经验属性吗？我认为并不是这样，现在我们该去看看为什么如此了。

首先，最明显的是，“所有的东西都被还原为一个单一的属性”这一断言忽略了功利主义一向坚持的一个区分：自身就好或坏的东西与由于其后果或效果而好或坏的东西之间的区分。如果功利主义把行为的正当性还原成某个行为所**引起**的快乐、幸福或偏好满足的净值不小于其他行为选项所引起的净值（这里所用的“引起”的概念在行为功利主义的现实后果版本与预期后果版本之间保持中立），那么功利主义显然是把内在的善好（或自身就好的东西）还原到了一个**不同的**属性，即“其总体的快乐减痛苦的净值为正”这样一个非因果性的（非概率性）

的属性。当然，这两个属性在概念上是联系在一起的（它们之间的联系的紧密程度，取决于两个因果性属性或非因果性属性之间可以有多紧密的联系），但它们之间还是有重要的不同。

功利主义可以被分解为一个（最大化式的）后果主义论题与一个（非最大化式的）对内在善好的刻画的论题（这种分解使一个在下一章将会显现其重要性的区分变得模糊了，不过现在做出这种分解仍然是有意义的）。在它的后果主义方面，它认为正当性就是（还原为）最大限度地引起某种特定的后果：引起快乐而非痛苦，引起幸福而非不幸。不过，功利主义的后果主义之所以拣选出这样一类特定的后果，是因为它对什么是善好持一种快乐主义观点，因为它接受“只有快乐（或幸福）才自身就是好的”这样一个论题，因为它把所有的内在善好都还原为净快乐（或是，快乐减去痛苦后的净值为正）。因此，我们可以看到，功利主义的还原主义并不像我们早先所指责的那么统一，那么单调。 177

不过，我们还有一些其他的、额外的理由去认为，功利主义并没有把所有伦理性和价值性的东西都还原为一个单一的属性。我们应该说说这些理由。

像我们所建议的那样，功利主义可以把审慎、理性上的可接受性、道德正当性/可允许性与正义还原为同一种经验属性。不过，在功利主义把正当性与/或理性的可接受性所还原成的东西与功利主义把道德义务和/或理性的要求所还原成的东西之间有一个细微的差别。后者，正如我们已经看到的那样，被还原为：相应行动能够引起的快乐减去痛苦后的净值比任何其他行动所能引起的都大。而前者，正如我们所看到的那样，被还原为：相应行动能够引起的快乐减去痛苦后的净值至少和任何其他行动所引起的一样大。

而且，根据边沁和其他功利主义者，特质、动机或倾向的善好仅仅在于，这些特质、动机或倾向为人类（或有感知的存在者）带来的后果在总体上有多好。[2]即便这些动机–特质功利主义与行为功利主义都最好被看作是梯度性或比较性的，前者仍然区分了对一般性的动机/特质的评价与对特定的动机/特质的评价，并把这两种评价还原为彼此稍微不同的经验性属性。对动机功利主义来说，一个特定的动机（例如，在某个给定场合中对水的欲望，与它构成比较的是在给定场合中对酒的欲望）是更好的，是说，它能引起快乐减去痛苦的更大净值。而对这种功利主义来说，某个一般性的动机或动机种类（例如，对水的欲望，与它构成比较的是对酒的欲望）是更好的，是说，它所有的实例能引起快乐减去痛苦后的更大净值。

此外，我们还没有提到哪怕梯度性功利主义也会想要做出的一个区分，即，（更大的）可赞扬性或可指责性与（更大的）道德善或道德恶之间的区分。就我们所知，一个行动是不是比另一个在道德上更好，这可以还原为，这个行动是不是能引起幸福减去不幸之后的更大净值。不过对功利主义者来说，一个行动所具有的更大的可赞扬性是由一些稍微不同的经验属性构成的，即，赞扬这个行动将比不赞扬这个行动引起幸福减去不幸之后的更大净值。最后，由于边沁和其他功利主义者
178 都区分了行动与快乐或痛苦的纯粹性、多产性和强度，我们容易看到功利主义者想要怎样来把行动或其他实体**对某个特定个体**而言的**好**（或**更好**，长期而言的好）确定或还原为，这个行动长期而言能引起这个个体的幸福（或幸福减去不幸的净值）。[3]

当然，在做出上面这些还原性的区分时，各种各样的词语以不同方式联合起来一次又一次地出现。这些区分都反对我们简单地把功利主义当作一种还原主义观点，它们也倾向于通过把功利主义与历史上的或当代的各种著名的（科学）还原主义相比较来强调和澄清功利主义的

还原性特征。德谟克利特式的原子论认为，所有的心理概念和宏观物理概念都能被还原为对原子在虚空中的运动与本性的描述。这一理论的一个目标或成就是，它减少所需要做出的描述的种类数量，由此，它所说的一切，都可以被看作是某些少数的、重复发生的概念元素（例如，形状，大小，位置，时间）的一种特殊的组合方式。而我们从功利主义中所发现的这些东西允许我们轻松地带着某种洞见把功利主义的那种导向统一性的还原主义与古代原子论进行比较，或与更晚近的那些试图把万物都还原为有限数量的物理元素或概念的那些尝试进行比较。

不过，此刻我想我们应该考虑一下另外一种反对意见，这一反对意见可以被用来把科学或身心还原论与伦理还原论区分开来，并让我们对伦理还原论的可能性产生怀疑。这种反对意见认为，评价性/伦理性词语具有一种情感性力量或意义，而事实性/非评价性词语则缺乏这种力量或意义；因此，前者无法被还原为后者，即便科学或心灵哲学中的词语能被还原为**其他的事实性或非评价性词语**。

我提到这一反对意见，不是因为我认为它特别有力，而是因为我认为有些读者可能会这么想，所以或许它值得我做出回应，哪怕只是以粗略的方式。在近期的哲学研究中，事实性与评价性之间的区分已经不像四十年前的过去那么具有严格性和排他性了。不过，即使我们承认伦理词语具有某些情感性/评价性意义，而那些在更常见的还原论中所出现的词语并不具有这些情感性/评价性意义，鉴于我们刚才的讨论我也看不到任何理由去质疑或否认，我们能够把伦理概念/判断还原为基础层面上的非伦理的、经验性的、不具有情感/评价性意义的自然概念/判断。如果对词语的还原不要求同义性（像“水是H_2O”“疼痛是c神经
纤维的激活”这样的情况显然不要求同义性），那么为什么伦理词语的 179
意义中的某个特殊的方面或特征，即，它们的评价性/情感性意义，必须

在对它们的还原中得到保留，以至于我们可以把伦理词语（如“正当”）还原为更基础的伦理词语（如“比其他选项更能引起好处减去坏处的净值”），却不能进一步还原为纯粹的自然主义的或经验性的词语，这些词语被认为不具有情感性/评价性意义（如“比其他选项更能引起快乐减去痛苦的净值”）呢？[4]

而且，我们有可能为评价性/情感性意义构造一种解释，这种解释合理地允许那些使用了带有这些意义的词语的句子具有真值条件，而一旦我们走到这一步，我们就不再有什么好的理由去认为，使用了这些词语的这些句子不可能具有还原性的真值条件。[5]最后，我想我们可以看到，对功利主义的还原主义的反对意见无法抵挡相反的论证，因此，看起来我们完全有理由接受这样一种我们先前所捍卫的对比，即，功利主义的还原主义进路与我们所发展的美德伦理学的那种排除主义进路之间的对比。[6]

不过，在说了这么多之后，我忍不住要谈一些稍微不那么哲学性的事。如果功利主义是一种还原论而非一种排除论，如果我们能够恰当地把心灵哲学中的还原论与功利主义的还原论进行比较，那么，我们就会发现一个离奇的事实。大多数澳大利亚哲学家偏爱还原性唯物主义而不偏爱排除性唯物主义，这些澳大利亚哲学家通常也是功利主义者、还是伦理学中的还原论者。这仅仅是个巧合吗？是什么原因令澳大利亚的（或其他的）功利主义者选择了还原性唯物主义，而非排除性唯物主义呢？他们中的一些人会说，这是因为前者是对心灵的更好的解释，仅此而已。然而，还有许多美国哲学家一方面是排除性唯物主义者，一方面却不是功利主义者。这些现象似乎都提示我们，在伦理学还原论与心灵哲学还原论之间似乎有某种理性的或证据性的关联。例如，我们或许会好奇，一致性是否会要求上面两个领域中一个领域的还原论者同时也必须是另一个领域的还原论者。因此，澳大利亚哲学家们既在心灵哲学中坚持还原论又在伦理学中坚持还原论的这种做法，除了在这两个领域中的价值之外，或许也体现了澳大利亚哲学的某种值得称赞的一致性。

那么，一致性是否也会要求，如果我们接受某种排除了道德的美德伦理学，那么我们也必须在身心问题上持排除主义观点呢？并非如此。如果一个澳大利亚哲学家能为心灵哲学和伦理学领域的还原论分别提 180
供独立的理由，那么他或许能够宣称，在心灵哲学和伦理学领域都坚持还原论，这种做法让他的观点具有一种额外的一致性的优点。不过，这样的话，如果一个人并无理由在心灵哲学中持有排除主义观点，那么同时在心灵哲学与伦理学中持有排除主义观点这种做法就并无特别的价值。

无论如何，美德伦理学的排除主义只是部分性的，它仅仅排除了道德概念，而身心关系的排除主义则排除了所有的心灵实体或观念。与此形成对比的是，功利主义的还原主义还原了所有伦理词语，正如身心关系的还原主义还原了所有的心灵或心理观念；因此，与身心排除主义和美德伦理学排除主义之间的联系相比，这两种还原主义之间的联系反映了一种更彻底或更理想的一致性。身心排除主义在伦理学中彻底的或理想的对应物将是这样一种观点：它否认任何伦理概念的有效性或适用性，而不仅仅是放弃了道德概念。然而，这显然不是美德伦理学的捍卫者所支持的那种排除主义，而且，尽管这种更彻底的观点可能代表了一种有趣的，甚至重要的可能性，现在还不是讨论这种观点的时候。美德伦理学具有有选择性的排除性，而不是彻底的排除性。现在，我们要尝试去理解，这种可以得到辩护的选择性排除主义与那种把所有伦理词语都还原为经验性或非评价性词语的直接梯度功利主义之间的对比；这一工作已经够我们忙的了。

不过，在我们离开这一话题之前，我要指出，在我们刚才提出的功利主义与美德伦理学之间的对比方面，还有一个相当难对付的附带性问题。我们已经说过，我们的美德伦理学排除了所有专门的道德概念/词语，而只使用像可赞赏性这样的广义上的伦理词语。不过，当我们描述了功利主义如何以一种统一的方式重写和/或还原了专门的道德概念（以及其他伦理概念）之后，我们或许会怀疑，当我们以功利主义自身的方式来理解功利主义时，功利主义是否真的使用了任何专门的道德概念。像道德上好与道德上坏这样的概念是专门的道德概念；而审慎/理性的概念（以及其他一些评价性概念）、日常的可赞许性的概念则以单一的意义被运用于多个评价的领域，并出于这个理由而被认为不是专门的道德概念。不过，功利主义把我们的审慎、理性、道德正当和正义等多种多样的日常概念都还原到一个单一的、对行动者中立的适
181 用标准。除非我们更强烈地坚持概念与构想之间的区分，我们似乎没有理由认为，功利主义保留了日常思维所使用的那些专门道德概念。

如果，对“正当性”与“审慎”的功利主义还原改变了这些概念的意义，并让它们都只具有一个共同的单一的意义，那么功利主义给我们的是一个关于正当性的新的概念，而不仅仅是一个关于正当性的新的理论或构想。这样，只要我们不去以超出必要的程度强调概念的本质性起源，功利主义所使用的正当性概念就不是专门的道德概念。虽然，功利主义是不是改变了“正当”的意义这一点并不显而易见，我认为没有理由坚持认为功利主义保留了（日常的）专门道德概念，而我们的美德伦理学则排除了这些概念。即便我们不坚持这一假设，美德伦理学与功利主义之间的差别（特别是，这两者在还原主义方面的差别）也已经足够重大了。不过，现在我们应该对功利主义和美德伦理学从一种

稍微不同的方向进行比较了；按照这个新的方向，我们将从更广泛的角度去考虑还原主义与排除主义之争。实际上，我们对美德伦理学与功利主义的讨论将大大地拓宽范围。不过，为了实现这种拓展，我们首先要认识到，在我们讨论内在善好的时候，始终存在着一些未曾处理的歧义性或模糊性。

注　释

1 较早的伦理学家等人倾向于假设，还原要求还原词语与被还原词语之间的同义性：see, e.g., W. D.Ross, *The Foundations of Ethics*, Oxford, 1939, p. 8。不过对还原的更晚近的解释不认为需要在还原前后保留意义不变：see, e.g., Hempel, *Philosophy of Natural Science*, Prentice-Hall, 1966, pp. 101—110; Stephen Ball, "Reductionism in Ethics and Science: A Contemporary Look at G. E. Moore's Open-Question Argument," *American Philosophical Quarterly* 25, 1988, pp. 197—213; and Putnam, *Reason, Truth and History*, Cambridge Press, 1981, pp. 141, 206ff。(普特南论证说，功利主义或许想要在经验基础上把道德善好等同于对最大化的总体效用的导向性，然而功利主义作为一种关于人类繁荣或道德的理论是总体上不可接受的。)

由于对"(道德)正当"的日常使用包含了一些功利主义想要批评与消除的部分，"正当性仅仅是对总体最佳后果的导向性"这种观点已经是还原性的了。"正当"的某些日常适用标准的某些方面被削减掉了，而其(从功利主义角度看 182
的)有效内核则与产生好后果绑定在一起，并以仁慈为目标。然而，这一点的发生并不要求任何向严格经验性或非评价性词语的进一步还原，不要求那种将产生好后果等同于产生快乐或幸福(或，将内在利好等同于快乐或幸福)的还原。请注意，甚至那些非功利主义的行为或直接后果主义者也会接受还原的前一阶段(在这个阶段中自然主义尚未到来)；而这种非功利主义的行为后果主义也可以寻求以自己的(有可能非常规的)方式把伦理词语等同于物理/经验/自然词语。

2 See Bentham, *An Introduction to the Principles of Morals and Legislation*, J. H. Burns and H. L. A. Hart, eds., London: Methuen, pp. 89, 100, 114f., 125.

3 值得考虑这样一个问题：如果功利主义接受一种关于道德（或外在）价值的梯度性观点，那么它是否也有理由接受一种关于内在价值的纯粹梯度性的观点，也就是说，认为快乐与痛苦可以作为内在地更好或更坏的东西来进行比较，但不能被视为是内在地好的或坏的？这一问题显然与一致性的问题联系在一起，也与对功利主义的基数度量与序数度量之争联系在一起，不过本书没有更多空间来探讨这一问题了。

4 关于对“事实性或描述性断言必须缺乏情绪性/评价性意义”这一断言的批评，see Putnam, *op. cit.*, pp. 208ff。

5 有一种关于情绪性意义的观点认为，情绪性意义是某些词语的肯定性使用的一种格赖斯式的规约性但非逻辑性的含义。See my “Value Judgments and the Theory of Important Criteria,” *Journal of Philosophy* 65, 1968, pp. 105ff. 不过，“情绪性意义不影响真值条件的存在”可以（令人惊讶地）回溯到查尔斯·史蒂文森的《伦理与语言》。

6 有种可能的反对意见认为，只有当价值判断和/或对价值判断的还原能服务于某些解释性目的的时候，对价值判断的还原才是有意义的。不过，功利主义的捍卫者和其他一些人已经对功利主义判断和其他价值判断进行了解释性使用，这部分地回应了这一批评。See, e.g., N. Sturgeon, “Moral Explanations,” in D. Copp and D. Zimmerman, eds., *Morality, Reason and Truth*, Rowman and Allanheld, 1984, Ch. 2; Peter Railton’s “Moral Realism,” *Philosophical Review*, 1986, pp. 163—207; and my “The Rationality of Aesthetic Value Judgments,” *Journal of Philosophy*,
183 1971, pp. 821—839.

第十二章
两种内在善好

我们知道，“好”这个词在不同的领域中被使用时存在歧义。当我们被告知，“艾娃是个好人”中对“好”的用法，与“他的行动有好的后果”中“好”的用法十分不同的时候，我们大概不会太费力去反对（即使在理论层面上我们可能倾向于认为“好”只有一个意义），因为我们认识到，作为（道德或其他方面的）可赞赏性的好与作为某种（内在的）可欲性的好之间有清晰的区别。一个好的、值得赞赏的人可能也是（在给定情境中，或一般而言）值得欲求的；然而，好的后果通常是指值得欲求的后果，而不是值得赞赏的后果（且不管“值得赞赏的后果”意味着什么）。当我们说，由于某个特定的决定能为所有相关的人带来快乐，这个决定具有好的或值得欲求的后果时，“这个决定具有值得赞赏的后果”这样的说法至少是十分古怪的，因为我们一般不认为快乐（的感受）是（在道德或其他方面）值得赞赏的。即使是偏好统一的功利主义也承认，在道德的或工具性的好与内在的好之间有概念上的不同，而只有后一种好才与对后果的好的讨论有关。

不过，那些让一个人过得好的东西，与那些令一个事态好的东西之间存在着区别。如果一个人从功利主义的角度看待万物，就会低估后一种东西的重要性。功利主义者是这样一种快乐主义者：他们认为个人的（内在的）利好或福利完全就是欲望满足、快乐或幸福之类的东西。不过，（在阿马蒂亚森的意义上）他们也是福利主义者，他们宣称，关于个人的利好的事实决定了相关事态的好坏程度，他们甚至还更强硬地认为，存在于某些事态中的个人的净利好的**总和**决定了这些事态的好
184 坏程度。森把这一论题称为“结果功利主义”，我只是粗略地表述了这一论题。[1]不过，对我们这里的讨论目的十分重要的是，一个快乐主义者可以不接受福利主义，更不接受结果功利主义。认识到这一可能性，我们才能认识到，存在着两种内在的好或可欲性。

尽管在其他问题上有深刻的分歧，康德和功利主义者都对个人的福利或幸福持有一种基础层面上的快乐主义观点。康德做过一个著名的区分，即das Gute（好的东西）与das Wohl（福祉、福利、幸福）之间的区分。不过他认为，后者至少在基础层面上是快乐、不快或痛苦方面的事。即便康德和功利主义者（如果我们把康德最熟悉的那些关于快乐和福利问题的著述者都算在内的话，还要加上伊壁鸠鲁）以不同的方式阐述快乐主义，并产生了各自稍有不同的观点，它们之间的共同点要比不同点显著得多。[2]不过，所有这些都不意味着康德是在“什么令一个事态或世界状态成为好的”这个问题上是福利主义者。虽然康德并未明确地，更未有意识地谈论过好的事态或它们的决定因素，我们并不难通过这些术语来澄清康德的观点。因此，当康德把个人的利好与一个不偏不倚的观察者所赞许的东西区别开来，并告诉我们，如果一个人的福利或幸福完全没有伴随着任何道德价值，上面这个观察者或法官就不会赞许这个人的福利或幸福，我们可以自然地认为他说的是，当一个

人享有个人的利好、幸福或福利，但却没有呈现任何配得上这些幸福的道德价值时，这样的事态不是好的（事情）。当康德在其他地方区分了好的东西与福利，并把前一种好赋予那些“个体与其道德价值相称地拥有的福利”的情形的时候，我认为我们完全有理由认为他敏锐地区分了“在给定的情境或事件序列中存在着的个人的福利”这样一种事实与这样一种情境（事态或事态系列）的好坏。这样，康德在什么是个人的利好方面（接近于）采取了快乐主义的观点，康德对于“什么让一个情境或事态成为好的”这个问题的观点显然与福利主义观点不相容，也与任何隐含地或明确地接受了福利主义的功利主义观点不相容。

我提到了“隐含的福利主义”这种可能性。因为，即便当我们把像边沁或西季威克这些从未明确地谈论过“好的事态”的功利主义者称为福利主义者的时候，似乎有些搞错了年代，看起来很明显的是，如果我们向他们提问，他们绝不会像康德那样说，情境或事态的好可以受到 185
个人福利之外的其他因素的影响。[3]在福利主义问题上，在功利主义者与康德之间有着彻底的分别，不管他们在快乐主义的方面有多么接近。这样一个历史性/分析性的观察将会帮助我们说明两个主要的伦理学概念之间的区别，而许多伦理学理论常常未能区分它们、在现实中混淆了它们。“好的事态”的观念到现在为止一直藏在讨论的背景之中，不过一旦我们详细地打量这一观念，并把它和个人的福利或利好的观念清楚地区分开来，还原主义与排除主义之争的议题就会得到显著的拓展，并要求我们像关注一个值得透彻研究的话题一样关注它。不过，这一会儿我们还没有处理完“区分个人的利好与事态的好”这个问题；因此，我想我们应该就此做些更深入的讨论，这样我们就能确定，当我们在假定这一重要区分的前提之下开始我们的拓展工作时，我们确实知道自己在干什么。

首先，我们可以问问自己，这一区分与另一个区分，即“内在利好或价值”和“外在的或工具性的利好或价值”之间的区分，是如何互相影响的。[4]我们提出的这个新的区分是不是从属于后面那种更为常见的区分呢？通过坚持事物自身的独立于后果的价值或利好与事物在引起有价值的后果方面的价值之间的区分，我们是不是就能让我们刚才的整个讨论变得不再神秘、甚至变得没什么用处呢？我相信并非如此。我认为，这两个区分并不完全吻合、也无法被还原为同一个区分；正是因为未能认识到这两者的差异，一些人才倾向于把事态的好与处于事态中的人的个人福利混淆起来。

尽管在许多情形中，内在的个人利好与工具性的个人利好之间的区分可能是模糊的、很难做出的，仍然有一些个人利好通常被认为对美好生活而言仅仅是工具性的，而另一些个人利好则被认为是构成个人的福利或美好生活的部分或元素。在金钱与金钱所带来的东西之间的区分，很明显就被认为是与内在个人利好与工具性个人利好之间的区别有关。对许多人来说，仅仅拥有财富这一点，甚至不能说美好生活的构成部分；相反，它仅仅是过得好的一种手段，仅仅是一种工具性的个人利好；尽管这一关于财富的假设可能比我们通常所承认的要更难捍卫[5]，它的要旨却能让我们更清楚地看到内在个人利好与工具性个人利
186 好之间的差别。

然而，遗憾的是，看清楚这一区分，并不能帮我们把好的事态与个人的利好之间的区分还原为内在利好与外在/工具性利好之间的区分。因为，内在的与工具性的之间的区分也可以被运用于对事态的评价。在评价道德价值与幸福之间的相称性的时候，康德并不是出于工具性的考虑，而显然是出于对事情自身的考虑。不过，一旦我们承认，某些事态或事件自身就是好的，我们显然也可以把某些其他事态或事件看

作是用于导向这些自身好的事态的有价值的手段。例如，如果“道德上的坏人过得不好，而且为他们的罪错而受到了惩罚”这样的事态被认为是内在地好的，那么我们就不难去认为，“某个邪恶的人因为其犯罪而受到审讯”这一事态是一个工具性的好手段，这个好手段有助于实现刚才提到的内在地有价值的目的。[6]因此，对事态的评价允许一种内在性/工具性之间的区分，而事态评价上的这一区分的有效性看来一点也不亚于内在的/工具性的个人利好之间的区分的有效性。因此，看起来很清楚的是，好事态与个人利好之间的区分不能被等价于或还原为工具性与内在性之间的那种更常见的区分。实际上，就我们在伦理学方面的兴趣来说，在某种重大的意义上，好事态与个人利好之间的区分关系到两种内在的好之间的区分。

实际上，内在性/工具性的区分与个人利好/好事态之间的区分彼此交叉这一事实可以帮助我们解释，为什么后一种区分常常被忽略或混淆。当一个人已经费了不少力气把内在利好与工具性利好区分开来之后，“存在着两种内在的好东西”这一观念就不那么容易被人发现了。“内在的好事态”这样一个清楚的、哲学上得到澄清的概念最初出现于康德的伦理学，之后才又出现于功利主义传统下G.E.摩尔的著作。这一概念历程也展现出，对个人利好与事态之好这一区分的澄清直到多么晚近的时候才变得可能。从一般性的伦理理论的角度看，这个区分是一个重要的区分，也能够用来解决许多引起争议和混淆的特殊的议题。

例如，考虑一下这个久远的、常见的问题：一个施虐狂从一个无辜的人的痛苦中所得到的快乐，是不是内在地好的？更一般地，是不是所有的快乐都是好的，不论它的后果是有益还是有害的？一些哲学家认 187
为这个问题（等价于）是这样一个问题：能否正确地把这样的快乐看作

是内在的个人利好（或是，能否认为，在不考虑这种快乐的所有的内在坏起因和坏后果的情况下，这种快乐对那些享受这种快乐的人来说是好的）。引人瞩目也臭名远扬的是，经典功利主义者愿意把这些快乐看作是自身就是好的，然而在我们大多数人中却有某种东西抵抗着这样一种看法。在缺乏个人利好与好事态之间的明确区分的情况下，这种感觉可能是作为对“施虐狂式的快乐是施虐狂的个人福利或利好的构成要素”这样的功利主义/快乐主义假设的反对而出现的。[7]如果功利主义者坚持说，当他认为施虐狂的快乐是内在地好、自身就好的时候，他已经排除了对那些可能引起这种快乐的坏品格，以及这种快乐可能对自己和他人所引起的坏效果的考虑，也就是说，他只是把“好”以独立于快乐的原因和后果的方式赋予了快乐本身，那么上面这种直观上的反对就很难得到辩护。因为，常识正是出于这种快乐的原因和效果才会毫不犹豫地反对把施虐狂式的快乐称为是好的；因此，到此为止，功利主义似乎通过指出一些被常识直观混淆或忽略了的区分，而暂时战胜了这种来自常识的反对。

不过，这种常识性的对于“把施虐狂的快乐称为内在的好”的反对可以从我们刚才坚持的另一个区分，即好的事态与个人利好之间的区分中获得助力。因为，即使我们承认，施虐狂式的快乐对施虐狂自己来说是内在的利好，是他个人福利或利好的构成要素，（通常）[8]这种快乐的**存在**（就其自身而言或就其原因或后果而言）仍然不是一件好事。也就是说，“施虐狂式的快乐竟然存在着”这样的事不是一件内在地或固有的好事，因此由“某个施虐狂感到了施虐狂式的快乐”所构成的事态是一个坏事态，而不是一个好事态，即便施虐狂自己从这种快乐中得到了个人的利好或利益。当然，一个人可能想要坚持说，在施虐狂式的快乐中，不存在任何意义上的好或利好，而好事态与个人利好之间的区分并不能帮助一个人做出这样强的断言。不过，我认为，即便是康德也不会不允许把施虐狂式的快乐当作某个人的福利的一部分。而一旦我们做出了上面这种区分，我想我们中的大多数人都会基于常识而乐于推论出，“一个施虐狂通过引起他人的痛苦来产生他自己的个人利好或快乐”这样的事是一件坏事。因此，如果我们能做出功利主义者和其他人 188
都未曾做出的一个区分，即好事态与个人利好之间的区分，那么我们就能以容易得多的方式来反对施虐狂式的快乐。

而且，这个例子也能帮助我们避免另外一些混淆，这些混淆会在我们**尝试**做出好事态与个人利好的区分时出现，而非在我们**未能**注意到这一区分时出现。无论如何，一个施虐狂所感到的快乐可以被合理地看作是这个人的一种心理/生理状态，因此，如果我们说这种快乐对这个施虐狂来说是内在地好的，难道我们不也是在说一个内在地好的事态，而不仅仅是在说一种内在的个人利好吗？泡个美好的热水澡难道不是某个个体的生活中的一连串事件吗？而这个个体的好难道不是以一系列的好的事件来实现，而不（仅仅）是体现在个人利好的层面吗？显然，如果我们要信赖我所尝试做出的这个区分的存在和重要性的话，这个区分还需要进一步的支持。我相信，这进一步的支持将来自我们在描述这一区分时已经说过的一些东西，再加上一些我们未曾提过的一些东西。

上面，我们有效地表明，说“某个人感到施虐狂式的快乐”这样的情况构成的事态内在地不好，这等价于，(1) 这种快乐的**存在**不是一件内在好的事；(2) 这样的快乐竟然存在，这事情不是内在地好的（事）。这后半句话能帮助我们区分两种东西，一种是我们想要称之为好事态的东西，另一种是像施虐狂式的快乐这样的个人状态，我们只愿意把这种个人状态称为个人利好而不愿把它称为好事态。（我们也可以以类似的方式区分“作为个人利好的事件”与“事件序列之好”，不过为了简单起见，我将只限于讨论“事态”和施虐狂式快乐的例子。）

施虐狂所感到的施虐狂式的快乐可能是一种（我们大多数人可能无法体验到的）个人利好，然而在大多数情况下，在直观上这种快乐的存在或事实并不是上面第（2）种意义上的好东西。（2）所例示的那种句式可以作为我们表达对事态的（内在的或其他的）评价的标准方式。施虐狂所感到的快乐或许能算作一种内在的个人利好，而且，由于它也构成这个施虐狂的一个状态，这种快乐或许也能算作这个施虐狂的一种个人的好状态。然而，即便如此，这种快乐的状态在我们当下的术语中也不能算作一种内在的好事态，因为，“这个施虐狂的这个快乐状态竟
189 然存在”这件事不是好的，也就是说，“这个施虐狂竟然感到了这种快乐”这件事不是好的（哪怕这个施虐狂通过这么做获得了个人利好）。[9]

因此，如果说，在某个意义上，施虐狂式的快乐是这个施虐狂的行动安排的可欲的后果，也就是说，如果这种快乐可以算作这个施虐狂成功地实现了的个人利好，那么，在另一种意义上，这个行动安排也产生了某种不可欲的后果。而在常识语言中，我们可以很合理地说，“竟然出现了这样的快乐”这样的事是不可欲的。然而，从功利主义的角度看，不仅施虐狂式的快乐是一种个人利好，而且，“这个施虐狂竟然感到了施虐狂式的快乐（也就是说，为他自己的行动导致了别人的痛快而快乐）”这样的事无论如何都不是（内在地）不可欲的。而功利主义者则接受任何关于事态的好的观点，接受福利主义和结果功利主义，并认为快乐的来源乃至特征都不能改变这种快乐所涉及的事态的内在价值，除非它们能改变事态中的快乐的数量多少。不管这种快乐来自按图钉还是来自诗歌，来自故意的施虐活动还是来自无辜的行动，都没什么不同。只有快乐、幸福或个人利好的净量或总量决定了对功利主义者来

说，某个事态有多么（比较性或非比较性地）好。而这一观点与我们关于事态的好坏的常识观点，也与康德在这一问题上的观点形成了鲜明的对比。

实际上，与功利主义者相比，康德主义关于事态或事件序列的好坏的观点要更加接近我们大多数人自然而然地支持的观点。“邪恶者未受惩罚和/或一个人享有的幸福与其美德或道德价值不相称，这不是件好事（甚至是件坏事）”这样一种想法看来既属于常识思考，也属于康德的独特伦理观点。[10]当然，如果你问一个非哲学家，问她“一个人过得幸福”是件较好还是较坏的事（而她也没有被这么简单的问题惹怒的话），她大概会毫不犹豫地说，这是件较好的事；不过，这样的回答并不是在支持“只有个人福利或利好才内在地关联到对事态的评价”这种功利主义观念，相反，它至多只表明人们在面对这样的问题时是多么地善意。这样的回答隐含地或明确地预设了（哪怕回答者并未思考过这个预设）问题中的那个人是配得上幸福的，或至少不是邪恶的或应该遭受惩罚、不幸的。如果我们明确地问，“一个像希特勒那样坏的人过得 190
幸福”是不是件好事，那么善意原则就不再起作用，而我们将得到与刚才的答案非常不同的答案。

因此，常识思考与康德的观点在评价事态的好坏方面表现得相当接近，这一点并不奇怪，如果我们想想，与它们各自与功利主义道德判断的关系相比，常识道德判断与康德主义道德判断彼此之间要接近得多。虽然我并不想说，康德捕捉到了我们关于事态的内在品质的常识思考，也不想说康德主义道德和常识道德在各个重要的方面都十分接近，然而它们至少在下面这个方面十分接近：两者在对待常识的、非后果主义的道德判断时，都把它们当作是与对事态或情境的好坏的判断直接相关的。而功利主义（在对事态好坏做出明确判断的时候）清楚且有意地避免这么做。

我们在道德上不赞成施虐狂式的快乐，也不赞成"邪恶的人未受惩罚，或过得极其幸福、满足"这样的事。看起来我们可以合理地认为，这些常识性的、非后果主义的道德判断影响着或者关联到我们的"对施虐狂式的快乐而言，感受到这种快乐是不好的；对伤害、杀死了许多人的道德恶人而言，这种人随后过上幸福生活是不好的"这样的判断。（按照一般的标准，上面这个判断等价于，"施虐狂式的快乐被感到了，或恶人竟然过着幸福的生活，这是不好的。"）[11]然而，功利主义者却认为个人利好（的净的总量）是与对事态的评价相关的唯一因素。因此功利主义赞成福利主义与结果功利主义的论题，而康德主义与常识直觉却不赞成这些论题。不过有趣的是，至少还有一个方面，康德主义与功利主义在这个方面彼此接近的程度要超过它们各自与常识伦理接近的程度。如果我们把自己限制在"生活中什么是内在地值得欲求的"这个问题上，限制在"什么东西算作内在的个人利好"这个问题上，那么经典功利主义与康德主义看来都承诺了快乐主义（或某种类似它的东西），而常识伦理则似乎允许存在若干个不能被等价于或还原为快乐或幸福的福利要素。[12]

不过，在做出这些区分与比较之后，我打算恢复对上一章的主题的讨论，考虑一下所有上面这些讨论与还原主义和排除主义之争的关系
191 是怎样的。或许，我们最好先讨论还原主义，因为，要展示出我们刚才对功利主义所做的那些讨论与功利主义的一般性的还原论特征之间的关系，这是比较容易的。

对一种明确地具有"好的事态"的功利主义理论来说，"一个行动或动机比另一个更好"这个观念可以还原为"这个行动或动机与另一个相比，能引起一个总体上更好的事态"这个观念；而这一观念又可以

通过运用结果功利主义的论题而进一步地还原为“这个行动或动机与另一个相比，能引起个人利好或利益的更大的净总量”；后面这个观念最终通过运用快乐主义论题，可以被还原为“这个行动或动机与另一个相比，能引起幸福或快乐的更大的净总量”这个观念。

这样一个更复杂的还原过程/论题具有一个有趣的副作用，因为它提示我们，一种包括了或坚持了“好的事态或事件系列”的概念的功利主义理论怎样把这个概念还原到了个人利好或利益的概念与另外一些严格地非评价性、非伦理性的概念的总和。而这为功利主义还原论增加了一个新的维度，我相信我们现在才刚刚开始探索这个维度。前面一章清楚地表明，像动机或行动之好这样的道德性/工具性概念可以被功利主义还原为利益或个人利好的净总量的概念。而在本章中我们发现的是，功利主义能够、也希望对工具性（或道德性）的“好”或“更好”、内在的个人利好或福利等这些评价性/伦理性概念之外的更多的东西进行还原。功利主义可以对内在的好事态这样的概念进行还原。不过，它并不是像在对道德上的好进行还原时那样，把内在的好事态还原为内在个人利好或利益（的正的净总量）；相反，它先把内在的好事态还原为某种包含着内在个人利好或利益（的正的净总量）的概念。而这种做法为功利主义还原论的特征增加了进一步的复杂性与新的维度。

在之前的章节，我们比较了功利主义的还原主义与美德伦理学对道德概念的排除主义。我们应该考虑一下，这二者之间的平行对峙是否在好事态这个话题上也存在着。对于好事态这个观念，我们已有的和能够想出的观点能为我们给出类似的理由，让我们把好事态这个观念从美德伦理学中排除掉，从而让这种美德伦理学不受之前提到的那些常识道德思考的困难的打扰吗？让我们能够希望和追求这样一种进

192 一步的平行对峙的，是这样一个之前已经注意到的事实：道德考虑似乎参与了我们对于事态之好的衡量标准。对康德来说，“幸福与道德价值不相称，或者（为了便于我们理解这一概念），某个比其他人更具有美德的人却比其他人享有更少的幸福”这样的事态是内在地坏的，或至少不是好的。[13]康德清楚地引入了一个日常道德或伦理思考的要素：他的这种观点在直观上是合理的，或至少并不与我们大多数人的直观相违背。因此，康德与常识思考都认为像道德价值或道德善这样的道德概念与事态的好坏内在地相关；而一种怀疑并排除了专门的道德概念的美德伦理学大概也有理由去排除掉好事态的概念。

不过，为什么美德伦理学不能像用功利主义那种还原论的方式来对待好事态的概念，把个人利好（的净总量）当作衡量事态之好的唯一标准，并由此把所有独特的、直观上的道德考虑都从对事态的评价中移除？美德伦理学并不总是要排除所有的伦理概念，那么为什么它必须排除掉所有专门的（或隐含的）**道德**概念，而不是仅仅排除掉其中的一些呢？或许，它不是必须要排除掉所有的道德概念，它可以找到某种方式来保留事态之好的概念，并对其做出令人满意的解释。不过，这并不意味着美德伦理学需要跟从功利主义的还原论路径。因为，早先我们已经看到，对直接功利主义的某个方面的承诺，会让我们有理由前后一贯地接受直接功利主义的其他方面（例如，在与审慎和理性相关的方面）。一旦我们通过接受一种对好事态的功利主义还原论的解释而把功利主义思想纳入进来，那些机敏的功利主义者就批评我们，问我们的美德伦理学为什么没有前后一贯地接受功利主义对道德好坏的还原论解释，而是排除了这些道德概念。因此，如果美德伦理学理论想要存活下来并避免不一致性的指责，我们就不应该把功利主义放进门，而事态之好的概念应该被排除掉，而不是以功利主义的方式被还原。当然，我们没有讨论另外一种可能性：某些其他形式的还原可能不像功利主义的还原那么具有破坏性。不过，我对于这种还原如何能成功还毫无想法。因此，除非我们对这种可能性有了更好的想法，我们最好坚持我们已经进行了一些详细研究的这种美德伦理学进路。

通过这么做，特别是，通过直接拒绝对好事态的功利主义还原来让美德伦理学逃脱不一致性的指控，我并不是要在美德伦理学与功利主 193
义的竞争中赋予美德伦理学以任何不公平的优势，我当然也没有因此就让美德伦理学得以免于回答一些强劲的批评。相反，这里的重点是，美德伦理学要想在理论上成功，就必须避免不一致性，正如我们早先指出功利主义需要避免不一致性一样。不过，我们将会把一种具有一致性的美德伦理学最终达到的那种总体的或更宏大的图景与直接功利主义的图景相互比较，而我们这里所说的东西并不是要为这种最终的批判性比较引入任何先入的偏见。因此，我认为此刻美德伦理学有理由去排除"好事态"这样一个具有道德色彩的概念，而非对这个概念进行功利主义还原。

不过，还存在着一种我们尚未考虑过的可能性。我们可以直接把好事态的概念保留不变，并表明：虽然当这个概念在康德主义或常识伦理中被运用时会涉及道德考虑，不过我们在运用这个概念时并不会遇到我们日常运用道德好坏的概念时的那些难题。然而，实际上很难看出，日常直觉或康德主义对"好事态"的使用合一能避免我们早先发现的那些问题。在日常直觉或康德主义对好事态这个概念的使用中，这个概念可不仅仅是边缘性地或偶然地受到道德考虑的影响。鉴于之前的相关讨论，关于事态之好的康德主义标准深受道德考虑的影响，这一点已经很清楚了。下面我们要进一步讨论一下对事态之好的概念的日常使用，从而表明，对这个概念的日常使用也被道德考虑彻底地渗透了。

我们通常认为，“某个人出于忽略而伤害了另一个人，却没有受到惩罚，或仍然过得幸福”这样的事态比“某个人出于忽略而伤害了自己，却没有受到惩罚，或仍然过得幸福”这个事态要更坏。而这样的判断清楚地指明了，对行动的常识道德评价中的自我–他人不对称性如何影响了或至少体现进了我们关于事态之好（或合适、正当）的日常看法。这些关于事态好坏的常识观点也反映了，常识道德根据他人与我们的关系远近而赋予我们强度不同的义务：即，（在其他方面相同的情况下）忽略自己的孩子的健康，看起来要比忽略邻居的孩子的健康在道德上更糟糕，而这种差别也体现在这样一种思维倾向中，这种思维倾向认为，“某个给定的人忽略了他自己的孩子的健康”这事
194 态要比“这个给定的人忽略了邻居家孩子的健康”这事态更坏。因此，到此为止我倾向于相信，我们对好事态的概念的直观运用也遭受着一些悖谬与困难，这些悖谬与困难类似于第一部分中关于行动与人的常识道德的那些悖谬与困难。如果我们在尝试发展美德伦理学的过程中有理由放弃与行动和人有关的专门道德概念，我们就有理由放弃好事态的概念。因此，我们在像对与错、可赞扬性与可指责性等专门的或更明确的道德概念那里所见证的功利主义还原论与美德伦理学排除论之间的区分在（内在的或外在的）好事态的概念方面也同样成立。不过，我们在这一领域的工作尚未结束。我想，我们应该以一种比我们已经尝试过的方式更加宏大的视野去看待还原主义与排除主义之争。要获得这样一种更宏大的视野，我们就需要在接下来的章节以一种更加综观全局的方式审视我们所使用的那些主要概念，并了解这些概念在多大程度上涵盖了或至少触及了实质性伦理理论的那些最重要持久的问题。

注　释

1 关于对这些论题的更准确的解释，See Sen, "Utilitarianism and Welfarism," *Journal of Philosophy* 76, 1979, pp. 463—489。像森一样，我将为了简单性而假设人口恒定，并忽略平均功利主义与总体福利功利主义之间的差别。

2 我描述的这种康德主义观点可以从《道德形而上学奠基》与《实践理性批判》等著作中找到。

3 把福利主义归于边沁或西季威克的做法稍微有些过时，在定义后果主义与功利主义时使用好事态的概念，这也稍微有些过时。不过，这仍然是当代人们定义与构想后果主义和功利主义的最常见方式。（See, e.g., Sen, *op. cit.* and Williams, "A Critique of Utilitarianism" in Smart and Williams, *Utilitarianism: for and against*, Cambridge Press, 1983.）G.E.摩尔尽管未曾完全明确地说过，但他在伦理学原理中似乎是第一个以好情形或好事态的产生来衡量行动的功利主义者。当然，好事态的概念可能已经隐含在好后果或最佳后果的概念中了，毕竟，好后果的概念并不完全等同于包含利好或福利的最大净总和的后果的概念。

4 为了让事情相对简单，我将不会讨论条件性利好与工具性利好之间的区分，尽 195
管我会隐含地让我的解释适应这一区分。（See C. Korsgaard's "Two Distinctions in Goodness," *Philosophical Review* 92, 1983, pp. 169—195; and my *Goods and Virtues*, Oxford, 1990, Ch. 3.）

5 关于这一点，see *Goods and Virtues*, Ch. 6。

6 善良的撒玛利亚人悖论将会引入许多问题和复杂性。我将忽略这些问题和复杂性。

7 作为这种倾向性的一个例子，see Richard Brandt, *Ethical Theory*, Prentice-Hall, 1959, pp. 315f。在勃兰特的讨论中，没有对内在好事态与内在个人利好做出任何隐含或明确的区分，而内在个人利好是讨论的唯一关注点。相反，森在前引著作中用这类例子来区分对个人利好（的总和）的评价与对事态的评价。

8 之所以增加这一限制条件以及随之而来的东西，是为了允许这种可能性：施虐狂对于某个他人的微小痛苦可能感到了足够大的快乐，而这总体上可以被算作一个好事态。一个人可能会（出于常识）否认福利主义，却承认个人利好（的数量）总是能正面地影响包含它的事态的善好，甚至能压倒“这种个人利好是施虐狂式的”这一事实。关于这一点，我要感谢一位匿名评审者。

9 好事态与个人利好之间的区分，并不是仅仅靠说明个人利好是相对于个人的就能得到澄清。因为我们可以用“某种情况是好的”这种方式来进行表达，并且以从物的方式评价“某个实体x境遇良好”这样的事态。例如，参见上面注释8末尾的肯定句。

请注意，“对施虐狂而言，感到施虐式的快乐是好的”这句话具有潜在的歧义：一种含义是“施虐式快乐构成了施虐狂的个人利好”，另一种是“施虐狂感到了施虐式的快乐，这是好的”。这种歧义部分地解释了，为什么许多能从这一区分中获益的哲学家竟然忽略了好事态与个人或生活利好（个人福利的要素）之间的区分。

10 一些康德之前的思想家也表达了与康德的“道德应得与幸福之间的不相称是不可欲的”观点相类似的观点。See Samuel Clarke's *A Discourse of Natural Religion* in D. Raphael, ed., *British Moralists: 1650—1800*, Oxford, Clarendon, 1969, esp. p. 193.

11 前一双引号中内容的原文是“it is not good for …”本处引号中内容的原文是“it is not good *that* …”作者在这里强调的是，日常在使用“it is … for …”和“it is … that …”这两种结构时，所表达的是同一个意思。——译注

12 See *Goods and Virtues*, Ch. 6.

13 在美德（或道德应得）与幸福之间存在着序数性联系，仅当，对任意两个人x与y，x（长期而言）比y更幸福当且仅当x（长期而言）比y更有美德。在美德（或道德应得）与幸福之间存在着基数性联系，仅当，可以用不同的数值来表示不同个体的美德与幸福，而且，幸福的数值与美德的数值之间是相等或成比例
196 的，这种相等性或成比例性可以被用作涉及幸福与美德的事态的好坏的一般看法的基础。还有一种更简单，但比序数性关系更丰富的可能性：对给定的人而言，其幸福程度与有美德的程度之间等价。如果每个非常有美德的人都非常幸福，而每个稍有些坏的人都稍有些不幸福，等等，那么这就构成（最）好的事态。关于对康德这种观点的更详细的讨论，特别是对最高善的讨论，see L. W. Beck's *A Commentary on Kant's "Critique of Practical Reason,"* University of
197 Chicago, 1963, pp. 246f., 268f。

第十三章

还原与提升

伦理学的主要概念

我们在本书中使用的伦理概念可以方便地、实用地分为五个类别。我们谈论并大量使用了**道德概念**，我们也谈论并使用了**理性概念**，即涉及从实践理性的角度对选择、行动和其他实体进行评价的那些概念；理性概念包括审慎、理性可接受性（或理性要求），选择的好或坏，以及行动的理由的观念。当然，人们可以以若干种方式批评任何对理性评价和道德评价进行区分的尝试。有的人或许会说，道德词语并不独立于理性评价的词汇，而是代表了理性评价词汇的一个特殊的子类；或者，有的人或许会说，真正基础性的区分不是道德概念与理性概念之间的区分，而是一方面的理性与道德的德性论概念与另一方面的理性与道德的道义论概念之间的区分。不过，我不准备参加这些争论，相反，我愿意后退一步表示，我并没有断言我所做出的这些概念区分是终极性的，而且我在“对道德概念的恰当使用是否自动地提供了行动的理由”

这样的问题上也保持中立——那些认为道德概念只是理性概念的一个子类的人不妨把我做出的这个区分看作是专门的道德方面的理性概念与那些道德上中立的或无明显道德特征的理性概念之间的区分。

不过，我们也使用了一些既非理性概念也非道德概念的伦理概念。在这些概念中最重要的是美德的概念，可赞许性的概念和它们（在数量和正负方面的）反义概念。因为美德的概念大体上等同于值得赞赏的
198 品格特质的概念，而那些对品格和其他个人特质之间的区分感到怀疑的人可能仍然想要把美德等价于（某些种类的）值得赞赏的个人特质，所以看起来美德这个伦理概念可以被还原为可赞赏性的概念和另外一些像品格、特质这样的仍稍有争议的概念。因此，我认为，**可赞赏性**的概念与类似概念代表了我们所使用的伦理概念的第三个类别。

剩下的两个类别实际上是我们在上一章所关注的两个类别。个人福利或福祉的概念，个人利好或**某个**个人利好的概念，“某个人的生活中事事顺遂”这样的观念，以及，好生活或值得欲求的生活的概念；所有这些概念似乎都自然地聚集在一起，我们可以认为它们属于一个共同的类别，而我们可以方便地把这个类别称为**个人利好**的类别。而正如我们刚刚看到的，这个类别、这个概念的集合既与道德概念的类别不同，也与我们的第五个主要类别，即，那些用来评价**事态**、事件序列等的概念的类别不同。[1]

功利主义的一个主要的说服力或吸引力是，它让我们能够把上面提到的五种类别都还原为这些类别中的一个类别加上某些恰当的因果论概念、整体-部分论概念和其他方面的概念的补充。[2]功利主义作为一种关于对与错、义务与准许的观点，允许我们把它所有的术语都还原为“产生或导致好的事态”这样的观念，而后面这个观念及其同类又可以被还原到个人利好这个类别。（正如我所提到的，这种还原即便不通

过“好事态”的观念也能有效地实现，不过根据功利主义，“好事态”的观念也可以被还原为关于个人利好的观念。)[3]此外，我们在第四章中看到，一个一致的直接功利主义观点有理由用它对待道德词语的类似方式来对待理性词语，因此，像“审慎”“理性地可接受”与“好的选择”这样的概念也都可以被功利主义地还原为个人利好的类别加上非评价性概念。[4]对功利主义来说，美德的概念等价于好的品格特质（或性格特质）的概念，而后一个概念又可以还原为“能引起个人利好或利益”的观念。品格的可赞赏性与卓越大概地等价于品格的好，因此对功利主义来说，品格的可赞赏性与卓越也代表了一种像其他评价性概念一样可以被还原性处理的评价性概念。只要功利主义想要使用这些概念，这些概念也能被还原到个人利好的伦理类别。

此外，正如我们已经提到的，功利主义认为个人利好的类别可以进一步还原为像偏好满足、快乐/痛苦这样的经验性或非评价性的概念。因此，上面所划分的五个类别，再加上前几章的讨论，都向我们展示了 199
功利主义怎样把所有的伦理概念都还原为了可以被自然主义地理解的概念。因此，这种囊括主要的伦理概念并把它们都还原到一个单一的种类的能力再一次地向我们展示了功利主义伦理进路的统一性力量，而且这次的展示让我们更加印象深刻，因为它表现出了比我们之前所见的更大的普遍性。正如我们刚才所标明的，在功利主义中，这种统一性力量是与一种强有力的还原主义方法联合在一起的，而这种还原主义方法能够把伦理价值或评价的整个领域都兑现成自然主义的或非价值的形式。

对比一下美德伦理学的进路。后者排除了专门道德概念，也排除了对事态的好坏、更好或更坏的评价。[5]虽然，它可能最终能够把所有的理性概念都还原为一种特殊的可赞赏性，但是我们早先也指出过这样一种直观可能性：美德或值得赞赏的特质所具有的地位并不能被归因到这些美德或特质为其拥有者或其他人所带来的（个人）利好；这种直观可能性指示我们，常识美德伦理学的还原能力可能远远小于功利主义的还原能力。即使我们假定能把理性概念还原到可赞赏性方面的概念，当所有类别被还原得只剩下可赞赏性这个类别和个人利好这个类别的时候，还原的过程也将无法继续。因此，此刻，考虑一下我们之前做出的那些关于“什么直观上能算作值得赞赏的品格特质”的假设，看起来功利主义与美德伦理学相比具有理论性或方法论性的优势。美德伦理学尽管排除掉了一些伦理类别，却似乎为我们留下了可赞赏性与个人利好这两个终极性的伦理类别；而功利主义不仅能把它所有的伦理类别都统一到一个单一的伦理类别之下，而且能把这个单一的类别（当然同时也是把还原之前的全部五个类别）还原成自然主义的或非价值性的形式；功利主义认为，这些自然主义或非价值性的概念构成了所有能有效运用的伦理概念的基础。因此，从理论建构的角度看，功利主义似乎相对于美德伦理学而言具有清楚的优势。除非我们能找到一些青睐美德伦理学的反制性的理由，美德伦理学将在与直接功利主义的比较中将无法比得过对方。

不过，我相信我们有足够多的反制性的理由。而我将指出的第一个理由关涉到我们所做出的这样一个假设：由于美德伦理学没有能力作进一步的排除或还原，美德伦理学的（至少）两个终极性的伦理类别
200 将始终存在，并因此而在功利主义面前保持劣势，因为功利主义能把所有伦理概念都还原到个人利好这个单一类别。实际上，还存在另外一种我们未曾提到的把类别和概念统一起来的方式。我将展示，美德伦理学在原则上能以一种不同于还原的方式把它所有的伦理类别都统一到一个单一的类别。在下一部分我将通过使用一些往往与伊壁鸠鲁主

义和斯多葛主义联结在一起的区分，来澄清上面这个模糊的说法。早先，我曾断言我们可以认为利己主义无法成为成功的伦理理论。不过，即使我们不需要把伊壁鸠鲁主义和斯多葛主义看作我们所关注的这些大型伦理理论的竞争者，我们可能仍有一些理由去关注它们。在接下来的部分，我希望能展示出，斯多葛主义和伊壁鸠鲁主义之间的古代对峙的某个相当为人熟悉的方面能够让我们发现一种新的可能性，一种能为美德伦理学带来统一的可能性。实际上，如果我们能适宜地描述这两种伦理教义的分歧在哪里，我们将能更好地看清楚，在功利主义与常识美德伦理学之间的抉择意味着什么。

斯多葛式提升与伊壁鸠鲁式还原

我们会很自然地把快乐与个人利好之间的等同（identification）看作一种还原，因为我们会很自然地认为，价值属性**依随**于**构成其基础**的世间万物的自然状态与关系。当然，还原也会在伦理学之外发生，而当我们谈论把有机结构还原到无机结构，或把社会还原到它的个体成员时，我们所想到的似乎是事物与它们的构成部分或底层结构之间的关系。在其他一些情形中，还原与还原主义则与部分-整体关系、结构的观念没什么关系，而是（比喻性地或类比性地）关涉到高级事物与低级事物之间的联系。例如，当我们说弗洛伊德试图把所有更高级的活动与抱负都还原为纯粹的性欲的时候（或者，当阿德勒把所有高级活动都还原为对权力的欲望的时候），就反映了这种高低之间的联系。我认为，当我们谈论把某些价值属性还原为经验性或自然主义的可理解的属性时，关于高与低的这种观念或比喻也在起作用。因为，在日常生活中当这种还原尚未发生的时候，价值的领域被认为是比（非评价性的）

事实的领域更高，或者说更具有理想性，因为价值的领域涉及了对“什
201 么是理想的”的衡量。

不过，即使在价值领域之内，我们有时也可以区分较高的和较低的。例如，唯美主义与道德主义之争在基础层面上是这样一个（需要详细说明的）问题：美学价值与道德价值二者谁的地位更高。在我们提到的五个概念种类或类别中，直观上似乎也有较高和较低之分。或许，在高低差别中，最明显和最强有力的是差别是美德与个人利好之间的差别。有些有利于美好生活或是构成某些幸福的要素的东西并不涉及其拥有者的任何特定的美德。具体而言，一个人享受着或有能力享受玩保龄球、打高尔夫球、蒸桑拿浴、吃中餐等这样的事实中并不存在或不一定存在着任何值得赞赏的东西——尽管实际上某些这样的活动可能实现得更好或更糟、更值得赞赏或更不值得赞赏，我们一般认为是行动者在这些活动中的享受构成了他的个人利好的一部分，而这种享受独立于这个人在活动中的技艺高超或精湛程度。

纯粹的享受、纯粹的乐趣自身并不被认为是值得赞赏的，也不被认为美德或某个特定美德的构成要素。因为某些人类特质不仅被欲求、而且被赞赏，而另一些特质则仅仅被欲求，所以我们倾向于认为某些美德与其他值得赞赏的特质（小提琴演奏能力可能被认为是值得赞赏的，但不被当作美德）要比某些享受更高级，尽管这些享受是个人利好的构成部分、尽管它们自身是值得欲求的，我们却并不认为那些拥有这些享受的人是值得赞赏的。换句话说：我们关于什么是值得赞赏的、什么是美德的观点是我们的一种理想，而当我们变得慷慨或明智，我们一般会被认为是实现了某种现实或可能的品质或人格的理想。然而，对于各种各样的享受以及获得这些享受的能力，我们一般并不这么想。我认为，这些差别让我们中的大部分人感到，与那些仅仅是值得欲

求的个人享受相比，个人的值得赞赏的方面或美德具有或者代表了更高的价值。[6]

这样，当我们尝试去仅仅用“能因果地引起人们的快乐享受（和/或其他一般不被认为值得赞赏的个人利好）”来刻画人类美德时，这种尝试看起来是还原性的。虽然，给定我们已有的讨论，很明显功利主义在这个意义上是还原性的，不过功利主义通常更多地关注对行动的评价而非对美德的刻画。[7]与此相比，伊壁鸠鲁主义在很大程度上被看作 202
一种美德伦理学，而后者具有与功利主义相同的关于美德的还原主义倾向，尽管功利主义作品中并不经常现实地展现出这种倾向。我们还有另一个理由让我们暂且把注意力投向伊壁鸠鲁的还原论，而非功利主义还原论。我找不到任何一种当代伦理理论与功利主义具有斯多葛主义与伊壁鸠鲁主义之间的那种关系。然而我认为，伊壁鸠鲁主义与斯多葛主义之间如此鲜明而彻底的针锋相对，这一事实或许能帮助我们发现一种方式，通过这种方式，非利己主义的美德伦理学有能力以一种像功利主义那样彻头彻尾的方式把我们的几个主要伦理类别统一起来；如果不去思考这两种古代思想的这种对峙，我们可能就无法发现这种方式。

让我们先更具体地考虑一下伊壁鸠鲁主义的还原主义。我们假设，在某种直观意义上，那些涉及可赞赏性或美德的概念要比那些围绕着个人利好或福利的概念更高级。与这种假设相关地，伊壁鸠鲁主义断言美德仅仅是指向快乐的（一定程度上有效的）手段，或更准确地说，美德是让人免于痛苦的手段；通过这种断言，伊壁鸠鲁主义把更高级的东西还原为较低级的东西。尽管我们所谓的社会性美德或涉他性美德在伊壁鸠鲁主义那里也具有重要的位置，伊壁鸠鲁主义在基础层面上仍然是一种利己主义学说，它对任何给定个体的美德的衡量标准是，是否有某些特质或行动倾向于使这特质或行动的拥有者受益。不过，像功利主义一样，（粗略地）说伊壁鸠鲁主义认为利益与个人利好可以被还原兑现为快乐主义的词语。因此，最终，伊壁鸠鲁主义的个体的美德是那种长期而言倾向于让其拥有者远离（若无这美德就会遭受的）痛苦的东西。[8]

这构成了一种对美德的工具主义构想。这种构想与那种认为某些品格特质自身就好，在不考虑对其拥有者或其他人的好处的情况仍然好的观点恰恰相反。功利主义者是因为仁慈对总体的人类福利有好处，而非因为仁慈作为一种动机的内在特质，才认为仁慈的情感是一种好动机，或具有美德的地位。[9]同样的，伊壁鸠鲁主义也认为，像温和或诚实这样的“更高”的或“值得赞赏”的特质之所以能具有美德的地位，是因为它们因果地导向其拥有者的个人利好或痛苦的免除。不过，和功利主义的情况一样，让伊壁鸠鲁主义成为一种还原主义观点的，并
203 不是或并不仅仅是它的工具性特征。例如，如果一个人认为，只要一些特质能让其拥有者沉思善的理念，这些特质就能算作美德，那么这个人就持有一种因果性/工具性的美德观（我可没说这是柏拉图的美德观）可是，这样一种美德观将缺少伊壁鸠鲁主义和功利主义的那种还原论特征，因为我们会很自然地认为，对善的观念的沉思是一种理想的或值得赞赏的状态或活动。只有当一个理论既具有工具主义特征，又把那些需要分析或解释的状态、活动、特质、事实分析成一些比原来更低级的状态、活动、特质、事实的时候，我们才能合情合理地把它当作一种还原主义理论。当然，功利主义和伊壁鸠鲁主义都同时具有这两个特征，因此我们可以恰当地认为这两种伦理学进路都具有还原主义的目标。

那么，斯多葛主义是什么样的呢？我们为什么认为它在基础层面上与伊壁鸠鲁主义相反呢？它与伊壁鸠鲁主义相反的地方显然不在利

己主义的方面，因为这两种学说都是利己主义的。那么它们到底在什么地方彼此相反呢？此刻，一个明显的回答是，斯多葛主义不像伊壁鸠鲁主义那样是还原主义的。不过这个回答并不太令人满意。因为各种各样的关于美德的日常观点——例如，像前面所提到的，不是所有的美德在直观上都等于（为其拥有者或其他人）产生好后果方面之类的——似乎都否认或违背了伊壁鸠鲁主义与功利主义，但这些日常观点并不像斯多葛主义那样构成了伊壁鸠鲁主义（甚至功利主义）的**对立论题**。“不把美德还原为个人利好，而是认为美德与个人利好是互相不可还原的两个类别”，这样的日常观点显然不是还原主义的对立论题或反面，显然不是某种与伊壁鸠鲁主义的方向完全相反的理论过程或方法。我认为，与伊壁鸠鲁主义的方向完全相反的理论恰恰是斯多葛主义。伊壁鸠鲁主义（或功利主义）从高级的东西向低级的东西移动，而斯多葛主义则从低级的东西向高级的东西移动；后面我将详细讨论斯多葛主义的这种移动方式，不过，此刻我们只要假定这样一种移动过程或方法是在智性上可以理解的，我们就能看清楚，这种移动过程何以不仅仅是对伊壁鸠鲁主义和还原主义的否定，而且构成了一种真正能作为伊壁鸠鲁主义的对立论题的伦理学进路。

就我所知，下面将要描述的种种从下到上的移动过程还未被命名过。不过，既然还原主义似乎蕴含着从多到少或从高到低的意思，或许我们可以用“提升主义”来表示任何一种从低到高、从少到多的明确或隐含的主张。我们可以认为斯多葛主义体现了提升主义，因为它把人 204
类福利或个人利好等同于某些直观上理解的人类美德的理想。对斯多葛主义来说，美德是人的福利的精要：为了过得好或拥有美好生活，我们不需要任何美德（或依照美德、理性或自然而生活）之外的东西，而任何不能促进我们的美德的东西也对我们没有任何真实的好处。一个缺少财富、朋友、身体愉悦与健康的有美德的人仍然可以过得极好，因此，斯多葛主义对人的福利的看法与我们的日常或常识看法十分不同。在常识看来，美德可能构成了美好生活的要素，不过某些享乐与能力可能既不值得赞赏，也不是导向任何值得赞赏的东西的手段，但同样也是美好生活的构成要素。不过，斯多葛主义否认这些所谓世俗的、感官的利好构成了内在的个人的善好，它甚至怀疑这些东西在工具性意义上是好的，因为它怀疑这些东西并不总会促进那些享受它们的人的美德。因此，关于斯多葛主义和伊壁鸠鲁主义对个人利好与美德的关系的处理。我们可以做出如下的对比。

通过认为美德仅仅是"引起个体的福利或幸福"之类的东西，伊壁鸠鲁主义紧缩贬低了我们关于美德与可赞赏性的观念。按照伊壁鸠鲁主义的解释，那些一般被认为比个人福利更高级的东西实际上与那些关于人的福利、其原因与后果的事实属于同一类、处于同一等级。

不过，与把美德/可赞赏性还原为个人福利（或幸福）这种做法相反，斯多葛主义通过认为个人利好仅仅是"构成或引起人的美德或可赞赏性的东西"，夸大赞颂了我们关于个人利好（或福利、幸福）的观念。按照斯多葛主义的解释，那些一般被认为比美德（的理想）更低级的东西实际上与美德属于同一类、处于同一等级。如果说对伊壁鸠鲁主义来说，美德仅仅是个人利好或幸福的一种影响因素，那么对斯多葛主义来说，幸福或福利仅仅是美德或有美德的生活。这种反差可以让我们明白，如果我们把伊壁鸠鲁主义看作一种还原主义的话，我们就应该把斯多葛主义看作一种提升主义。[10]

重要的是，我们要清楚，还原与提升各自是什么意思。我不认为这两个方法/过程中的任何一个是意义保存性的，或必然是非经验性的。不过我可以想象到，有人会问我，为什么我非要引入一个新的名词来为

我们所熟识的还原的逆向过程命名。这个问题体现了一种混淆，因为 205
提升并不只是还原的逆向过程。“还原主义把美德还原为个人福利，而与此同时我事实上在把福利提升为美德或可赞赏性”这样的说法并不成立。因此，我们确实需要引入一个新的名词和新的关系，如果我们想要理解斯多葛主义和伊壁鸠鲁主义（或功利主义）之间的差别的话。或许，我还需要说得更详细一些。

有时候，还原的观念，即，那种把某种实体还原为另一种实体的想法，可以通过把某些**区分**还原为另外一些区分而得到澄清。如果心灵的东西可以还原为物理的东西，那么每一个有效的心灵区分都可以被还原为（或等同于）某种以物理形式做出的区分；因此，在那些不存在任何物理区分的地方，也不会存在任何心灵层面的区分。不过，请注意，所有这些都并不能推导出，每个物理区分都伴随着某些心灵性的区分。只要我们把心灵事物看作物理事物的某种函数，那么即便不存在任何从心灵事物到物理事物的函数，心灵事物与物理事物之间的还原关系仍然可以成立。因此，简要地说，我们可以把通常的从心灵事物到物理事物的还原描述为这样的断言：对心灵区分的存在而言，物理区分是**必要但非充分**的条件。

同样地，当伊壁鸠鲁主义者（或功利主义者）把美德还原为福利时，它认为所有的美德或可赞赏性方面的区分都伴随着关于个人的福利或幸福的（因果性、关系性与其他的）事实方面的区分。不过它不需要认为，每个与福利的产生有关的区分（例如，关于某个特质倾向令**哪些人**获利这个方面的区分）都伴随着或产生了美德方面的区分。当然，仅仅这些并不能算作还原，除非我们也在直观上认为，那些总是伴随着福利方面区分的美德方面的区分要比福利方面的区分更高级；我们会谈论从心灵事物到物理事物的还原，恰恰因为心灵事物似乎比物理事物更宏大,或许更高级。

那么,是什么把某类事物或概念提升到另一类事物或概念呢?这实际上和把某类事物或概念还原为另一类事物或概念十分相似,而差别在于,在提升的过程中,我们是把事物从较低的地方移动到较高的地方。也就是说,在把a提升到b的过程中我们对a所做的事,与把b还原到a的过程中我们对b所做的事是相同的,唯一的差别是,在这两种情况中,b都比a更高级。用非常简短的话来说,提升并不是还原的逆向过
206 程,因为提升与还原在本质上是同一种关系,二者的区别仅仅在于二者所移动的项目的等级"高度"。

当斯多葛主义者把个人利好提升为有美德或值得赞赏的东西时,他便承诺了,前一个方面的每一种区分都可以用仅仅涉及后一方面的区分的方式来对待;而当伊壁鸠鲁主义者把美德还原为福利时,他也承诺了,前一个方面的每一种区分都可以用仅仅涉及后一方面的区分的方式来对待。在这两种情况中,唯一的区别在于"前一方面"与"后一方面"的各自的**高度**。在提升中,与较低级者有关的区分总是能关联到与较高级者有关的区分,但反过来未必成立。在还原中,与较高级者有关的区分总是能伴随着与较低级者有关的区分,但反过来也未必成立。

而这就让我们能够清楚地看到为什么提升不是还原的逆向过程。如果提升是还原的逆向过程,那么,一方面,以斯多葛主义的方式来提升个人福利或幸福,将会涉及以伊壁鸠鲁主义的方式来还原美德,这样每个斯多葛主义者同时也是一个伊壁鸠鲁主义者。这个结论是荒谬的;另一方面,我们也可以看到为什么提升不是还原的逆向过程,如果我们能想清楚,"那些作为另一些区分的必要条件的区分"与"那些作为另一些区分的充分条件的区分"之间的区分。当我们把较高的b还原为较低的a时,b方面的区分必定伴随着a方面的区分,但反过来a方

面的区分未必伴随着b方面的区分。接下来，考虑把较低的a提升为较高的b。当这种提升能成功地实现时，所有a方面的区分都将伴随着b方面的区分，但反过来b方面的区分未必伴随着a方面的区分。然而，当b方面的区分并不伴随a方面的区分时，这就与“较高级的b还原为较低级的a”的断言相矛盾了。因此，现在很明显的是，还原并不是上升的逆向过程。在提升过程中，较低级者（按照我们的日常直觉）被向上提拉到了（固定不变的）较高的水平，而这显然并不要求（甚至也不允许）较高级者能被向下拖拽到（固定不变的）较低的水平。因此，提升与还原看起来是把概念与实体带向了不同的、实际上相反的方向。而通过引入这种提升与还原之间的区分，我们可以理解和进一步阐明，斯多葛主义与伊壁鸠鲁主义这两者的这种彼此相反、互为对立命题的特征的直观哲学意义。 207

这一区分的用处不仅限于这个特殊的议题。这一区分具有广泛的适用范围，并可以超出伦理学的限制。例如，考虑早先提到的，从那些关于社会的事实到关于个人的事实的还原。这种关于社会的还原论有时被称为个体主义。不过，我们也可以想象一种对个人与社会的关系的相反观点，即，个人仅仅是他作为其中一员的社会的有机整体的一个微小的部分。通过采取这种强的理解，有机主义并不仅仅是对个体主义的否定：这种有机主义涉及把个体的东西提升为社会的东西，正如同它的对立论题个体主义把社会的东西还原为个体的东西。在这里，提升也不是还原的逆向过程。相反，它们是两种彼此竞争的可能性，是关于事情是什么样的两种彼此竞争的构想。正如存在着提升性的斯多葛主义与还原性的伊壁鸠鲁主义之争一样，在社会理论中也存在着提升性的有机主义与还原性的个体主义之争。还存在着许多其他的领域，在这些领域中提升主义进路与还原主义进路互相冲撞竞争。（我忍不住要说，如果同一性理论是一种关于身心关系的还原主义观点，那么贝克莱的主观唯心主义、黑格尔的唯心论、现象主义这些都在不同程度上代表了身心关系的提升主义观点。）关于各种还原主义之间的哲学关联，已经有许多研究。同样值得研究的是，某个领域中在提升与还原之间的抉择与其他领域中提升与还原之间的抉择之间是否存在着理性的关联。不过，本书不是在研究这个；我对还原与提升之争的研究将只限于这一问题与美德伦理学与功利主义二者的相对价值的关联。

我们已经说过，功利主义是一种还原论，而且我们也提到，功利主义还原论分成两步。首先，道德断言和其他评价性断言（直接地或经过“好事态”的概念的中介）被还原为关于个人福利或利好的断言与区分；而后者又进一步被还原为关于快乐与痛苦、幸福与不幸或偏好满足与不满足的事实。显然，如果伊壁鸠鲁主义是从直观上更高的东西移向了更低的东西，那么功利主义也是如此，因为它认为所有的美好的品
208 格或动机都仅仅是“引起个人的福利或幸福”方面的事。这样一种多步骤的还原过程允许功利主义把所有伦理概念都统一在个人利好这个单一的伦理类别之下。与此相反，我们也看到，美德伦理学尽管排除了一些伦理类别，又还原了另外一些伦理类别，却没有能力对个人利好与可赞赏性（或美德地位）这两个类别作任何进一步的统一。

这是否意味着美德伦理学必须接受二元性，只有功利主义才能因为具有一个单一的基础性的伦理类别而达到一种值得欲求的统一性呢？鉴于我们对斯多葛主义和提升的讨论，我们可以说，并非如此。提升让斯多葛主义能够把个人利好与有美德的或值得赞赏的东西统一起来，正像伊壁鸠鲁主义能把这二者统一起来一样。当然，斯多葛主义方法与伊壁鸠鲁主义方法的方向相反，不过它们都同样有能力产生本体论和/或概念上的统一性。先前，我们似乎不得不认为，美德伦理学具

有两个终极性的类别(或概念集群),因为那时候还原与排除是我们仅有的两种实现统一的方法,而(至少在当代)提升的方法作为一种实现统一的技术远远不如还原与排除那样被我们熟知。不过,提升的方法值得我们记住、值得我们为之命名、甚至具有使用上的价值,因为个人利好与值得赞赏的东西之间的提升主义作为一种发展美德伦理学的方法触发了新的可能性,有可能为我们带来新的价值。我们已有的讨论中没有任何东西禁止我们尝试用提升的方法把个人利好与值得赞赏的东西统一起来;只要斯多葛主义思想仍对我们有吸引力,这样一种统一的过程对美德伦理学就是有意义的。

当然,在这里我已经排除掉了"一种独特的美德伦理学把可赞赏性与美德的概念都还原为与个人利好或福利有关的概念"这样一种可能性。这样一种还原对功利主义与伊壁鸠鲁主义来说或许是可能的。然而,在我们努力发展的这种美德伦理学中,我们要避免利己主义;尽管功利主义不是利己主义,我们也想要发展一种独特的,与功利主义不同,并能与功利主义进行批判性比较的美德伦理学。如果我们允许美德伦理学把美德的观念还原为个人利好的观念,我们最后得到的将是功利主义的一个片段(或是某种在许多方面都类似于功利主义的东西),而这样我们将不再有机会发展一种与功利主义真的不同,并能在理论方面与它竞争甚至超越它的理论。我在这本书里不愿意失去这种机会。因此,我将不会考虑,美德伦理学是否能在个人利好与可赞赏性方面以还原主义的方式来运作,而只会考虑这样一个问题:美德伦理学 209
是否应该尝试去提升个人利好,并因此把主要的伦理类别都统一到可赞赏性这个单一类别之下?抑或我们应该满足于可赞赏性与个人利好之间的终极的二元性,因为这种二元性即使没有其他方面的基础,至少还具有一定的直观基础?

一元论的美德伦理学

有一种美德伦理学排除了所有道德概念以及对事态的有道德意味的评价，希望把理性还原为可赞赏性和/或个人利好，并把所有个人利好都提升为与可赞赏性相关的概念。我们可以把这种美德伦理学称为一种一元论美德伦理学。而如果我们最终拒绝以一元主义的方式发展美德伦理学，如果我们决定为了达到一种恰当的伦理理论我们需要个人利好与可赞赏性这两类彼此独立的概念，那么我们的美德伦理学显然将是二元论的；而如果最终理性方面的概念也无法被统一为其他概念的话，我们的美德伦理学就将是多元论的。

现在我想要考虑，对个人福利采取一种斯多葛式的、提升主义进路将会产生哪些推论，并看看，这些推论是否足够合理，从而使得，我们的那种在直觉不包含不一致与悖谬时信任直觉的美德伦理学能够为了达到一元论所允许我们达到的那种高层次的统一性而接受这些推论。我们将看到这种进路（这对斯多葛主义同样成立）有办法来处理“我们在生活中珍视什么”的问题，而这种办法将允许这一进路达到一种与读者和我自己最初的预期相比更大程度的合理性。我并不是要提出一种对斯多葛式或非利己主义式的一元论美德伦理学的完全成熟的解释。我想强调的是这样一个问题：把个人利好提升到美德这种做法是否能够，以及在多大程度上能够让我们合理地解释或理解“在人类生活中什么是真正地有价值或真正地好的”。让我们首先考虑一下这样一种甚至一个二元论者或多元论者也会想要采取的观点，即，各种美德是人类美好生活的一部分，也至少是个人利好、福利或过得好的要素之一。

我们关于个人利好或福利的常识思考并不注定就是快乐主义式

的，相反，常识思考乐意把各种各样的事物都当作是内在的个人利好，以及是美好生活的固有的值得欲求的要素。[11]在那些我们隐含地认为是个人利好或生活利好的东西中，也包含各种美德或其他值得赞赏的特质，有些人具有这些特质，而另一些人似乎缺乏它们。例如，有些人 210
具有体力上的勇气或信念上的勇气；贝多芬或莫扎特具有创造性的音乐天赋；谦逊和/或适度，客观公允，慷慨，作为父亲或母亲的优秀称职等等，有些人展露了这些品质，有些人则缺乏它们。所有这些都是这样一些个人特质或方面，我们不仅赞赏人们身上的这些特质，而且认为这些特质是值得欲求、值得拥有的。而在我们的常识看来，上面提到的所有例子中，这种可欲性都不仅仅是一种工具性的可欲性。例如，即使我们认为勇气或客观公允有时能为其拥有者取得享乐、舒适、成功或其他世俗的利好，这也不是我们倾向于认为它们值得欲求的主要原因或唯一原因。在很大程度上，我相信我们认为它们是内在地、就其自身而言就值得拥有、值得欲求的，也就是说，我们认为它们值得欲求，是因为它们是它们所是的那种特质。

我们有时嫉妒，或很容易去嫉妒人们所具有的（在日常生活中或法官工作中的）超乎寻常的客观公允；与我们的贪婪相比，有些人拥有适度和自足；有些人是优秀的父母；这些也容易令我们嫉妒。这些都是“美德具有内在价值”的佐证。因为，如果我们感到嫉妒，那是因为我们缺乏或未能在自己身上实现某些令人赞赏的东西，而在某种意义上其他人却拥有或实现了这些我们希望自己能拥有或实现的东西。如果我们嫉妒某个人的成就，我们就会认为，在其他方面相同的情况下，如果我们能取得我们所嫉妒的那种成就，我们就会过得更好。如果我们嫉妒贝多芬的音乐天赋，那是因为，在其他方面不变的情况下，如果我们拥有这种天赋，我们就会过得更好。而且，这里的嫉妒不可能仅仅标志着赞赏与可赞赏性，却不标志着被嫉妒的东西是值得欲求的。因为，按照这样的假设，我们就无法解释，为什么我们嫉妒贝多芬（或莫扎特、柴可夫斯基）的音乐天赋，却不嫉妒他的生活。由于他的一生的大部分时光是不幸的，可以很自然地说，我们赞赏贝多芬，但并不嫉妒他。我认为，一方面我们中的一些人嫉妒贝多芬的音乐天赋或创造力，另一方面我们却并不嫉妒贝多芬这个人，对这两方面的差别的最佳解释是，嫉妒涉及这样一个背景假设：某个人具有某些值得欲求的东西，而我们自己却缺乏这些东西。我们嫉妒贝多芬的音乐天赋，因为我们认为（在其他方面不变的情况下）如果我们拥有这些天赋我们就能过得更好。而尽
211 管我们既赞赏贝多芬的音乐才能，也赞赏贝多芬这个人，但我们却并不嫉妒他或他的生活，除非我们认为他总体上比我们过得好。由于众所周知贝多芬生活中有许多不幸，我们不太可能去嫉妒贝多芬的生活，或去嫉妒贝多芬本人。[12]

上面的讨论似乎可以推导出，我们中的许多人或大部分人都认为，某些类型的快乐满足在构成美好生活、在让人过得好这个方面具有一定的角色；同时，各种各样的美德与值得赞赏的特质或成就似乎也在构成或促进美好生活方面具有一定的角色。如果我们赞赏贝多芬的程度超过了我们嫉妒贝多芬的程度，那是因为我们感到，贝多芬所拥有的值得赞赏的成就与许多非常值得赞赏的特质并不能补偿他生活中的某些长久的悲惨或不幸，并判断在贝多芬（或莫扎特、柴可夫斯基）的情况中，他的贯穿一生的不幸使得他的整个生活还不如许多天赋比他差得多的人过得好。

不过，我们最直接的问题并不是，除了各种值得赞赏的成就与品质之外，是不是各种（并不值得赞赏的）满足或享乐也是那些让生活过得好或更好的东西的构成部分。相反，我们要考虑的是，那些我们赞赏的

东西是不是通常是，或有时是生活中值得欲求的要素。而我们从常识思考中得到的回答似乎是，我们在直观上认为许多美德和许多天分自身就是值得欲望和值得拥有的。不过，另一方面，“在那些我们缺乏的特质或成就方面，赞赏这些特质或成就并不意味着嫉妒它们”这一事实提示我们，我们倾向于认为，人类或人类生活中的某些并不值得赞赏的特征也像美德一样值得欲求，而且实际上，因为这些特征是美好生活中十分重要的要素，所以，某些人在这些特征方面的缺乏（例如，缺乏满足或健康）会让我们怀疑或否认这些我们十分赞赏的人的生活是总体上好的或值得欲求的。现在，我们必须去考虑一下，我们能否质疑或否定这些假设。

“只有（实际发生的）美德才是美好生活的必要部分”，或“某个人尽管生理疼痛、缺乏朋友、贫穷、疾病却在思想和行动中保有美德的人仍然拥有美好生活（甚至是可能具有的生活中最好的生活）”这样的观念并不仅仅出现在斯多葛主义思想中，也出现在柏拉图的思想中；甚至亚里士多德也非常接近这样的看法。至少，亚里士多德认为，由于与美德（或最高的美德）相符的活动所构成的一生是美好生活或幸福的生活的主要部分。[13]虽然在不同的地方亚里士多德似乎也在论证说，如果处于恶劣的环境中、缺乏朋友或贫穷，一个人的生活或者生活的一部分就不可能美好，我们仍然可以把亚里士多德的这些说法解释为这样的断 212
言：这些坏的因素之所以使得美好生活变得不可能，是因为它们使得处于其中的人不可能依照美德而行动。如果一个人贫穷，没有朋友，在困境中饱受摧残，这个人就会缺乏机会或能力去展现像慷慨大度或正义这样的美德。而这样的情形并不一定构成对“过美好的生活”与“按照（最高的）美德而生活、过一种充满了值得赞赏的活动的生活（这里的活动也包括欲望和思想等等）”之间等价关系的怀疑。

一个有美德的人会投入一些具有某些目标或目的的活动，而这些活动通常有利于行动者自己、其他人或更大范围的社群。某个人可能持续地拥有财富和朋友，且远离痛苦；这些优势使他能够有美德地投入到广大范围的活动中去。而这样一个人仍然可能在面临厄运时无法实现这些活动的一些或许多目标或目的。而正如约翰·库珀指出的，如果我们否认一个有美德的人在活动中所追求的目标是明智或合理的，我们就很难理解，怎么还能认为这些活动展现了卓越或美德。然而，如果我们可以这样刻画活动的目标，那么这些目标要么是、要么代表了那些个人利好的要素、那些一个人在生活中拥有、享受或实践的好东西。这样，哪怕对亚里士多德来说，也存在着一些美好生活的基本要素，即使那些有美德的人在获得这些要素时也依赖运气。根据这样的观点，一个具有完全的美德的值得赞赏的人也会无法获得一些值得欲求的东西；而假使这个人按他期望的方式成功地获得了这些东西，这些东西就会让他的生活更好一些。即使一个人仍然可以勉强地坚持说，“与美德相一致的行动能够保证美好的生活”，从上面提到的观点似乎也能推论出，一个完全与（最高的）美德相符的生活可能无法成为各种可能的生活中最好的那种生活。

如果上面这种关于亚里士多德的看法是正确的，那么亚里士多德就与“只有（在生活中依据）美德才是（对个人）好的”，“最具有美德的生活事实上也是最好的生活”这种斯多葛派的观点更加显著地接近了。不过，亚里士多德似乎认为，即便“未能实现某些活动目标”并不意味着美德的缺乏或减少，这种未能实现也会使一个人的生活变得更差一些。在这个方面，亚里士多德既与斯多葛派的意见不同，也与任何试图把个人利好提升为特质、行动、欲望等的可赞赏性的一元论观点的意见不同。亚里士多德似乎也留下了这样的理论空间：有时，一个人并不是因为有美德的活动中的坏运气，而是因为这个人的经验或心灵状态中的不快或痛苦的特征，而未能过得幸福或未能拥有完整的美好生活。213 普利阿摩斯在生命末尾阶段的悲惨境遇与不幸使得他的生活不再是神佑而幸福的，并在很大程度上玷污了他的整个生活；这并不是因为这些不幸阻碍了他的有美德的活动，而是因为这种晚年生活太过痛苦。[14]这说明，在生活中事情可以变得更糟糕，这不仅可能是因为一个人可能受到阻碍而无法完全地有美德地行动，也不仅可能是因为一个人出于厄运而未能实现他在有美德的活动中所想要获得的利好，还有可能是出于一些与有美德的活动及其目标毫无本质关联的原因。如果像亚里士多德至少有些时候所建议的那样，巨大痛苦的在场或不在场构成了一个人的生活过得好不好的一个独立因素，那么我们就进一步远离了斯多葛派的观点；不过，这种远离本身并不是我们拒绝这种远离或质疑其有效性的理由。由于亚里士多德对纯粹斯多葛主义立场的这种远离看起来是合理的，斯多葛主义立场和关于人类利好的提升主义立场便面临了一定的理论压力。不过，我们刚才所采取的这些理论措施并没有排除掉斯多葛主义或其他提升主义观点进行反驳的可能性。此刻，我们应该去探索一下，斯多葛主义怎样才能在面临亚里士多德主义的异议时展现其观点是合理的、能站得住脚的。

关于导向目标、展现出理由或美德的活动的斯多葛主义观点要求一种面对未能实现目的或目标时的斯多葛式坚忍态度。人们认为，一个自足的斯多葛主义圣人并不深切地关心在他自己或他人身上发生了什么，只要发生的事不影响他有美德地行动的能力。不过，与亚里士多德极为不同的是，斯多葛主义倾向于认为美德（或理性）完全处于个体（至少是斯多葛主义圣人）的控制之下，在此意义上运气与偶然在决定他的生活的好坏方面不起任何作用。[15]当然，长久以来都有人反对说，一场重感冒或急性咳嗽就可以干扰那些最值得赞赏的人的理性的或有美德的活动，因此运气可能也在有美德的或理性的活动中起了重要的作用。不过，即使接受这一点，斯多葛主义可能仍然坚持说，有美德的、理性的生活是那种最好的类型的生活的充分条件；而且，如果像斯多葛主义者坚持认为的那样，我们不应该真的关心（不应该在情绪上依赖于）我们的朋友或我们自己的生活规划方面发生了什么事情，甚至（只要痛苦没有扰乱我们的理性，就）不应该关心我们是否处于痛苦之中，那么，或许以有美德的方式生活就足以让人拥有好的或最好的生活。然而，"我们只应该关心我们自己的美德" 这种观点（在此，我们既可以以利己主义的方式看待美德，也可以以我们所发展的这种自我–他人对
214 称、道德上中性的方式看待美德）是如此的令人排斥，以至于它可能使我们中的大多数人都不愿意再接受斯多葛主义或提升主义的一元论。不过，对斯多葛主义我们还有更多话要说。

一个人应该追求一些他没有理由真正去关心的目标，这种看法看来很古怪。由于斯多葛主义认为一个有美德的人能够并且将会追求这样的目标，我们可能会怀疑，我们是否应该为了这种明显的不一致性而抛弃斯多葛主义或某种不那么利己主义的提升主义。不过，斯多葛主义者注意到了这类问题，为了回答这个问题，他们引入了一些外在目标与对象，这些外在目标与对象实际上并非是好的，却是被偏好的。按照这种观点，去追求那些被偏好的事物或经验是理性的，因为这种追求可以提供一个受到我们自己的理性控制的活动区域。购买和食用食物这样的活动能够帮助我们为展现美德而做好铺垫和准备，而那些对吃东西本身很关心或在食欲上不节制的人就未能展现出这种活动所要求的有价值的理性的美德。因此，对斯多葛主义者来说，与根本不投入某个活动相比，在活动中对某个对象的情感上超然但真实的追求更有益于

美德，因为这样做能锻炼自我控制与理性思考。因此，斯多葛主义鼓励对被偏好（但实际上并不是真正的好，而是不好不坏）的东西的有美德的（即，情感上超然的）追求，因为这种活动允许一个人更充分地展现美德，从而改善这个人的生活。

这种相当有独创性的思想可能并未完全消除我们的怀疑，即，这里似乎有某些概念上很可疑的东西，不过另一方面，如果这里有任何不一致之处，这种不一致到底在哪里，这一点却很难发现。[16]实际上，在我看来，斯多葛主义或提升主义一元论最招致批评的地方并不是它有任何明显的概念不一致，而是它未能捕捉到我们关于“什么令生活成为好的，生活中的哪些东西是好的”的一些最无法拒绝的观念。

去年夏天我妻子和我去法国旅行。我们在波尔多租了辆车，然后穿越整个国家向东向南行驶，最终抵达尼斯。一路上，我们看到了许多艺术作品，许多教堂，许多美丽的景色；我们也吃得很棒。这趟旅行期间，我们都有充裕的时间，一点也不匆忙。我们得到的乐趣是巨大的，也是从容悠闲的。总体上这个假期大概是我们夫妻俩曾经度过的最快活的假期。

然而，考虑一下一个斯多葛主义者或某个其他的提升主义一元论者会如何诉诸“被偏好的东西仅仅是锻炼美德的手段”的观念来解释我的“在这趟旅行中我们俩都过得非常好”这一信念。提升主义者会用奉承的话语说我们对法国艺术、建筑与食物的欣赏展现了值得赞赏 215
的品位和判断力，而对我们在旅途期间的生活来说，真正好的东西恰恰是在旅途中我们对自己的值得赞赏的品质的值得赞赏的运用。他可能还想补充说，我们不应该对于实现我们的目标如此贪恋，因为若贪恋目标，那么当我们未能实现某些目标时就会失望（现实中我们错过了某些我们原本希望看看的罗马式教堂）。不过，这里提升主义者的主要论点是，这趟旅行代表了我妻子或我的生活中的一个好的部分，这仅仅是因为这次旅行让我们能够运用，能够在感受、思想、行动中践行卓越的判断力和品位。不管怎么说，我都无法理解，任何人怎么能够真正地相信、严肃地相信，在像我们去年夏天的旅行那样的人生经历中，这些所谓的值得赞赏的特征穷尽了这些人生经历中的有价值的、精彩的、美好的东西。

当我回想这段旅行时，我忍不住要回想，我们在一起是多么地享受这段时光，以及那些我们做过的事、看过的东西。对于“就我的这段人生中真实的或内在的美好而言，就这段旅行中真正好的东西，即，对某些值得赞赏的理性与审美能力的值得赞赏的、活跃的实现与运用而言，享乐最多是通向这种美好的手段”这种看法，我确实感到犹豫畏缩。（上面我们采取的这种提升主义一元论在比斯多葛主义更宽泛的意义上使用了“值得赞赏”的概念。）我发现我无法接受这种观点，而通过这么说，我想我展现出了亚里士多德要我们去注意的那个观点的另一个侧面：亚里士多德曾提到，普利阿摩斯的晚年痛苦作为一个要素决定了他的晚年生活是不那么幸福的，但痛苦这个要素的作用并不依赖于痛苦有没有干扰普利阿摩斯的美德的运用。如果痛苦在不依赖对行动者的有美德的或值得赞赏的生活方式的干扰的前提下就能削减生活的好，那么我和妻子去年一起体验到的快乐大概也能独立地让我们的那一段生活更美好。主要是出于这个理由，我想要拒绝斯多葛式的提升主义一元论，以及我所发展的这种非利己主义美德伦理学的任何一元论形式。[17]

不过，我想我应该说说，一些提升主义者此刻可能会想要对我的这些批评做出怎样的回应。（此处我要感谢本书的一位匿名评审者给我的建议。）提升主义者可能会说，某些种类的快乐和/或享受是成全各种有美德的行动或活动的必要环节；这些快乐或享受甚至是这些活动中的有美德或值得赞赏的方面的一部分。如果是这样，那么对提升主义一 216
元论伦理学来说，快乐与享受就可以被算作好的东西、个人福利的一部分。那么，我还有任何理由去认为，我妻子和我在最近的旅行中的那些享乐与满足构成了提升主义者无法解释的一种个人利好吗？

我认为我有理由这么认为。因为，我们最容易也最自然地把那种成全了一个有美德的活动的快乐或享受理解为，这种快乐具有某种意向性或原因。一个人**为**自己做出了如此这般的（卓越的）鉴赏而快乐，或者至少，一个人所从事的某些值得赞赏的活动**给**这个人带来了快乐享受。尽管我不想否认我们在那次旅行中的一些美好、快乐的经验可以被划到这一类别中，这样一种说法未能解释我们夫妻的法国之旅中的许多愉悦和有价值的东西。我认为，把我们体验到的所有悠闲的满足、感官的/味觉的快乐或舒适都与有美德的或值得赞赏的活动的成全联系起来，这么做是不自然的、造作的。因此，由于我们生活中的美好部分或片段并不总是能以上面说的这种整齐划一的方式与“是值得赞赏的”或“以值得赞赏的方式行动、感受、欲望、思考”联系在一起，我不认为提升主义真的能够成功。

排除主义的功利主义

尽管此刻我倾向于相信，美德伦理学不应走向一种对个人利好与美德/可赞赏性的统一的、提升主义的解释，这种概念上的一元主义美德伦理学的可能性仍然向我们提出了一些重要的问题，一些与总体上的功利主义与总体上的美德伦理学的相对价值有关的问题。

概念统一性是功利主义最令人印象深刻的特征之一。既然我们也可以向着统一的方向去发展美德伦理学，从而让美德伦理学同样具有这种统一性的特征，那么如果我们要拒斥这种统一性，我们就需要拿出好的理由。在前面一部分我具体地断言，我们不值得为了那种通过把个人利好提升到值得赞赏的东西而得到的动人的统一性，而去牺牲我们的根深蒂固的直觉（我相信我们大多数人都共享这一直觉），即过美好的生活不仅仅是以**值得赞赏的方式**生活。

然而，也许我是错的。也许，这种统一性值得我们为此付出看起来
217 不合理的后果，就像功利主义对功利主义的统一性常常断言的那样。[18]如果真是这样，那么美德伦理学就应该朝着提升主义的、概念上一元论的方向沿着本章前一部分的线索来发展，而这将使得功利主义和美德伦理学都不得不接受那些关于可赞赏性与个人利好的关系的不合理的结论。不过，因为功利主义是还原主义的，而美德伦理学就其把所有的概念都统一到同一个类目之下而言是提升主义的，所以这两种学说各自承受了**不同的**不合理性。

正如我们刚才看到的，一元论伦理学家认为，成为值得赞赏的人、以值得赞赏的方式做事是生活中唯一有价值的或值得欲求的。不过，与此相反，功利主义（或伊壁鸠鲁主义）的概念一元论则必须假定，某件事或某个人（在某个方面）值得赞赏仅仅在于这件事或这个人构成导向人类福利、导向总体幸福的手段。在我看来，功利主义的这种推论与美德伦理学上面的推论相比既不更合理，也不是更不合理。[19]实际上，正如还原与提升彼此相反，一元主义的功利主义与一元主义的美德伦理学各自的不合理推论也彼此互补而相反。如果我们假定，系统性的概念统一性能够抵消甚至推翻这种不合理性，那么，就当下的考虑而言，这种一元主义的美德伦理学的可能性似乎把美德伦理学带到了一个在令人满意和值得欲求的程度上并不比功利主义逊色的理论位置。这

样，我们可以要么停留于一种一元论的美德伦理学，并像功利主义一样收获概念统一性所带来的好处；要么，假定像我认为的那样，这些好处是不充分的，则我们可以选择一种二元论/多元论的美德伦理学，而这种美德伦理学在令人满意的程度上将不逊于功利主义，甚至超过功利主义。无论通过哪种方式，美德伦理学的理论位置在与功利主义所支持的恒定的、还原性的一元主义相比较时都不会吃亏。

除非，我们有一些理由去认为还原主义概念一元论比提升主义概念一元论更可取，而人们可能已经见识过功利主义想要如何来论证它的优越性。毕竟，还原主义是与近年的科学思想的一般倾向步调一致的；科学上关于两类事物的同一性研究总是要么朝向还原主义的方向，要么让这两类事物停留于相同的水平，而我们在哲学中找到的提升主义的例子则与我们在当代科学与哲学思考中的这种推动力在方向上不一致。如果基于这一点就认为还原主义优于提升主义，那么这可能是一种轻率冒失、毫无必要的唯科学主义想法。不过，让我们暂且先假定 218
这一点。因为即便我们真这么假定，我也认为，这种假定对功利主义而言，并不像一些寻求拒斥提升主义美德伦理学的功利主义者所认为的有用。

如果我们有理由基于过去几个世纪的科学实践所具有的一般倾向和积累的影响而去选择还原主义而非提升主义，那么我们或许能够拒绝一元主义美德伦理学，然而与此同时，为了一致和公平起见，我们也必须去考虑一种我们未曾想过的可能性，即，一种排除主义的功利主义的可能性。如果说，基于科学（或唯科学主义）的根据，还原主义比提升主义更可取，那么，在科学与哲学中我们并没有类似的一般性的理由，在面对可疑的或悬而未决的实体时去选择还原主义而拒绝排除主义的进路。如果我们能够有意义地构想出一种排除论功利主义，这种排除论功利主义与还原论功利主义的关系，正如排除论唯物主义与还原论唯物主义的关系，那么我们对科学方法与趋向的尊重就会要求我们严肃地对待这种排除主义的进路；这将要求我们去考虑，我们是否有理由拒绝它而青睐我们一直以来所关注的那种还原论功利主义。

当然，只要我们想一想，就会发现排除论的功利主义是可能的，而通过与其他领域的排除主义与还原主义之争来作类比，我们也能对一种排除论功利主义的模样有一个清晰的想法。排除论唯物主义认为，不存在心灵实体或（现实实现了的）心灵属性，而只存在着一些以某种复杂方式起作用的物理实体与物理属性；类似地，排除论功利主义将否认任何东西是正当的、义务性的或内在地好的，也会否认存在着任何有实例的伦理性（或评价性）的属性或事实。而这种论断背后的理由是与其他领域的还原论与排除论之争中排除论的理由相同，即，追随还原论功利主义的推理，直到它达到了最后的步骤。像还原论功利主义者一样，排除论功利主义者会指出，在我们的日常道德思考中存在着一些原始的、理智上欠缺的想法。它将指出，当我们剥除或抛弃掉我们日常使用“对”与“错”时的那些无意义的或无根据的要素之后，剩下的将是这样一个清晰的、从人类角度来看意义重大的核心思想，即，“为有感知的存在者生产出净快乐或满足”。不过，在这里，排除论功利主义与一
219 般的还原论功利主义不同的地方是，它将论证说，当还原论功利主义把效用原则当作像“对”与“错”等词汇的适用标准的时候，这既是不必要的，也是无根据地误导性的。恰恰由于对这些词语的日常使用具有这样一些令人困惑和缺乏根据的要素，排除主义认为，我们应该放弃这些词语，而只去谈论什么倾向于或不倾向于产生总体上（最大的）快乐或幸福。

很清楚的是，排除论功利主义与还原论功利主义之间的这些问题，

也是我们在其他领域中关于排除主义进路与还原主义进路各自的相对价值的争论的经验中常常能遇到的。由于在所有这些争论中，最常见的大概是排除论唯物主义与(这样那样的)还原论唯物主义之间的长期争论，或许，我们值得提一提排除论功利主义(或更一般意义上的排除论伦理学)相对于排除论唯物主义所具有的一个可能的优势。“感觉经验与思维仅仅是被假想出来的假设性实体”这一点并不显而易见，因此，我们或许有理由认为，排除论唯物主义所排除掉的东西恰恰是我们的合理的回溯性推理思考必须寻求解释的东西。然而我认为，“我们直接地体验到了某些伦理资料或属性”这样的观念要比在身心问题领域中我们刚才所允许的这一可能性更加难以捍卫。由此，与我们对伦理事实与属性的知识相比，我们对自己的经验具有更好或更多的直接知识，所以排除论功利主义可能处于一个比排除论唯物主义更有利的境地。

不过，即便不考虑这一点，我们似乎也很难找到任何理由去选择还原论功利主义而非排除论功利主义，一旦我们决定性地转向那种受科学影响而青睐还原、反对提升的理论方向。如果传统的还原论功利主义反对说，排除论进路把整个伦理学都排除掉了、并因此把作为一种伦理学的功利主义自身也排除掉了，那么我们可以回应说，这两个断言要么都是错的，要么是事先就假定了排除主义是错的。毕竟，排除论功利主义像排除论唯物主义一样做出了一些它自己的断言。排除论功利主义并不要求对伦理问题保持沉默，也不认为我们不可能对伦理问题做出任何断言，相反，它公开地认为，没有任何东西是好的、正当的或义务性的，或者，换句话说，像诸如“好”这样的词语并不指称任何事物的属性。当然，关于我们如何才能以最恰当的方式来阐述排除主义的那些负面断言，仍然有一些问题；不过，在如何阐述排除论唯物主义方面，也存在着类似的问题。而在这两种情况中，我们都没有理由认为排除主义消除掉了它本应该处理的那个哲学领域。正如排除论唯物主义具有
220 唯物主义立场，并因此被认为是一种特殊类型的唯物主义一样，排除论功利主义也具有某种伦理学立场，并出于同样的理由而被自然地看作是功利主义的一种类型。

另一方面，当一个人说排除主义排除掉了整个伦理学的时候，他的意思可能是，排除主义由于否认了伦理属性或事实的存在而排除掉了这些属性或事实。不过，即便我们假定在某种意义上这个说法是真的，也很难认为这能构成支持还原论而反对排除论的一个可被理解的理由。按照上面的这种意思，"排除论排除掉了伦理事实与属性"这一断言仅仅是指出了排除论与还原论这两种进路之间的本质性差异。如果一个人不是事先就假定排除论是错的，那么他就无法把上面这一断言当作一个反对排除主义的论证。

当然，如果一个人否认了好的事物或正当行动的存在，而只承认快乐以及那些导向快乐的事物的存在，那么这种否认可能会对那些听到这种否认的人产生一些后果，还原论者会认为这些后果是坏的，而就连排除论者可能也会认为这些后果不利于人类的总体幸福或快乐。然而，由于排除论者可能像还原论者一样希望促进人类幸福，排除论者也会像还原论者一样有理由或动机让他的对伦理学的观点保持隐微秘传的特征。如果还原论者可以通过拒绝承认排除论的实践意义或用处来捍卫自己，那么排除论者也可以做一些完全类似的事情，并且在做这些事的时候甚至可以不使用任何专门的伦理性或评价性概念。因此，我们之前已经看到，最优化型功利主义的理论有效性是与"在日常生活中青睐常识道德"的做法相容的，而对梯度性功利主义的坚持也是与日常的非梯度性的伦理实践相容的；与此类似地，我们现在看到，我们并不

能通过指出“一般人采取了排除主义观点之后将会产生坏的后果”这一点来击倒排除论功利主义作为一个理论选项的地位。

这样，如果在排除论功利主义与还原论功利主义之间的抉择像我们现在看到的这么困难的话，那么，尽管功利主义曾想要批评提升主义陷入了进退两难的困境，如今功利主义自己却陷入了同样的困境。因为，如果功利主义对提升主义的批评是有根据的，那么功利主义就没有任何理由去偏爱还原论功利主义而非排除论功利主义，而这样的话，一个前后一致的功利主义者就没有理由去接受任何常见形式的功利主义观点，哪怕是我们在第四章中所捍卫的那种梯度性功利主义。如果这个功利主义者想要避免让他的（常见的或梯度性的）还原主义观点在他自己的方法论与基础性假设之下显得缺乏证据、无法确定的话，那么他最好也不要再批评提升主义观点是违背科学研究的趋势的。当然，不 221
管功利主义是否以这种方式来批评提升主义，在还原论与排除论之局面的抉择对功利主义来说都是一个严重的问题。坦率地说，我还没有想到任何办法能让功利主义避免这一难题。

不过，此刻，我不想再讨论功利主义还原论与排除论之争，而想要回到我们对美德伦理学与梯度性还原论直接功利主义这二者所作的批判性比较。排除论功利主义这种可能性所显示的是，还原论功利主义很难做到既攻击美德伦理学，又让自己的理论位置不遭受困难。不过，在本书的下一部分，我将提出（还原论的）功利主义的另外一些困难。到目前为止，我们在很大程度上是通过在方法论上追求对称性、一致性或均一性来展开功利主义理论的。不过，在第四章的结尾部分，我们不是用关于一致性、对称性或均一性的论证，而是用关于未确定性的论证来支持梯度性的直接功利主义。不过，这种出于不确定性或未确定性的论证对于我们的基础性的方法与假设来说，既有宽厚的一面，又有严厉的一面。这个论证要求我们不要再接受常见的最优化型(或满足底线型)的行为功利主义。由于最优化型的功利主义被批评为是太过严厉或严苛的,或许我们有理由去放弃这种最优化型的功利主义,而去偏爱那种可以轻易地避免来自“太过严苛”的批评的梯度型功利主义。

然而,我们将在第四部分看到,来自未确定性的批评还可以以一种我们未曾考虑过的新的方式出现。而这种关于未确定性的新的断言(当我们把它与功利主义在还原论与排除论之间的未确定性放在一起的时候)将产生一些推论,这些推论比我们之前讨论功利主义的未确定性时的那些断言更令人不安。我们会发现,功利主义以及更一般意义上的后果主义将陷入一种比现在更糟糕的理论处境,而相应地,美德伦理学将处于一种相对较好的处境。不过,在我们转向这一议题之前,我想要更多地谈谈,在我看来美德伦理学相对于功利主义所具有的直观优越性到底是什么。

注 释

1 我在 *Goods and Virtues* (Oxford, 1990, Ch. 5) 与 *Beyond Optimizing* (Harvard, 1989,
222 Chs. 1—5) 中以不同的方式论证了,在理性概念与个人利好或好生活的概念之间没有紧密的直觉联系。值得注意的是,有些概念既适用于刚才描述的五个主要伦理概念类别中的某个类别,也适用于伦理学之外的领域。即使不加限制意义上的美德的概念是严格的伦理概念,可赞赏性的概念仍然同时适用于伦理学领域之内与之外:例如,可赞赏性适用于艺术表演,艺术品,饮食,等等。不过这一事实并不影响我们的分类方法的精确性或有用性。而且,如果某些道义论或准道义论概念适用于我们的多个类别,并适用于伦理学之外,这也不会带来上面所说的影响。即使,关于“我应该成为(或做)什么”(或“什么是正当的、恰当的或合适的”)的观念在某种意义上随着其评价性应用的变换而自由浮动,并能于基础层面上在道德、美德、美学等语境中自在地持存,就如它们显然可以在诸如“提供理由”这样的理性语境中自在持存一样，这些观念或观念图式也只能通过把自己连接到上面五个类别之一或是礼仪、美学这样的伦理之外的类别，才能被用来做出具体的判断/断言。

2 这一点对间接功利主义和直接功利主义都成立。

3 非功利主义的后果主义者中的一些人不允许把事态之好还原为个人利好。而另一些人则是福利主义者，却否认“事态之好是总体个人福利这方面的事”这一结果功利主义论题。例如，一些后果主义者通过最大最小标准把事态之好与个体福利绑定起来。

4 我在这里忽略了采取一种严格的梯度性功利主义所引起的复杂性。也请注意，功利主义通常并不使用“行动或选择的（初步）理由”这一概念，在某种意义上也可以说功利主义排除了这一概念。

5 然而，请注意，某些对事态的评价并不是伦理性的，也不需要被美德伦理学排除：例如，“某事发生了，这是令人惊叹的/古怪的/不太可能的”。

6 有一种快乐是伴随着或反映着对有美德的或值得赞赏的行动的知晓的快乐。我在这里忽略或排除了这种快乐。不过随后我将对这种快乐有所讨论。

7 边沁自己指出了这一点，See *An Introduction to the Principles of Morals and Legislation*, Oxford, 1982, p. 3。不过，请与边沁后来的《道义论》比较一下，二者在这一点上有所不同。

8 关于伊壁鸠鲁主义，参见这个非常有用的文集，Long and Sedley eds., *The Hellenistic Philosophers*, Cambridge, 1988, vol. 1。

9 See Bentham, *Introduction*, p. 114.

10 康德很清楚伊壁鸠鲁主义与斯多葛主义之间互为对立论题这一特点，而他对这一现象的一些观点与这里所做的还原和提升之间区分十分接近。See *Critique of Practical Reason*, Part I, Book I, Ch. ii.

11 关于对这一观点的支持，see *Goods and Virtues*, Chs. 1 and 6。

12 “某些人基于非工具性的心理根据而有意地选择了某些东西”这一事实并不 223
说明他本人或我们认为这个东西是他的个人利好或对他的生活的（至少暂时的）改善。一些人为了理想或某种义务感、责任感而牺牲了自己的福利甚至生命。“某个人宁愿选择拥有（或让自己的孩子拥有）一种像贝多芬那样创造性但多灾多难的生活”这一事实并不说明这个人本人或我们认为，拥有这种生活的那个人比过着更平凡、更少灾难的同一个人过得更好或更幸运。我们可能会选择让自己（或子女）成为值得赞赏的，而非幸福的。

13 此处和下面，我都要感谢John Cooper, “Aristotle on the Goods of Fortune,” *Philosophical Review* 94, 1985, pp. 173—196。

14 See *Nicomachean Ethics* 1100b 28—1101a 4.

15 关于我提到的某些斯多葛主义观点，see Long and Sedley, eds., *op. cit*。斯多葛主义关于免于对物质利益或人的情绪依赖的观点，see my *Goods and Virtues*, Ch. 6。

16 关于反对斯多葛主义的“被偏好的利好”的论证，see C. C. W. Taylor, “Review of Volume”, Schofield and Striker eds, *Oxford Studies in Ancient Philosophy*, vol. 5, 1987, pp. 235—245。不过我并未被说服。

17 如果，以类似我们早先在第七章讨论过的那种方式，某个人允许“是否具有可赞赏性或美德”受后果的运气的影响，那么这个人可能就会排除库珀所假设的那种情形，即，一个人尽可能值得赞赏或有美德地行动，却未能取得他所希求的目标或利好。不过，这仍然留下了这样一些情形：在其中，享乐或痛苦独立于理性或其他目的性活动而发生；我认为，这些情形就足以让斯多葛主义或其他形式的提升主义一元论站不住脚。

18 显然，功利主义也实施或认可我们所描述的统一性之外的其他一些种类或层面的统一性。不过，功利主义的这些方面以及他们对功利主义和美德伦理学的相对价值的影响要么已经提到过，要么将在第四部分讨论。

19 我在这里想到的是一种一元主义美德伦理学，与古代斯多葛主义所承认或乐
224 见的可赞赏性相比，它允许更多形式的可赞赏性。

第四部分

偏好美德伦理学的理由

第十四章

功利主义与美德伦理学间的主要争议

在上一章中我用了许多时间来讨论斯多葛主义与其他一些更广泛多样或更具包容性的一元主义美德伦理学的理论后果的直观不合理性。上一章中所讨论的一元主义是个人利好与可赞赏性/美德这两个类别方面的一元主义。我也提到了，一般意义上的向着一元主义还原的功利主义的一些不合理的方面；不过我在这个问题上没花多少时间，我所做的仅仅是简要地表明某个个别的品格特质的可赞赏性涉及某些超出了或不同于"促进总体人类福利的倾向"的东西。在本章，我将用更多的时间来讨论对功利主义的接受将产生哪些不合理的东西。而且，我将主要关注功利主义与美德伦理学各自对于"什么令个体特质值得赞赏或卓越"与"什么令一个人或生活的整体值得赞赏或卓越"的观点，因为这将帮助我们达到一个处理功利主义与美德伦理学之争的关键点。那些被功利主义赋予最高评价的人与特质，与那些被常识的非道德主义的美德伦理学赋予最高评价的人与特质十分不同。特别是，我们将看到，这两种进路在这一领域中所做出的**比较级**价值判断在基本的合理性方面是如此地不同，这使得功利主义变得更加可疑，也让我们有了另一个确定的理由去青睐美德伦理学。

什么让生活值得赞赏？

功利主义与常识美德伦理学都允许我们区分值得欲求的东西与值
227 得赞赏的东西。对美德伦理学来说，在生活中有一些值得欲求但并不值得赞赏的东西。正如我们所看到的，美德伦理学允许我们认为，某些生活值得赞赏的程度要超过了其值得欲求的程度。当然，一种范围更广的包含了道德判断与道德相关判断的常识伦理学将会发现有两种可欲性：事态的可欲性与个人利好的可欲性。不过，美德伦理学对通常意义上的道德的放弃大大地简化了它对值得欲求的东西的构想（个人利好是唯一的一种它视作值得欲求的东西），尽管它允许，那些值得赞赏的东西也可以被算作对个人有好处的东西，从而也可以算作值得欲求的东西。

功利主义还区分了两种基本的评价类型，就我们的讨论目的而言，这两种类型可以与值得赞赏与值得欲求之间的区分很好地对应起来，尽管这种对应并不是在每个方面和细节上都完美。功利主义区分了内在性评价与工具性评价。当我们允许“工具性地好的事态”这样的观念时，对功利主义来说，内在评价对应于值得欲求的东西，而工具性评价对应于值得赞赏的东西。功利主义既允许内在的好事态，也允许内在的个人利好。不过正如我们看到的，按照功利主义的假设，内在的好事态可以还原为内在的个人利好。因此，内在的个人利好便是功利主义所认为的值得欲求的东西（至少，为了能够与美德伦理学进行比较，我们可以这么说)。在某个重要的意义上,功利主义与美德伦理学都认为个人利好是(唯一或终极性的)值得欲求的东西,尽管我们必须认识到,在什么构成个人利好方面,这两者之间存在着潜在的巨大的差别。

在值得赞赏的东西方面,功利主义认为义务性行动和道德上正当的行动都是工具性的好东西,认为它们对应于或等同于可赞赏性的实例;而我们的美德伦理学则排除了道德的类别,而且没有为道德的(而不是"涉他的")可赞赏性留下任何理论位置。在美德伦理学看来,帮助他人或许在涉他的方面是值得赞赏的,但这美德伦理学并不认为这种帮助是**道德上**好的或**道德上**值得赞赏的。

我们也看到,美德伦理学允许一些非工具性的美德,而功利主义显然并不允许这样的美德。那些功利主义认为构成美德的东西,同时也是功利主义认为构成卓越的或值得赞赏的特质的东西;那些美德伦理学认为构成美德的东西,同时也是美德伦理学认为构成卓越的或值得赞赏的特质的东西。然而,我们不应该因为功利主义与美德伦理学在这方面意见一致性,就遮蔽掉这样一个事实:对功利主义而言,只存在着工具性的美德与可赞赏性;而对美德伦理学而言,既有工具性的美德和可赞赏性,也有内在性的美德与可赞赏性。此外,大部分功利主义者追随着休谟的观点,并不区分美德与其他的值得赞赏的特质,也不区分 228
那些伦理上值得赞赏的行动/成就与那些仅仅在审美或智性上值得赞赏的东西。[1]因此,为了能够在关于"在人类生活中什么是值得赞赏的"这个问题上的功利主义观点与美德伦理学观点之间进行一般性的批判性比较,我假定美德伦理学能包括这样一些判断:那些关于一些最终可能不能算作美德/品格特质的直观判断,与那些出于非伦理的理由才值得赞赏的行动或成就。

我们的前一章主要关注着功利主义与美德伦理学对可赞赏性与被

理解为个人利好的可欲求性之间的关系所作的那些彼此不同的判断。而这两种进路之间的分歧表现为两个问题：值得赞赏的东西与值得欲求的东西在基础层面上是不是彼此不同的，以及，如果它们不是彼此不同的，那么它们是应该通过还原而等同起来，还是应该通过提升而等同起来。我现在假定，提升主义不能被用于美德伦理学，因此美德伦理学必须在可赞赏性与可欲求性/个人利好之间持一种基础性的二元主义观点；而功利主义则必须把值得赞许的东西还原为值得赞赏的东西/个人利好。我们对这两种进路的批判性比较将以这样一种方式来进行。

不过，我们绝不能假定，功利主义与美德伦理学关于“什么使得生活或特质值得赞赏”的观点之间的根本分歧，仅仅是上面这种对可赞赏性与可欲求性的关系的还原主义一元论观点与二元主义观点之间的分歧。毕竟，利己主义也可以用二元主义方式来构想可赞赏性与可欲求性之间的关系，然而，利己主义关于“什么令生活/特质值得赞赏”与“哪些特定的生活/特质比另一些要更值得赞赏”的判断不仅与一元论功利主义的判断极不相同，也与我们捍卫的这种美德伦理学关于自我–他人对称性的构想极不相同。

而且，很容易被忽略的是，**非利己主义**美德伦理学与功利主义关于值得赞赏的特质、人与生活的观点差异并不能简单地归于这样一种分歧：值得赞赏的东西到底是能被还原为个人利好，还是构成个人利好之外的一个独立类别。因为，这些差异也部分地依赖于功利主义与美德伦理学是如何以不同的方式避免利己主义的，或者用更清楚易懂的话来说，依赖于这二者所遵循的不同的自我–他人对称性标准。功利主义以一种为每个个体赋予相同权重的标准来进行评价；它在彼此分离的个体的意义上是自我–他人对称的。美德伦理学在集合体的意义上是自我–他人对称的，这意味着，它向作为一个种类或个体的自我/行动者/特质的拥有者与作为一个种类或类别的其他人赋予相同的权重。229 这两种差异，即，在将可赞赏性还原为可欲求性方面的差异与在自我他人对称性的恰当形式方面的差异，都促成了功利主义与美德伦理学关于生活与其他东西的可赞赏性的看法的分歧。我将不会在这些问题上喋喋不休，不过我们将会看到，功利主义与美德伦理学的那些关于值得赞赏的生活的彼此不同的判断既依赖于自我-他人不对称性方面的不同，也依赖于还原性方面的不同，还依赖于二者在“是否存在着非工具性的美德或可赞赏性”这个问题上的基本分歧。

对功利主义来说，一些特质、生活或人之所以比另外一些更加卓越或值得赞赏，是因为它们更能够导致总体上的人类的或有感知的存在者的幸福。[2]（我们坚持使用比较级判断，因为我们已经暂时性地推论出，我们最好用梯度性的形式来表达功利主义；即便如此，美德伦理学的比较级判断显然也与功利主义的比较级判断相冲突。）实际上，功利主义通过效用原则的某种梯度性变种来工具性地评价生活或人；然而，没有任何单一的、可清晰表述的原则能够表达我们关于“哪些生活或人比哪些生活或人更加值得赞赏”的常识美德伦理学判断的基础或根据。

因此，看起来功利主义可以通过“某个生活或人是更值得赞赏（或更不糟糕可鄙）的，仅当这生活或人对人类幸福的贡献是更大的”这个原则来比较不同的生活与人，以及同一个人的不同的可能生活。我认为，我们还可以假设，“对一个人的总体影响”等价于“对这个人的生活（的各个事件与其他相关方面）的总体影响”。[3]

与此相反，我们对“生活或人的可赞赏性是较多还是较少”的常识评价依赖于一些很难被统一起来的考虑。即便是在第六章出现的那些作为美德伦理学思考的综合标准或教义的完全与不完全原则，也不能为我们提供任何作为统一性原则的东西。这些原则建议我们在可赞赏性或拥有美德的方面改善自己与他人(以及不在这个方面腐蚀自己或他人),却从未明确说明哪些要考虑的因素构成了可赞赏性,以及这些因素如何联合构成了对可赞赏性的总体判断,因此,这些原则既没有为我们提供一个关于可赞赏性的统一标准,也没有明确提供任何像罗斯
230 的表面义务六条目那样能作为可赞赏性的基础的东西。[4]

我并不想低估常识美德伦理学以罗斯的那种表面道德原则的方式或者以关于现实与可能的行动或品质群体的决疑论的方式进行自我系统化的能力。然而,鉴于我们现在关注的不是这个,我不认为在这里做这些是必要的。先前我们已经看到,被常识思考认为是构成可赞赏性或美德的东西并不与那个美德的拥有者的福利或利好严格地关联在一起,更未与全人类(或全体有感知的存在者)的福利、幸福或个人利好关联在一起。我们也看到,某些种类的个人力量与个人自足性代表了关于人的可赞赏性或卓越性的一种平常却根深蒂固的观念。很清楚的是,就我们这里的讨论而言,许多不同的因素似乎都与对可赞赏性的常识或直观评价有关,这些因素似乎都能影响我们对人的特质、人本身或人的生活的评价的高低。实际上,将要提到的这个具体的例子便是基于多种多样的因素,尽管这种复杂性似乎并没有损害我们在这一领域中的观点的牢固性。在这里,与功利主义的比较最为相关的是,在我们对可赞赏性的多少进行直观评价时,涉己的考量因素起到了重要的作用。

例如,我们极大地赞赏亚历山大的专心致志、组织力与自信,迪斯雷利的干劲、活力与面对反犹主义时的镇静,塔列朗的远见与外交上的优雅,我们也赞赏这些人本身。然而,我们的这种赞赏很大程度上独立于关于人类从这些特质或人身上所得到的好处的考量。(当然,我们,当

我们这样赞赏这些人的时候，我们也假设这些人并不是残暴的恶魔或彻底的自私自利者。）假设，一方面，这三个人的杰出的事业生涯并没有给人类生活带来好处，甚至可能让人类生活变得更差了一些；另一方面，有这样一些安分守已的人，他们的涉己和涉他的个人品质都不如上面这三个历史人物那么出众和值得赞赏，不过他们为自己狭小的熟人圈子带来了确定数量的好处。与这些寻常人相比，我们仍然倾向于对那三个历史人物给予更高的评价，对他们的生涯感到更多的钦佩尊敬。

我认为，这些例子表明，对人的高度评价可以极大地基于非利他性的品格特质或性格特质，从而在很大程度上独立于被功利主义当作卓越或可赞赏性的基础的那些因素。功利主义必须认为，对人类或有感 231
知者的幸福的总体贡献是个人可赞赏性的高低的唯一决定因素。因此，对功利主义来说，关于上面这些历史人物与寻常人的可赞赏性的比较级判断取决于其中每个人创造的总体净幸福的数量。这样，只要这些历史人物中的某个人在创造人类净幸福方面做得稍差一些，功利主义的结论就会与我们中的许多人或大多数人的看法相反。

同一个论点还可以通过比较常识观点与功利主义关于可赞赏性的反事实判断来展现。我们知道，千百年来苏格拉底对人类生活产生了巨大的、有益的影响，而这些巨大的影响很大程度上来自柏拉图在对话录中对苏格拉底的描绘。假设苏格拉底的言行从未被记载，那么他对人类幸福的贡献就会小很多（若考虑到苏格拉底选择了自己的死刑，这为他的亲友所带来的痛苦还会进一步削减这贡献），甚至小于一些仁慈宽厚的普通人对人类的贡献。然而，鉴于我们认为我们对苏格拉底的那些了解，我们中的大多数人会说，即便如此，苏格拉底仍然比几乎所有其他人都更值得赞赏。

此外，直接功利主义通过对人类或有感知者的幸福或福利的总体影响这一标准，不仅对总体的生活或人进行评价，也对给定个体的特定特质进行评价。因此，功利主义必须仅仅以相关特质对人类总体幸福的效果这一标准来评价亚历山大的专注与迪斯雷利的活力与干劲。然而，从常识的视角看，这种对特质或美德的可赞赏性的评价标准完全是片面和荒谬的；实际上，以这种标准来评价特质和美德，要比以这种标准来评价生活的整体或人还要片面和荒谬。

下面，让我们转向去讨论，在涉己与涉他的美德方面，功利主义与常识观点有什么差异。

我们对那些同时具有（杰出的）涉他和涉己的美德的人的赞赏，并不必然大于对那些具有较多的涉己的美德、较少的涉他的美德的人的赞赏。在日常直觉方面，我们并不明显倾向于认为，那些为人类带来了较大福利的人比那些其卓越性不通过影响人类福利来得以展现的
232 人更值得赞赏。圣方济各、乔纳斯·索尔克、特蕾莎修女等人对人类福利做出了极大贡献，而且我们也极大地赞赏他们为人类幸福所做的努力。亚历山大、萨缪尔·约翰逊、阿尔伯特·爱因斯坦、玛莎·格雷厄姆斯或苏格拉底等人具有值得赞赏的特质与活动，但他们的特质与活动并不是主要地或排他性地集中于促进人类福利这个方向上。我们必然会认为前一类人比后一类人更值得赞赏吗？在爱因斯坦的情形中，实际上我们相信，由于他的理论对原子弹和原子能技术的影响，他的理论对人类的影响长期而言可能是有害的。然而，即便这一点使得功利主义者无法认为爱因斯坦比那些只关心自家事的人更值得赞赏的话，我们中的大多数人仍然会认为，爱因斯坦这个人、他的言行、他的生活要比许多对人类福利不那么有害或更加有利的人、言行、生活更值得赞赏。因此，在这里，我们的常识评价与功利主义的评价完全是不一致的。[5]

此刻，我倾向于同意常识美德伦理学的判断，而不同意功利主义的判断。我们不应该低估或拒绝承认功利主义的系统统一性倾向的理论价值；只是，在这个领域，正如在一些已经提到的领域中一样，我发现自己实在无法接受功利主义的观点。根深蒂固的直觉与功利主义观点之间的鸿沟是巨大的，而且尚未被弥合或削弱。这一点实际上使我青睐我们的美德伦理学所体现的那种较少的统一性与较多的直觉性的联合，而不愿接受一种概念上和伦理上更统一的功利主义，这种功利主义用一些理论的和方法论的理由要我们去拒绝我们在广泛范围内关于价值问题的直觉，这些价值问题不仅包括道德问题，也包括关于个人可赞赏性的问题。（更别提美学判断方面的事了。正如我曾在其他地方论证的[6]，前后一贯的功利主义似乎必须认为，为人类带来的利益是美学卓越性的唯一标准。）

此外，鉴于我们在这一部分的讨论，相当清楚的是，常识判断与功利主义判断关于相对可赞赏性的分歧至少部分地来自这两种伦理理论解释和运用自我-他人对称性时的不同的方式。我们的美德伦理学赞同两个原则；作为不完全义务在美德伦理学中的对应物，这两个原则认为帮助他人与帮助自己具有基础性的正面价值；我们既可以用“值得赞赏的品质或成就”来表述这两个原则，也可以仅仅用“利益”来表述
这两个原则。如我们所说，这两个原则表达了一种被理解为集合体的 233
自我与他人之间的平衡的理想。上面，我们探索了我们对直觉的依从可以产生哪些关于相对可赞赏性的判断，而这其中的一些判断不仅通过与这两个原则的吻合而得到了解释和辩护，而且也构成了对这些原则的某种证实。这两个原则非常抽象地体现了我们的美德伦理学的伦理承诺；不过，这两个原则是如此地具有一般性和概括性，以至于还有范围广泛的进一步问题要求常识美德伦理学来具体确定。然而，即使

这样，这个原则也清晰地表达了在涉己与涉他之间的（某种程度上的）平衡的理想。通过这两个原则被表述和并置的方式，这种平衡可以很清晰地被理解为两个集合体之间的平衡。当我们转向那些关于相对可赞赏性的看起来合理的特殊判断的时候，我们发现我们既倾向于敬重赞赏那些为人类带来巨大福利的人，也倾向于敬重赞赏那些尽管未能带来巨大福利，却拥有和展现了我们所赞赏乃至惊叹的品质的人。而且，我们关于相对可赞赏性的朴素判断并不明显地倾向于认为那些带来巨大福利的人比其他人更值得赞赏。看起来更公平合理的说法是，我们的直觉在这里并没有明显的或一般性的偏好方向，而我们关于这些事物的特定信念反映了对人类卓越性在涉己与涉他这两个方面的强调。这样一种相对的平衡或对某种特定形式的可赞赏性的偏爱的缺乏与上面两个原则所表达的那种美德伦理学的一般视角之间匹配得相当好。

而且，这种特定形式的反思平衡更青睐常识性的可赞赏性判断，而非功利主义的可赞赏性判断。因为，功利主义以彼此分离的个体的方式平衡自己的利益与他人的利益，这样功利主义就会格外地表彰那些致力于帮助大量的他人的行动或品格。如果无论怎么分配分量，一个人自己的分量都不超过任何一个单独的其他人，那么涉己的利益与理想就非常容易被关于自己的行动或品格对其他人类的影响的考量所击败或超过。按照这样一种对理想的构想，弗罗伦斯·南丁格尔与特蕾莎修女（给定那些关于她们的事实）将会比萨缪尔·约翰逊、玛莎·格雷厄姆斯或阿尔伯特·爱因斯坦更值得赞赏。

现在，让我们去简要地考虑一下那些负面的情形，即，功利主义与美德伦理学如何以不同的方式来对待那些应受批评或糟糕可鄙的生
234 活、职业与人。当然，如果某些人故意地、出于疏忽地甚至是偶然地伤

害了他人或自己，我们都会倾向于对他们评价较低或不那么高。不过，我们还会考虑一些其他的因素，在一些情形中我们对某个没有对人造成伤害的人的评价会比对某个故意造成了伤害的人的评价还低。

考虑一下这样一个例子。在某个家庭中，有一个从事敲诈、抢劫甚至谋杀的惯犯父亲与他的两个儿子。长子通过艰苦劳作与意志的努力获得了比父亲更好的教育；他成为一名银行出纳员，并从那时起开始感到一种对偷窃的极度欲望。尽管他知道这是错的，也希望自己不被这样的欲望困扰，也因为自己与可憎的父亲之间的相似而害怕，他还是偷了一小笔钱。他有他自己的家庭，而当他被抓到之后，由于某些原因他被从轻宽大处理了。他被解聘了。带着罪错感和焦虑，他发现自己很难找到下一份工作。他的家庭为此受苦，但没人知道该怎么办。后来，他找到了另一份工作。他又偷了一小笔钱，然而这次他被起诉并入狱。他的家庭的境况更差了。他最终出狱，但这次他的妻子决定独立地抚养孩子，把他从自己和孩子的生活中抹去。由此，他们都为此而受苦，但都坚持了这个决定。

想象一下，这个人又接着犯下轻微罪行、受到更多惩罚、感到更多的罪错感与焦虑。这个人与他自己所憎恨的性格倾向搏斗着，渐渐认识到他的父亲这个榜样对他的影响，试图把自己从这种软弱与强迫中解救出来。最终，由于对自救感到绝望，他向一些社会工作者求助。而这些社工想办法让他通过接受密集的医疗咨询来摆脱诱惑、更好地理解自己的问题。假设，这些咨询真的产生了效果。他战胜了来自偷窃的诱惑。最终，他过上了平凡的生活，再次结婚，并得以与妻子保持稳固的关系。总体上，我们可以设想，这个人做过的坏事比好事多。不过，经过意志的努力与超常的坚持，以及在获得帮助方面的幸运，他最后不再是一个对自己和他人具有破坏性的人了。

请把这个人与他的弟弟相比较。弟弟也受到了来自罪犯父亲的创伤。他发展出精神残疾，从未像他父亲那样受到犯罪的诱惑。他与母
235 亲一起生活，每天在家里做一些计件工作来糊口。但他从不出门，从未有任何社会生活、情感生活或家门之外的生活。他在家中作为一个精神残疾者度过了一生。

弟弟造成的净伤害或许不如哥哥那么多。但是，因为他从未投入生活，因为他实际上通过逃避生活来逃避他自己的问题，我认为我对他的评价比对他的哥哥的评价更低，因为他哥哥至少走入了现实世界，有自己的生活，与自己的难题搏斗，并在很大程度上学会了怎么战胜他们。我对这个哥哥还有一些赞赏，但对这弟弟没有任何赞赏，尽管我对哥哥的赞赏是与批评混合在一起的。我想，我们中的大多数人都会对残疾的弟弟所过的生活有一种更低的总体评价，因为这种生活是毫无起色地可悲的，也不具有任何真正值得赞赏的特征。这样，在这些对人类幸福没有正面总体贡献的人生中，我们再一次地看到了功利主义与常识对人生或人的评价之间的差异。我想，我们大多数人都会倾向于对哥哥和他的生活做出更高的评价，而功利主义者却会认为那种为人类幸福带来了更多的好东西或更少的坏东西的生活是更高的、道德上更好的，并因此与我们许多人或大多数人面临这两个例子时的常识或直观反应产生了分歧。

因此，在正面的可赞赏性的情形与那些应受批评或糟糕可鄙的情形中，功利主义似乎都认为，对生活与人的评价是这些生活或人所导致的（人类）总体净幸福的函数。然而，我们的常识观点还依赖于其他的因素，并允许事物的可赞赏性不依赖这事物对总体幸福的现实或可能效果。因此，功利主义关于相对可赞赏性的判断在多个方向上都与我们对合理性的直觉之间有极大的张力。正如我曾说过的，我认为功利

主义的许多特殊判断的反直观特征都让我们有理由去在伦理学的这一领域和其他领域中偏爱美德伦理学。

不过，还有另外一件事要说。像我们早先提到的，我们不能说梯度性直接功利主义要求个体做出过多的牺牲，因为梯度性功利主义实际上没有对个体提出任何关于正当行动的要求，也没有提出任何关于正当行动的条件。因此“要求个体做出过多牺牲”这样一种导向“功利主义降低或贬低了道德个体的价值”的指控的特定路径看起来被截断了。然而，这不意味着，我们不能按照刚才的讨论的指引而以其他方式来有效地指控功利主义贬低了个人的价值。因为，即便梯度性功利主义也格外地表彰那些尽可能多、尽可能广泛地令人类获益的行动与特质，而 236
且不允许任何其他因素在它对相对卓越性或可赞赏性的判断中起作用。换句话说，它前后一贯地把那些工具性地有利于人类幸福的东西理想化地抬高了，并认为，个人的相对美德或可赞赏性的意义或有效性完全来源于这种工具性作用。与此相反，关于人、特质与生活的可赞赏性的常识思考并没有这么整齐划一地排他性地强迫我们把行动或品质对其他人的效果当作是一个人的卓越性的来源；某些个体卓越性取决于这些超出个人之外的事，但另外一些个体卓越性则依赖某种自我培养或自我成熟。因为常识美德伦理学允许个体卓越性具有一些独立于个体对群体、对整个人类的（可能）贡献的因素，所以看起来与功利主义相比，美德伦理学为个体赋予了更多的价值，也更重视个体的优秀品质。在某种意义上，功利主义令每个个体在评价方面都被亿万人类的海洋所淹没或吞噬。相反，而美德伦理学一方面在评价任何给定的人的时候都会为人类的更大关切赋予相当的权重，另一方面也接受、鼓励和尊重那些更加个体主义的卓越性。由此，美德伦理学没有贬低或反对个体的价值，而功利主义却贬低和反对了个体的价值。而这一批评，再加上功利主义的各种特殊判断与我们的直觉判断之间的巨大悬殊，都让我们有理由青睐美德伦理学而非功利主义。

然而，正如我在第三部分的结尾建议的，在我们对这两种伦理学进路的批判性比较中，还有另外一种很重要的因素。功利主义在广泛的范围中和各个一般性/特殊性层面上都产生了不合理的理论结果。除此之外，功利主义在其方法与动机方面还具有多重未确定性。哪怕我们鉴于常见的功利主义类型的未确定性而采取了梯度性功利主义，有两种不确定性仍然存在着。它们让我们对梯度性功利主义的可行性和有效性产生了怀疑。我们该谈谈这些问题了。

注　释

1 关于这一点，see my "Object-Utilitarianism," *Pacific Philosophical Quarterly* 66, 1985, pp. 111—124。

237 2 我在这里假定，功利主义者希望以关于工具性善好的判断为模型，而非以关于可谴责性与可表扬性的判断为模型，来表达关于可赞赏性的判断。如果采取后一种模型方式，就将意味着，一个东西的可赞赏性是"对这个东西的赞赏是否是工具性地好的、道德上正当的"这个方面的事，是"对这个东西的赞赏（而非反对）是否具有良好效果"方面的事。我们当然也可以让我们的讨论适应这样一种将可赞赏性类比于可表扬性的功利主义理解。

不过，功利主义者（例如《伦理学方法》中的西季威克）通常认为一个东西的可欲性是那个东西的（工具性或内在性）的善好性，而非"欲望这个东西"的（工具性）善好性或正当性；这两者是不同的。由此看来，最自然的方式是类似对待可欲性的方式来对待可赞赏性，而这正是我所做的。因为我们也可以让我们的讨论适应另外一种潜在的理解，所以我们不必再讨论这个问题了。不过，关于这一方面似乎存在着的不一致性，参见 *Methods*, pp. 492f。

3 关于功利主义对人的评价，see R. M. Adams, "Motive Utilitarianism," *Journal of Philosophy* 73, 1976, pp. 467—481; J. J. C. Smart, "Outline of a System of Utilitarian

Ethics" in Smart and Williams, *Utilitarianism: for and against*, Cambridge University Press, 1973; and S. Darwall, "Agent-Centered Restrictions from the Inside Out," *Philosophical Topics* 50, 1986, esp. pp. 309, 313。关于功利主义对对象的评价, see my "Object-Utilitarianism"。

4 See W. D. Ross, *The Foundations of Ethics*, Oxford, 1929 and *The Right and the Good*, Oxford, 1930.

5 关于这样的断言与进一步的论证, see Susan Wolf's important article, "Moral Saints," *Journal of Philosophy* 79, 1982, pp. 419—439。

6 See my "Object-Utilitarianism," *passim*. 238

第十五章

功利主义的未确定性

期望主义与实现主义

在我们对功利主义的讨论中，我们一直绕开了一个关于应该如何阐述功利主义的重要问题。我们尚未考虑，我们是应该认为各种形式的直接功利主义是在称赞那些其总体效果或后果现实地有利于人类幸福的行动、动机呢，还是应该认为它们是在称赞那些其总体效果或后果（从某个合适的角度看）被预期是有利于人类幸福的行动、动机呢？（一个类似的、同样困难的问题也与更一般意义上的后果主义联系在一起。）实际上，这是一个功利主义的捍卫者与批评者都倾向于绕开的话题。

有人建议或似乎是建议说，功利主义或后果主义到底是表述为所谓的期望主义的形式[1]，还是实现主义的形式，这并不要紧。我想我曾见过，有些版本的效用原则已经把这种漠不关心嵌入到了这一原则的具体表达之中。例如，有时这一原则被表述为，一个行动是义务性的，当且仅当这个行动比其他替代选项具有**更好的或按照预期更好**的（对人类幸福而言的）后果。字面上讲，对功利原则的这一表达认为，不管是具有按预期最好的后果，还是具有实际上更好的后果，这二者都构成一个行动的义务性的充分条件，而这是一个我从未见到任何人明确捍卫过的观点。这种对功利原则的含糊表达可能实际上意味着，行为功利主义或行为后果主义的捍卫者与批评者都尚不确定，到底是用实现主义的方式还是用期望主义的方式才能最好地表达行为功利主义或行为后果主义的观点，于是他们都尝试避开这一议题而去处理关于功利主义的其他问题。

不过，绕开实现主义与期望主义之争的可不只是那些认为“功利主义是用期望主义还是实现主义形式来表述无关紧要”的人。还有一些人在这个议题才有确定的立场，要么支持对效用原则的实现主义表述，要么支持对它的期望主义表述，但这些人却没有为他们的特定偏好给 239
出任何辩护根据。由于争论的两边都有明确的支持者，我们会期望能找到一些关于实现主义与期望主义各自的价值的探讨与争论。然而，在我搜索到的范围内，我还没有看到任何关于这一议题的重要讨论。我希望接下来我们能清楚地看到，实现主义与期望主义之争的问题是功利主义者与后果主义者必须考虑的问题。如果这一问题得不到解决，功利主义与后果主义（无论是梯度性的还是其他形式的）便将处于一个比我们曾经以为的更羸弱的理论位置。而在实现主义与期望主义之间的抉择的不确定性将让功利主义与后果主义都遭受一种前所未有的批评，这种批评将会毁坏“构想出一个充分版本的功利主义或后果主义”的前景。

为了在这一议题上立足，我将首先描述，在对功利主义的阐述方面的实现主义与期望主义之争中的一些比较明确的立场。或许，如果我指出在功利主义文献中关于这一议题的意见的多样性，我们就更容易意识到，我们需要更细心地检验我所提出的这个问题的本性与推论。

辩护实现主义的行为功利主义或行为后果主义的有西季威克的《伦理学方法》，摩尔的《伦理学原理》和《伦理学》以及斯马特的《一个功利主义伦理学系统的概述》。这三人都区分了可谴责性与过错性，以减轻它们对那些具有不可预知的坏结果的行为的过错性的承诺。不过，值得注意的是，这样一种区分并没有为我们提供任何理由来**选择**实现主义而非期望主义。上面几部作品关于这一点也都谈得极少。

不过，即便西季威克与其他实现主义功利主义者/后果主义者都未曾为他们对期望主义的拒斥提供辩护，我想，“为什么这些哲学家都选择了实现主义版本的功利主义与后果主义”这个问题或许有一个相当合理的解释。他们认为，当从一个具有对各个可能的行为选项（或动机）的后果的完全的知识的角度来进行道德判断的时候，和/或基于一
240 种能允许这种完全知识的永恒普遍的观点来进行道德判断的时候，道德判断才是最合适、最有效或最准确的。[2]实际上，他们认为，在基础层面上，对行动的道德评价是一个不带个人感情地仁慈的理性的存在者从一个不受通常的关于时间、地点和人的认知限制的角度来看待这些行动时所具有的偏好或态度的问题。

如果行为的正当性或过错性依赖于一个不带个人感情地仁慈的、无所不知的理性存在者[3]，那么我们就可以看到为什么会不可避免地产生对实现主义的偏爱。那个无所不知的存在者将知道一个行动的遥远后果，这些后果是行动的实施者所不可能预知的。给定这个存在者的非个人性与仁慈，这个假想的存在者对这个行动的态度将部分地依赖这些遥远的后果是有利还是有害于人类幸福。这个无所不知的存在者会认为像杀死婴儿期的希特勒这样的事是可赞许的，或至少会比婴儿

时期的希特勒的身边的人更加认为这件事是可赞许的。因此，在有效地评价与执行行动的时候所做出评价之间存在着隔阂。如果不带个人感情的仁慈的无所不知是合适的功利主义道德判断的支点，那么正确的功利主义评价将是对实际的长期后果的评价，而非对预期的或可预见的（长期）后果的评价。[4]

不过，这仍然为我们留下了一个重要的问题，而据我所知，实现主义的捍卫者或支持者们尚未回应过这一问题。实现主义与期望主义版本的效用原则都要求仁慈性与非个人性作为恰当道德判断的基础性条件。然而，我们有任何好的理由去假设这种判断的支点中必须包含全知性条件，或必须要求进入一种普遍永恒的视角吗？一些直接功利主义者曾质疑仁慈性是否是对合适的道德判断所要求的态度的完整的刻画，并认为正义的因素在使一个事态成为好事态这个方面也具有独立的作用，但正义因素却不能被包含在对不带个人感情的**仁慈**的心理解释之中。类似地，一个期望主义者也可以宣称，对某个给定行动者的行动的判断应该从与行动者在相关方面相似的认知性或知识论性角度来做出。这个期望主义者会认为，非个人性与仁慈性已给出了我们在做出对行动的客观有效的道德判断时所需要的所有距离，能让这判断免于行动者的非道德或反道德的自我中心主义与偏见；然而，任何对行动者的视角的进一步的偏离都将使我们很难或更难把随之产生的评价当作对**这个行动者所做出的行动**的评价；由此，最好把期望主义后果当作直接功利主义或直接后果主义的行为评价的焦点或支点。 241

坦率地说，我不太知道应该如何回应这种期望主义论证。我并未真正被它说服，因为在我看来，如果像直接后果主义者所认为的那样，我们可以脱离行动者的实际动机来合适地判断一个行动，那么我们大概也能够脱离行动者的认知视角来判断行动。不过，我也没有看到任何好的论证可以**要求**把脱离认知视角作为合适的或准确的道德评价的条件。有一个显而易见的论证认为，那种既脱离了行动者的动机，也脱离了行动者的认知/知识论限制的功利主义观点更前后一致、更均一，并因此在方法论上更好；然而这样的论证也伴随着理论上的危险。实际上，在当下语境下这种论证可能会适得其反，因为功利主义显然不要求我们脱离行动者的其他一些方面来判断行动。功利主义通常仅仅把“对”或“错”这样的表述性形容词应用于故意行动，因此它脱离行动的故意性特征来判断行动的对或错。此外，功利主义也拒绝脱离行动者的能力之内的各个替代性选项来评价行动——功利主义通常认为这些替代选项是与行动的评价相关的，并因此拒绝脱离行动者的因果能力来评价行动。因此，任何来自一致性的论证都将是一把双刃剑，而且这里的议题或许太过复杂而无法通过任何一致性论证来得到有效的处理。很难看清楚，功利主义怎样才能捍卫它对实现主义版本的偏好或对那种普遍永恒视角的偏好。

不过，我也应该提到，有些哲学家选择去**使用**一种期望主义版本的行为功利主义。[5]其他一些人甚至断言，期望论功利主义是一种更好或更精确版本的功利主义，然而令人失望的是，他们在这么断言时并没有提供任何理由。[6]实际上，很难捍卫这两种功利主义或后果主义中的任何一种而反对另一种。正如我提到过的，这种困难以及它为功利主义或后果主义的特定版本或表达带来难题的潜在可能性，很大程度上都被那些倡导实现主义的人、倡导期望主义的人和那些试图在这一议题上保持中立的人忽略了。

我想现在我们有理由下结论说，功利主义中存在着的未确定性比我们原先认识到的更多。而且，前面的章节考虑过的那些种类的未确定性让我们对常见版本的功利主义产生了怀疑，并让我们有理由质疑，是否有任何功利主义的具体版本或诠释（哪怕是一种梯度性的版本）能够在理论上得到辩护。很清楚的是，我们不能像之前那样简单地回避或绕开这种期望主义与实现主义之间的争论。不过，“不管我们用期望主义版本还是实现主义版本来构想功利主义，都无关紧要”这样的想法可以被进一步地解释，而这种解释或许能帮助我们理解当下的困难。（在功利主义的基础与方法论方面）最优化型与满足底线型功利主义之间的未确定性把我们导向了一种只包含了这两种类型的共同点的梯度性功利主义；与此类似的，功利主义的实现主义版本与期望主义版本之间的未确定性或许也会导向某种只赞同这两种版本的共同点的功利主义。 242

实现主义与期望主义都清晰地认为，一个比替代选项具有预期的或现实的更好后果的行动要比替代选项更好；仅仅当这两种关于“更好性”的标准互相分离，某个行动具有预期的更好后果却不具有现实的更好后果的时候，这两种观点才发生分歧。可以有这样一种功利主义：它以上面所提示的方式把自己仅仅限制于那些轮廓清晰的情形中，由此它实际上为功利主义的道德优势性或更好性提供了仅仅充分却不必要的条件。不过，正如同梯度性功利主义为功利主义留下了一个非比较级道德价值方面的巨大空隙，上面这种功利主义版本也为梯度性功利主义留下了比较级道德价值方面的相当大的空隙。由于这种具体领域方面的进一步丧失，我们可能会怀疑，从理论的角度看这样一种不明确的、对问题缺乏表态的功利主义是否值得我们拥有。除非功利主义拥有某些资源来回答这种形式的怀疑，它作为一种道德理论的可行性看起来就非常可疑。

此外，我们也不应该忘记先前讨论过的在常见的还原论功利主义与排除论功利主义之间进行抉择的困难。我们在这一章中关心各种类型的还原论功利主义的未确定性，不过无论实现主义还是期望主义都代表了功利主义还原论的某种具体形式，功利主义可以按照这些具体形式来把评价性词语/语言还原为经验性或非评价性词语/语言。正如我希望我在第十三章的最后一部分已经说清楚的那样，在更为人熟知的（无论什么形式的）还原论功利主义与那种否认了任何评价性谓词的适用性的排除论功利主义之间的抉择，也是一个非常困难的抉择。实际上，看起来这个抉择和在期望主义与实现主义之间的抉择一样是令
243 人沮丧地未确定的。

这些未确定性方面的问题对功利主义构成了严重的威胁，正如功利主义所引起的那些直觉不合理性对功利主义构成了严重威胁一样。功利主义总是可以厚着脸皮拒绝承认后一类威胁，然而，前一类威胁似乎确实是功利主义的独特视觉所无条件地固有的。并不是任何与功利主义假设与进路的基本分歧导致了我们所讨论的这些未确定性的难题。相反，这些出现的困难是在以尽可能完全与一致的方式追求功利主义进路与功利主义方法论的过程中产生的。这些显露出来的困难是每一个从功利主义自身的哲学角度来思考的功利主义者都应该面对的困难。只要这些功利主义者或其他人还没有向我们表明怎样才能回答这些问题，我想我们就有理由认为功利主义进路是一项自我设限、自我破坏的失败事业。这让我们现在有进一步的理由去选择美德伦理学进路。

不过，有人曾建议说，功利主义者可以超越他自己的功利主义假设与方法论，并最终诉诸常识性考虑或直觉合理性来避免未确定性方面的指控。或许期望主义比实现主义更加符合常识，或许我们可以说还原论功利主义比第十三章中简要讨论的排除论功利主义更接近广泛接受的或常识性的道德观点。

不过，许多（甚至大多数）直接功利主义者都不愿意太过依赖常识思考或直觉（边沁以及更晚近的黑尔与斯马特都是这种态度的好例子）；而且看起来，如果功利主义者为了避开未确定性就得允许自己如此大规模地依赖日常道德思考，那么他又会为自己制造其他一些困难，这些困难最终会同样地威胁他的理论位置的有效性。在第十四章，我提到了功利主义在关于生活、人、特质与成就的可赞赏性的观点方面如何以多种多样的方式区别于常识直觉。不过，刚才我说过，功利主义或许可以“厚着脸皮不承认”他的观点与常识意见之间的差别构成了问题；此刻我想到的是那些典型的或常见的功利主义观点，它们坚持认为伦理学应该合理地重组、或整理我们的直觉，而不是依赖于这些直觉。

然而，如果功利主义为了现在消除未确定性的目的而向伦理直觉赋予某些重要性或有效性，那她在面临像第十四章末尾那样的与直觉之间的差异时就不能简单地厚着脸皮硬挺了。因此，解决未确定性的 244
代价将是令第十四章所讨论的功利主义的反直觉理论后果变得更突出与棘手。不管采取哪种方式，功利主义似乎都陷入了深深的难题，而常识美德伦理学却没有。

我相信，任何非功利主义伦理观只要认为对行动、特质与人的评价是对相关事态的非个人性的/客观的评价的函数，便都面临同样的难题。多元论和/或完善论形式的后果主义——这些观点允许把幸福/快乐之外的其他东西算作个人利好，而且/或者认为事态之好与人类福利之间的关系要比直接功利主义所认为的更复杂——在这些问题上与常识观点更接近。因此，有人可能会认为，可以在这个方向上找到一个总体性观点，这种观点既能逃脱上面的未确定性方面的指责，又能避免第十四章中描述的那些反直观的结果。

为了避免未确定性，我们大概必须以直觉性考虑来解决期望主义与实现主义、还原主义与排除主义之间的争议。然而，即便我们解决了这些争议，并接受了一种非功利主义的、更具有直觉性的关于个人利好与好事态的理论，我们所谈论的这种后果主义也会遭遇第十四章所讨论的那些困难。这些困难也许不那么严重，但仍然构成困难。

一种完善论/多元论的直接后果主义可以避免这样的功利主义结论：（给定相关的事实）像特蕾莎修女或乔纳斯·索尔克这样为人类带来了巨大恩惠的人必然比像爱因斯坦或玛莎·格雷厄姆这样的人更值得赞赏，因为爱因斯坦等人的成就的价值仅仅等于这些成就所带来的对贫困或疾病的大规模缓解所具有的价值。例如，完善论者可以说，"玛莎·格雷厄姆取得了她的成就"与"特蕾莎修女取得了她的成就"是两件同样好的事，而这里的基础性假设是，重大的文化成就/进步具有与对个体福利或幸福的大规模改善同等的道德意义。然而，我想知道，我们该怎么看待那些不那么具有世界性、历史性意义的成就与美德呢？我们赞赏某些私下朋友在面临悲惨损失时的坚韧或在财务方面的远见，即便这些坚韧与远见并不是无与伦比的，也并不代表什么文化成就或进步。我怀疑，我们日常是否会认为，这种坚韧与远见不如一个对自己的病人助益良多的医生所具有的职业精神或责任心那样值得赞
245 赏。正如我先前提到的，我们一般允许那些与（大数量的）他人的福利没什么关系的个体化可赞赏性。而我相信，当完善论与多元论后果主义尝试与对上面这些品格特质的常识或直觉评价保持相符的时候，它们会遭遇困难。

完善论（或多元论）当然可以说，对坚韧或远见的展现是好的。不过，因为它把它关于可赞赏性的判断与关于事态之好的判断排他地绑定在一起，所以，只有当它不合理地断言"某个人展现了坚韧"与"某

个医生从重病中拯救了许多人”这两个事态同等地重要、同等地好的时候，它才能说，面临悲惨损失时的坚韧与救助了许多患者的医生所具有的职业精神与责任心同样地值得赞赏。因此，完善论/多元主义必须要么认为，坚韧等品质实际上不像它们看上去的那么值得赞赏，要么在不同事态的相对价值与重要性方面做出反直觉的断言。无论以哪种方式，它都会变得不合理。

与此相反，虽然我们希望看到世界上发生某些事情，我们也认为看到某些事情在世界上发生是十分重要的，但我们关于可赞赏性的常识思考并不是如此紧密地与这些事情绑定在一起。即使我们像我所知晓的任何合理形式的后果主义一样认为“某个医生从重病中拯救了许多人”是比“另一个人在面对私人损失时展现了坚韧或在私人财务方面展现了远见”更重要、客观上更好的事，我们也不需要推论出这个医生的责任心或职业精神比那私人的坚韧或财务上的远见更值得赞赏，而后果主义似乎却不得不这么推论。我想，我们在直觉上认为私人的坚韧与远见可以像医生的日常责任心（毕竟，为了达到医疗效果这个医生并不需要成为一个深挚忠诚的人道主义者）一样地值得赞赏，甚至比后者更值得赞赏——即便我们也愿意承认，客观地说，“许多人被从重病中拯救”这样的事要比“某个人展现了坚韧或财务远见”这样的事更好或更值得欲求。

因此，非功利主义的多元论后果主义者必定在价值判断方面与常识产生相当的差异。多元论与常识之间的鸿沟不像功利主义与常识的鸿沟那么巨大，但我相信，这个鸿沟已经大到足以让我们的常识美德伦理学进路相对于任何我所知道的完善论/多元论后果主义而言具有某种优势。由于我们揭示的这些反直觉的理论后果独立于期望主义-实 246
现主义之争与还原主义-排除主义之争，我想我们可以说，美德伦理学进路与任何排他性地以事态之好来进行评价的非功利主义进路相比都具有优势。

当然，在上面章节中，给予对非功利主义的后果主义的关注不太多。对我所提出的那种美德–伦理排除主义来说，功利主义作为一种还原主义是一个有用的理论映衬。而行为功利主义无疑是后果主义中最著名、历史上最重要的一种。不过，在过去和最近，人们发展了各种各样的非功利主义的后果主义。很难说我对这些进路提出的这些少量的批评已经令完善论或多元论后果主义无法成为常识美德伦理学的有力竞争者。不过，要进一步讨论这些问题，就要留待下一章了。

注 释

1 对于那种与实现主义相反的观点，我（*Beyond Optimizing*, Harvard, 1989, Ch. 7）使用了概率主义这样一个不太恰当的词语，而不是本书所使用的“期望主义”。

2 在功利主义的当代研究中，“从一种具有完全的（相关）知识（这种知识被认为包括对他人的经验的想象性敏感）的角度来进行评价”这样一种观念可以在下述文献中找到：P. Railton, “Moral Realism,” *Philosophical Review* XCV, 1986, pp. 163—207, esp. pp. 190ff。不过，这种观念在许多其他地方也出现过，而且很大程度地呈现在边沁的这个断言中，“来自效用的命令不多不少地正好等于来自最广阔且最开明的仁慈心的命令”（*An Introduction to the Principles of Morals and Legislation*, London: Methuen, 1982, p. 117）。关于从普遍永恒的角度进行功利主义评价的观念，see Smart's “An Outline of a System of Utilitarian Ethics” (in Smart and Williams, *Utilitarianism: for and against*, Cambridge, 1972, p. 63); Williams's “A Critique of Utilitarianism” (in Smart and Williams, *op. cit.*, p. 118); T. Nagel's “Subjective and Objective” (in his *Mortal Questions*, Cambridge 1979, pp. 202ff)。罗尔斯（*A Theory of Justice*, Harvard, 1971, pp. 183ff）认为功利主义道德评价的理想视角涉及完全的知识，而且他似乎偏爱一种实现主义的功利主义构想（pp.22ff）。不过他对功利主义的理解在某些方面是怪异的（p.182）。

3 或者，依赖某个具有所有相关知识的存在者的态度。 247

4 对于更一般的后果主义而言，事情更复杂，仁慈不再是唯一一种可能的与此有关的态度。不过，后果主义最终产生的问题与功利主义的这些问题是相似的。

5 See, e.g., Richard Brandt in *Ethical Theory* (Prentice-Hall, 1958, pp. 381ff)。或许，我应该说，勃兰特提出了一些理由，但并不认为它们是决定性的（而它们也确实不是决定性的）。

6 See Samuel Scheffler, *The Rejection of Consequentialism*, Oxford, 1982,p. ln. 248

第十六章

多元主义的种类

尽管存在着前面两章描述的那些困难，某些人可能仍然认为，与那种自称为“美德伦理学”的基于直觉的关于美德与可赞赏性的观点相比，老式的功利主义在简洁性方面具有独特的优势。标准的功利主义把所有的道德/德性论评价都与个人利好方面的因素绑定在一起；与此相反，美德伦理学没有提出任何方法来把所有关于可赞赏性的判断统一到某个单一的标题或类别之下。这样，美德伦理学就使得关于美德与可赞赏性的判断依赖多种多样的考量因素，这些考量因素要求我们对它们进行细致的衡量比较。按照罗斯对表面义务的解释，常识道德看起来是多元性的；美德伦理学尽管具有直觉性力量，却可能和常识道德一样具有深刻的多元性。在罗斯看来，不说谎的义务、不伤害的义务、信守承诺的义务等义务之间并没有固定不变的关系。它们既非从某个单个的终极道德类别中衍生出来，也不具有任何词典式的优先顺序。在这种观点看来，若某个因素在一个情境中被另一个因素压倒了，这个因素仍然可以在某个非常不同的情境中反过来压倒那另一个因素。因此，当两个表面原则在某个特定情境中发生冲突的时候，需要靠精致的直觉来弄清哪个原则优先于另一个。

直觉主义道德观的这种多元主义招致了这样一些指责：这种多元主义让道德成了主观的东西，以及/或者这种多元主义使得道德的基础方面变得任性而缺乏理由。不过，正如罗斯本人以及其他人最近所注意到的，非福利主义且非快乐主义版本的行为后果主义（或直接后果主义）也面临类似的指责。[1]因为，如果某种理论认为那些令事态好的因素或那些基础性地影响着个体福利的因素都不可避免地是多元性的，那么这样一种关于善好的理论就会像罗斯的关于正当的直觉主义理论一样是多元性的。

现在，功利主义者可能会闯进来并论证说，他们至少避免了个人利好与事态之好方面的多元性。他们会说，这样的事实会令快乐主义且 249
功利主义的后果主义胜过非功利主义的后果主义，也胜过直觉主义或常识主义。快乐主义至少把个人利好还原到了一个单一的因素、一个统一体，而福利主义以类似的方式统一了好事态的观念。而在一些功利主义者看来，这代表了功利主义相对于罗斯的直觉主义道德理论与常识美德伦理学的一个优势。

不过，我认为功利主义方面的这种断言是无法被认可的。首先，快乐主义要求我们用同一个尺度来衡量快乐与痛苦。而罗尔斯追随着桑塔亚纳而认为：

> 我们必须确定快乐与痛苦的相对价值。当彼特拉克说，为了一千份快乐也不值得付出一份痛苦时，他采取了一种比较它们的标准，这个标准比快乐与痛苦更基本。人必须自己来决定快乐与痛苦的相对价值，把他的现在与未来的全部倾向与欲望都纳入考虑。[2]

如果罗尔斯在这里是对的，那么快乐与痛苦的相对重要性并不是嵌入在快乐与痛苦的概念之中的。二者的相对重要性问题既不是预先给定的，也不是自明的，而是要求每个人自己去决定的问题。即便在仔细地慎思之后，他们对快乐与痛苦的相对价值都产生了相同的估计，他们这样做也是基于共同的直觉，而非基于某个稳固不变的机械过程或算法。同理，在原则上我们没有理由认为罗斯对表面原则的运用或我们对（相对）可赞赏性的判断无法产生一致的同意。当然，当人们必须依赖他们对直觉合理性的感知时，我们并不常常期待出现一致的同意。然而，这一点无论在估计快乐与痛苦的相对权重时，还是在判断罗斯主义原则在情境中的相对权重时，还是在判断美德与美德反面的某种给定的混合体的可赞赏性时，都同样地成立。[3]

而且，快乐主义的功利主义所固有的多元性并不局限于为快乐和痛苦分配恰当的相对权重的问题。罗尔斯也曾指出：

> 存在着各种各样的惬意感受，它们之间无法比较。强度与持久度这两个快乐的量化维度之间也无法比较。当它们冲突时我们如何平衡它们？我们应该选择对某类感受的一个短暂但强烈的快乐体验，而不去选择对另一类感受的持久但不那么强烈的快乐体
> 250 验吗？亚里士多德曾说，如果必要的话一个好人愿为自己的朋友去死，因为他宁愿选择一段短暂而强烈的快乐而非一段漫长而微弱的快乐，宁愿选择一年的高贵生活而非多年的乏味生活。然而，他是如何确定这一点的呢？[4]

关于快乐主义以及以快乐主义方式来理解的功利主义所具有的不可还原的多元性，罗尔斯在这里提出了两个重要的观点。第一，即便我

们假定令人更快乐的东西自动就是更好的东西，所有对“好”的评价都能还原为快乐方面的事，我们用来衡量快乐的多少的那些维度在直觉上也不是预先给定或自明的。快乐的概念自身并没有直接告诉我们如何衡量这些不同的维度。第二，更具体地，“如何比较快乐的持久性与快乐的强度之间的权重”这个问题并不存在预先给定的、自动的或纯粹定义性的答案。靠快乐的概念（以及持久性与强度的概念）自身并不能解决这些问题，而在为了这些比较而进行精细的权衡时，各个合格的权衡者很可能会产生彼此不一致的结论。甚至有可能，强度与持久性的相对权重依快乐的种类而变化。因此，现在可以看清楚的是，即使快乐主义也无法避免多元性以及对精细直觉的需求。

当然，还有一些功利主义不是狭义地快乐主义的；它们不只谈论快乐，也谈论幸福、满足或偏好。然而，如果说这一领域中有任何东西是自明的话，我认为这一点是自明的：当我们从快乐转向幸福时，被狭义地理解的快乐主义所涉及的多元性也会发生传递，并进一步地复杂化。在重要的意义上，这种从快乐到幸福的转移在那些完成转移的人看来是有辩护根据的，因为幸福的概念具有更大的灵活性与敏感性。而这等于是说，幸福包含着比快乐更多的维度。因此，幸福的复杂性实际上大大超过我们刚才所看到的快乐的复杂性。

而基于偏好满足的功利主义既包含了复杂性，又适应了复杂性；这一点或许更加显而易见、更不需要捍卫。如果我们把人类或个人的利好绑定到人所具有的无论何种偏好（或经过慎思的一致的偏好）的满足上，我们就为许许多多偏好的可能性留下了空间。尤其是，我们可能会允许一些并不明显与个人快乐或幸福有关的因素在决定某个人的偏好，构成她的个人利好或福利时起作用。[5]

所以，功利主义可能比它的某些捍卫者甚至批评者所认为的要更

加复杂。它对个人利好与损害的判断和比较必须把多元的因素都纳入
251 考虑,并因此像其他伦理理论在进行这些判断时一样需要依赖直觉,即便依赖的程度有所不同。

此外,那些对于在决定道德或其他评价性议题时诉诸直觉持批评态度的功利主义者可能需要被提醒的是,“快乐是好的,不是一种个人的恶”这样一种功利主义/快乐主义观点自身也是基于强烈的直觉的。边沁在《导论》中用了相当长的篇幅讨论了一种在基础层面上否定(所有)快乐而肯定(所有)痛苦的禁欲主义。很难看出,一个功利主义者或别的什么人除了基于直觉、考虑或诉诸禁欲主义在直觉上令人反感的特征之外,还能有什么办法来拒斥禁欲主义论题。没有任何道德观点可以完全不诉诸直觉,由此,美德伦理学与功利主义之间的真正问题是,既然功利主义一方面通过诉诸更少的直觉建立了一种相对更加系统化的统一性,另一方面又因为没有考虑大量的其他直觉而产生了反直觉的理论后果,那么前面这种统一性能否为后面这种反直觉后果提供辩护根据?或者,也许我应该说,这一问题是我们讨论的这两种主要伦理学进路之间的真正的、最重要的问题,如果功利主义的未确定性尚未对功利主义的可行性构成更大的威胁的话。

考虑到根据功利主义自己的方法论与基础假设,任何具体的总体功利主义观点或理论都具有未确定性,功利主义必须要么承认自己被这些问题阻挠住了,要么比之前更加自由地和实质性地依赖直觉以确定它的各种可能版本中哪种更合理。然而,正如我们所注意到的,在许多领域中,任何这样一种亲近直觉的功利主义都将与常识直觉保持相当大的距离。由于我们已经发现功利主义在统一性方面的理论优势并不像我们通常假设的那么大,我怀疑这样一种修订过的功利主义观点(这种还尚未被明确阐述过的观点)能否像我们所捍卫的这种常识美德

伦理学一样合理可信。

很清楚的是，这种修订过的观点并不会遭受我们在功利主义中所发现的那种未确定性。它承认它的原则（见第六章）与它关于什么算作美德的断言并不能仅靠自身来确定我们想要做出的每一个伦理判断：例如，关于多个品格特质的组合的相对可赞赏性的判断和关于具体情境中的行动的判断。但它坚持认为这些缺陷在大多数时候能够通过聪颖敏锐的直觉与论证得到弥补。尽管常识美德伦理学自己就宣称自己是多元主义的，这是一个单一的、很可能正确的理论在内容方面的多元 252
性；与此相反，与功利主义相联系的那种未确定性影响到了在不同理论之间的抉择。我们的美德伦理学允许通过多元的因素来确定伦理价值，然而这些因素是在**一个单一的总体观点**之内运作的因素；与此相反，功利主义的未确定性所带来的威胁是这样一种威胁：我们可能拥有**多个不同的功利主义理论**，却没有办法确定哪个是对的。这样一种理论间的多元性远远要比纯粹的理论内的复杂性更令人担忧、更成问题。当然，现在功利主义似乎可以通过赋予直觉更多的权重和允许与之前相比的更多的复杂性来避免未确定性。然而，现在应该十分清楚的是，当这种修订后的功利主义这么做的时候，它仅仅是在模仿一种理论内的多元性与对直觉的依赖，而这两个特征是常识美德伦理学从一开始就能与之自在相处的。

注　释

1　关于这些问题，see S. Darwall, “Agent-Centered Restrictions from the Inside Out,” *Philosophical Studies*, 1986, esp. p. 298.

2　*A Theory of Justice*, Harvard, 1971, p. 557.

3　一个人衡量快乐与痛苦的方式可能与这个人对待风险的态度有关。很清楚的是，在承担风险的领域里，即便在快乐主义者和功利主义者之间可能也会有不同的看法。如果有人想要完整地理解各种形式的功利主义评价的复杂性，并确定哪个是对的，那么这将是一个必须探索的话题。

4　*Op.cit.*, p. 557. 关于这整个话题，see Mill's "Utilitarianism" ; Amartya Sen's "Plural Utility," *Proc. of the Aristotelian Society* 1980—1981,pp. 193—215; and M. Stocker's *Plural and Conflicting Values*, Oxford, 1989。

253 5　Cf. Derek Parfit's *Reasons and Persons*, Oxford, 1984, esp. Appendices C and I.

第十七章
结　论

在某种程度上，与大多数近年的美德伦理学著作相比，本书是在更加抽象的层面上写作的。不过，为了能成为与康德主义、功利主义、道义论以及其他伦理学进路旗鼓相当的真正的理论对手，美德伦理学必须采纳其他理论的某些基础性目标，并把那些结构性因素与议题纳入考虑，这些因素与议题在对常识道德与功利主义（或更一般的后果主义）之争的讨论中起到了重要的作用。此后，它必须证明自己能够回答基础性的问题，并能解决一些其他理论无法令人满意地解决的问题。

近年来大多数对美德伦理学的兴趣集中于分析具体的美德和描述伦理学中被那些忽略了美德话题的人不公平地疏忽了的那些方面。一种让自己局限于讨论对与错的行动的功利主义遗漏掉了许多连功利主义者自己也不愿忽略的问题。而在近些年对动机功利主义与品格功利主义的兴趣复兴之前，二十世纪的功利主义一直远远不如我们在边沁与西季威克作品中所看到的那么完整或全面。在这段忽略了动机与品格的时间里，人们当然没有发现这种忽略所带来的劣势与坏处。然而，在近些年的理论发展中，我们或许能更清楚地看到（边沁与西季威克或许知道这一点，但当代的功利主义者却极大地忽略了它），从功能性对象到品格的内在心理状态，所有这些东西都可以以功利主义（或后果主义的）的方式进行系统化的评价。

我们在本书中做了一些工作来让功利主义在这种更卓著的、自我一致的系统化方向上走得更远。[1]同样地，如果美德伦理学只满足于处理或定义一个个具体的美德或一般意义上的美德，那么这种美德伦理学还不能算作一个总体性的伦理学进路，而只能作为对常识、康德主
254 义、功利主义或其他伦理学与道德哲学理论的一种补充。这种补足性的进展当然是很有价值的，哪怕它们无助于建立一种作为独立的伦理学进路的美德伦理学。实际上，考虑到近些年伦理学的历史，我们或许很难认识到对一种独立的美德伦理学的需求，直到有一天我们发现了康德主义与常识或直觉主义道德的那些根深蒂固的问题。面临这些问题，康德主义与日常道德都无法合理地（或不加重大修正地）充当我们对美德的（常识）理解的基础。在本书的最后一部分，我们看到，功利主义对美德与可赞赏性的处理至少到目前为止是没有希望的。

当然，对美德或好品格的功利主义进路为美德提供了一种角色，这种角色可以独立于功利主义关于正当行动的理论而被确定。因为，与康德主义和直觉主义道德不同，功利主义直接用与人类幸福的关系来刻画好的或值得赞赏的品格或动机，而不需要引入（导致或引起）正当行动的概念。因此，与康德主义与常识道德不同，功利主义在处理正当行动的同一个层面上处理美德和品格，而不是认为美德与品格是从正当行动中衍生出的或仅仅是正当行动的补充。然而，即便前后一致的功利主义伦理学进路为美德提供了这种扩展性的、不那么次要的角色，这也无法挽救这种关于美德的功利主义，因为这种功利主义实际上要

部分地为我们在第十四章提到的那些不合理的理论后果负责。

基础性且(相当地)系统性的美德伦理学进路的出现,部分地来自这样一种需求:避免功利主义的不合理性与/或未决定性,也避免康德主义与常识道德(以及把常识道德包含在内的常识伦理学)所陷入的那些悖谬与困难。我的想法是,看看一种独特的关于对行为与品格的评价的美德伦理学进路能否平稳地进展而避免另外三种主要伦理理论所遭受的陷阱。更具体地,在引起了这本书的写作的思考过程中,当我发现或相信自己发现,美德的概念可以避开那些损害或至少威胁着关于道德正当性与道德善好/美德的常识观点与康德主义观点的困难的时候,我开始寻找一个能让我们避开这些困难的、直接描述行动的词语。最后,我在“值得赞赏”这个词中找到了我想要的。实际上,由于“一项美德”的概念很容易被与“美德”的观念混淆起来,而“美德”在日常会话中又常常被解释为**道德**美德,在描述特质而非特定行动的层面上“值得赞赏”这个词可能比“(是)一项美德”这种说法更合适。因此,我们 255
会频繁地谈及“值得赞赏的(品格)特质”,而不只是谈及“有美德的品格特质”“美德”或“某个特质是一项美德”。

无论按照逻辑的还是历史的顺序,下一步都将是考虑,一种仅仅基于我们对可赞赏性与美德地位及其反面的直觉想法的建设性的伦理学是否足够覆盖道德或伦理生活中的涉他的方面,从而使我们不会后悔自己没有使用任何专门的道德词语。前面的章节,特别是第二部分与第三部分,都尝试覆盖这些涉他方面的内容,并以这种方式来消除重回道德概念的需要。我们也看到,与康德主义与常识道德(乃至功利主义)相比,这里采取的美德伦理学进路使得涉己的伦理现象与涉他的伦理现象更像是属于同一个整体。尽管这种意料之外的结果自身可能并不比看待这些问题的其他方式更具有直觉性,我认为这种统一性的进路具有显然的吸引力。尤其是在第八章，我试图在详细阐述这种一般性的美德伦理学进路的本性与承诺的过程中，展现这种进路的吸引力。

当然，在尝试处理基础性与结构性问题时，我在某种程度上忽略了对重要的具体美德的讨论，我甚至没有尝试去说明，美德是否与其他值得赞赏的性格特质不同、如何不同（以及品格是否与性格不同，如何不同）。因此，我不会宣称我已经说出了一个建设性的美德伦理学想要或需要说的一切。如果我已经明确地把美德伦理学放置在了伦理理论的各种竞争性进路所构成的图景之中，从而让我们能看到美德伦理学既不能从其他不同的伦理学理论中衍生出来，也不仅仅是其他伦理理论的补充，那么这就已经达成了我的目的。

无论这种美德伦理学进路是多么激进，我们都可以看到，就当代的哲学讨论氛围而言，它并不如斯多葛主义、伊壁鸠鲁主义或斯宾诺莎等的利己主义观点那么激进。不过我们没有像讨论康德主义、常识主义与功利主义的伦理/道德去持久地讨论利己主义。因为，正如先前我在设法抛弃那些包含道德的伦理学时所说的，出于保守主义的理由，也为了具有广泛的吸引力和合理性，我希望能寻找到和阐述出一种伦理学的系统性进路，这种进路可以在抛弃了道德的前提下尽可能地覆盖原先由道德所覆盖的那些内容。如果有人能为我们在这里批评的这些伦
256 理学进路提供一种系统化的替代性进路，并且与我们提出的美德伦理学（和利己主义）相比，这种替代性进路与上面那些被批评的进路之间还更接近些，那么按照本书的整体理路，我要说这种替代性进路可能会优于我所提出的美德伦理学进路。不过在这种替代性进路被阐述出来之前，当下的进路可能将一直是我们最合理或最有希望的进路。斯宾诺莎的利己主义（当然，像伊壁鸠鲁主义与斯多葛主义一样，斯宾诺莎允许从利己的理由中衍生出对他人的关切）基于一些在当代已经不那

么流行的形而上学观点，而尼采的利己主义（如果我们能这样概括尼采那难以捉摸而复杂的观点的话）则依赖于对基督教/常识道德的潜在心理基础的假设，这一假设认为，上面这种心理状况在很大程度上是一种无助的向内的攻击性与怨恨，不过这一假设并未被广泛地接受为合理的。[2]如果有人能表明尼采的这些假设是合理的，或者表明斯宾诺莎的形而上学是合理的，那么与利己主义现在的境况相比，利己主义可能会成为一个更可取的理论选项。然而，在尚未有人表明这些合理性之前，我认为对伦理学的自我-他人对称性进路仍是最有希望的。正因为如此，我才几乎只关注这样一种美德伦理学进路：它一方面为他人的福利赋予了基础层面的重要性，另一方面，与康德主义美德伦理学不同的是，它也在基础层面上关心行动或特质的拥有者自己的福利，而不只是关心行动或特质的拥有者的可赞赏性或美德。

在这本书中，我也没有怎么关心伦理学/道德哲学中的契约论传统与罗尔斯与高蒂尔等人的当代契约论。一部分是因为，我不认为后者的当代契约论必然构成了我们这里探索的这几种理论的竞争者或反对者。关于一个理性的或假设性的契约的观念，如同关于一个理想的法官或观察者的观念一样，在很大程度上是一种用来产生特定道德观点的装置；从最一般的意义上来理解，很难看出这种装置是否必然地与任何特定的道德构想绑定在一起。理想观察者的观念不仅在道义论的道德理论中扮演角色，也在功利主义理论中扮演角色；类似地，既有人用契约概念来支持功利主义，也有人用契约概念来支持反功利主义的观点。[3]实际上，我想没有理由认为，为什么一个美德理论家就不能用契约论观念来支持她自己的进路。

此外，尽管罗尔斯与高蒂尔各自对道德的推衍获得了赞誉，它们也 257
受到了许多来自不同角度的批评。我在这里不准备重复关于罗尔斯对契约模型的使用的那些主要批评。而对于高蒂尔的论证,我只想提一提,当他试图从某种选择倾向的合理性来论证出于这些倾向而行动的合理性时,他的论证是脆弱的。高蒂尔通过性情倾向对于行动者的欲望满足的效果来为性情倾向提供辩护,而他又通过“行动在多大程度上符合这些以后果主义方式来辩护的性情倾向”来为行动提供辩护。这样他就给他自己带来了难题:这个难题很像规则功利主义所面对的难题,即,为什么行为的辩护理由与性情倾向的辩护理由不同。斯蒂芬·达尔沃曾用这些理由来反对高蒂尔的契约论论证。因为我认为高蒂尔没能有效地回答这一问题,我非常怀疑他的进路是否是可行的。[4]因此,我不认为我们需要认为,契约论观点与进路威胁到了(一种完整的或系统化的)美德伦理学的有效性或重要性。

在这个结论性的部分,我希望谈论美德伦理学进路的另一个侧面、一个经验性的方向;我们可能会发现它是有用或有趣的。追随罗尔斯的《正义论》,劳伦斯·科尔伯格曾尝试把罗尔斯式的观念与分类应用于对人格发展的探索。[5]在他的各种工作中,他曾论证说,儿童经历了一系列的道德阶段,最终达到了任何特定个人所能达到的最高阶段,而在这个最高阶段,他们对道德的理解是罗尔斯式的或准罗尔斯式的。这里不准备进一步讨论这一研究和其他人对“把罗尔斯式的观点奉为人类道德发展的顶峰”这种做法的批评。不过,如果往这方面想想,很清楚的是,我们也可以以类似的方式来提出关于各种美德之习得的教育心理学议题。我认为这样的议题无论在概念方面,还是在经验效果方面都是值得追求的。

例如,利他与适度的美德都需要对个体的培育陶冶。即便非常低龄的孩子也展现过这两种特质,当家长、教师和其他人试图战胜或改变孩子的自私或贪求的时候，这仍是一件艰难的工作。关于儿童如何发展出对他人的（更多的）内在道德关切的典型的（过度简化的）图景涉及这样一个假设：儿童需要经历一些过渡性阶段，在这些阶段中他们把 258
某些种类或水平上的对他人的关切看作是对他们自己的利益的扩展。一个关于如何减少儿童的挑剔与贪求的类似的简化的图景则认为，儿童需要经历这样一个阶段，在这个阶段中某些种类或水平的适度仅仅（以伊壁鸠鲁主义的方式）被视为实现最大满足的手段（例如，“再吃蛋糕，你就会不舒服或肚子疼”）。然而，正如同对他人的内在关切的增长通常被认为是一种道德进步一样，非工具性的适度的增长也被我们大多数人看作一件好事、一种人的进步。这种相似性提示着这样一种更一般性的想法，即，与科尔伯格等人工作的价值相类似，“个人身上的涉己与涉他的美德是如何发展起来的”这个问题也是值得研究的。在任何一种给定的美德的发展过程中，也许存在、也许不存在相对固定的系列阶段。在发展阶段的多样性与顺序方面，各个具体的美德之间可能也存在着有趣的差别。不过，现在我们对此还知道得非常少，而我们对这些理应知道得更多。

当然，由于有些美德是涉他的，先前对个体道德发展的经验与概念研究可能已经在某种程度上至少隐含地对美德的发展提出了解释。不过我还是认为（实际上这一点也很明显），如果我们把那些涉他的美德逐一地当作美德来研究，我们还将学到一些有趣的新东西。无论如何，最重要的是，先前关于道德发展的研究一味地偏向于那些刻画着我们的常识道德思考的涉他的美德。因此，先前关于道德发展的研究很大程度上忽略了坚韧、审慎、毅力、谨慎等值得欲求/值得赞赏的涉己的特质的发展。然而，毕竟在我们的常识看来这些特质仍然是美德。如果对涉他的值得欲求/值得赞赏的道德发展的研究是有价值的，那么即便不是出于排除专门道德概念的考虑，我们大概也有理由去研究涉己的值得赞赏的品格（与人格）特质的发展。

这类研究本应该不像现在这么稀有少见。除了我们在关于道德发展的研究中看到的那些常见理由之外，如果本书的进路是有效可信的，这也将让我们有更多的理由去期望或鼓励对涉己的美德与其他具体美
259 德的经验与概念研究。我们对这些问题的理解的空白是巨大的。即使我们还不能说道德发展的研究已经导向了一些像我们所希望的那样稳固而合理的结果，对具体美德的研究自身也已经很大程度上在要求我们进行这种道德发展研究了。而且，对具体美德的研究还有可能给关于儿童与青少年**道德**发展的研究带来有用的建议。

例如，如果道德发展可以被划分为前习俗、习俗与后习俗三个时期或阶段，那么各种各样的具体美德或许也能被分为这样三个阶段（尽管不同的美德的时间进程可能不同）。不过，我们在对具体美德的阶段发展的研究中所发现的那些具体的轮廓或许也能帮助我们澄清、支持或反对某些关于具体道德发展的广为接受或尚存争议的观点。因此，我认为，那些已经在从事具体道德发展研究的人有理由去追求或至少鼓励那种关于一个个美德的发展的研究。不幸的是，这种关于具体美德发展的研究在近年的心理学与教育学研究中被忽略了。为了让读者能初步感受一下我所建议的这种研究将会多么丰富和有趣，我想提一提几个相关的问题（在列举这些问题时我没有特意遵循什么顺序）；如果某个人要从事上面说的这种美德发展的研究的话，这些问题可能是值得研究的。

例如，在像坚韧这样的涉己的美德方面，研究者可能有兴趣知道，家庭背景与个人气质的哪些方面与坚韧的品质正相关或负相关。研究者可能也会寻求与这一特质的发展有关的跨文化和/或历史性信

息——例如，像耶稣或亚美尼亚人这样受到迫害的人是更可能还是更不可能发展这一特质呢？从概念的角度，我们可以有意义地谈论坚韧特质的发展过程中的前习俗阶段与习俗阶段吗？或者，存在着像工具性坚韧这样的东西吗？如果坚韧特质的发展史按照与习俗的关系被分成了几个阶段，那么工具性坚韧与坚韧特质的发展史之间的关系是怎样的呢？很清楚的是，这一系列问题（以及许多其他问题）也适用于其他涉己的特质、涉他的特质以及像勇气、耐心、善意与慷慨等混合性美德。

如果上面建议的这种研究最终积累了起来，它们会让我们比以前更好地知晓各种美德是如何发展的，可能还会与教育理论和实践有关。
现在，关于“在教导道德理想与标准方面，是应该在家庭中做得更多，还 260
是应该在学校中做得更多”这个议题存在着许多研究兴趣与争论。而按照我们上面的建议，这个议题还可以有益地进一步扩展，从而能囊括各种美德的教育方面的问题，在这各种美德中也包括那些涉己的美德。如果有人反对说，涉己的美德仅仅有利于美德的拥有者，因此与教导那些涉他的、令每个人比以前更好的规范与习惯相比，并不太需要教导涉己的美德，那么，最直接的回答将是，通过令每一个人都在涉己的方面变得更好一些，我们也可以让所有人都比以前更好一些。如果单个人能从审慎或面临困难时的坚韧中受益，那么通过教导学生或一般意义上的儿童去获得这些特质，也能促进人的全体的善好；尽管，与对道德标准与涉他的美德的灌输相比，对涉己的美德的教导是更加以单个个体的形式起作用的，而不那么以人与人的关系形式起作用的。

而且，由于我们当代对道德教育与道德标准（不仅在哲学界，而且在整个社会上）的强调，我们中的大多数人倾向于不去沉思涉己的美德，以及这些美德何以是值得欲求与值得赞赏的。如果我们在告诉某个人涉己的美德与涉他的或道德的美德之间的主要区别之后，请这个人提名几个涉己的美德，我们就很容易确证出这种忽略的存在。大部分人在说出了两三个特质之后，就停滞不前而难以说出更多了；而在涉他的美德方面，他们就很容易说出一长串名单。美德伦理学的一个好处（**不论**是作为道德准则的补充，**还是**作为所有伦理思考的基础）是，它让我们重新意识到了涉己的美德与混合美德的重要性，并让我们或许第一次了解到这些值得赞赏的品质的多种多样。当然，这两种看待美德伦理学的方式都能够（以不同程度的紧迫性）引导我们去询问与探索，我们最好通过向儿童教导各种具体美德的重要性来培养他们的伦理行为呢，还是最好通过教给他们道德规则或标准这种更常见的方式来培养伦理行为呢？

我并不是在建议说，如果我们发现我们能够更容易或更有效地教育人们以那些我们赞赏或至少不鄙夷的方式行动，那么这种发现就能支持美德伦理学相对于其他伦理理论进路的有效性。不过，为了明显的实践目的，也为了众人的利益，对这两种教育方式的效果的比较性研
261 究（无论在家庭中还是在学校里）都将是有价值的。那么，我是在说，我们应该把孩子们变成实验品，并请求或贿赂学校或家长以让他们关注各种美德，从而获得那些可能有益的知识吗？并非如此。在我们的社会中，或许在各个不同的社会中，各个家庭与学校在教导伦理标准时大概就已经存在着上面这种差异了。不需要去干预篡改人们的生活，我们就可以发现（不同的社会部位或种族背景的）不同的家长在对不同的美德的强调上存在差异。而这些差异可能就足够让我们对道德教育的美德伦理学模型与标准道德模型各自的相对有用性与效率有一个更好的经验性理解了。

此外，还有可能进行一些短期的研究，在这些研究中只以最轻微的

方式干预人们的人格，但可以在教导具体美德的功效方面向我们提供有趣和重要的信息。例如，在某个学校中，公民课上学生先被教授和展示坚韧的美德；然后，以一种突然的、似乎与课堂的内容无关的方式，他们遭受了一些剥夺性的待遇，例如被要求不吃午饭或在放学后滞留学校数小时，并用一些噱头式的托词来掩盖实验的真实目的。而另一个控制组则在课堂上被教授完全无关的内容，之后则遭受相同的剥夺性待遇。而两组学生在面对剥夺时的耐心、坚韧上的差别将是这个心理学研究的关注点。这样的研究将给我们带来许多关于各种美德的可教性的知识，并帮助我们回答这样一个问题：能否在学校或家庭中做伦理教育，该如何教育？显然，在本书中，美德呈现了一种尚未体现在现代伦理学中的重要性；而在讨论像本书这样的理论研究能提出哪些心理学与教育学议题时，我只说了一些主观的、不完全的意见。在这个意义上，本书可能具有真正的、实质性的、实践性的可能后果。不过，正如我曾说过的，或许这些后果的主要作用并不是让人更信服我的论证，而是让人们通过认真对待美德而得到哲学之外的实践好处与智性收获。

当然，很难说我已经证明了本书中提出的美德伦理学进路为伦理学提供了最好的基础。由于康德主义、功利主义与常识道德都可能找到对我们先前批评的回应，也由于我们的这种具体的美德伦理学才刚刚开始遭受批判性的检验，我们应该认为本书中所捍卫的这些断言至多是一些临时性的断言。只有时间能告诉我们，会不会出现一些能压 262
倒美德伦理学的批评。不过，其他伦理观点的那些难题，以及一种放弃了道德概念却并未倒向利己主义的美德伦理学所具有的丰富性和独特性，都让我们确信，美德伦理学必须被当作一个理论选项来认真对待。它的理论可能性在过去一向被低估或忽略。我希望未来不再是如此。

注　释

1　日常道德思考允许对两个在任何日常意义上都不构成彼此的替代选项的行动进行道德比较，例如，“我这次干得比我以前干得要好得多”。美德伦理学也可以以类似的方式说，在小说《双城记》中，悉尼·卡顿在结尾处所做的事比他在之前任何时候做的事都更值得赞赏。不过，功利主义似乎从来没有讨论过对不构成替代选项的行动之间的比较，而且，要发展一种好的功利主义方式以进行行动之间的跨情境道德比较，这并非易事。如果我们仅仅说，任何具有（按照期望的）好后果的行动都比那些具有（按照期望的）不那么好或坏的后果的行动更好，我们最后就必须承认，在某个替代选项集合中最差的行动，可能比另一个替代选项集合中最好的行动在道德上更好。这样的困难或许实际上解释了为什么功利主义从未（明确地）允许跨情境的道德比较。由此，在这方面与常识伦理学与美德伦理学相比，功利主义似乎是不够完整、不够具有系统性。

2　要想了解更多的这类假设，以及这些假设遭受了哪些批评，see my “Morality and Ignorance,” *Journal of Philosophy* 74, 1977, esp. pp. 758—763。

3　See e.g., J. Harsanyi, “Morality and the theory of rational behaviour,” in A. Sen and B. A. O. Williams, eds., *Utilitarianism and beyond*, Cambridge Press, 1982.

4　See S. Darwall, “Rational Agent, Rational Act,” in *Philosophical Topics* 14, 1986, esp. pp. 50ff; 我为了不同的目的也曾提到这一问题，see *Beyond Optimizing*, Harvard Press, 1989, pp. 66—70。

5　See Kohlberg, “Moral Stages and Moralization ...” in Lickona, ed., *Moral Development and Behaviour*, New York, 1976; *Essays in Moral Development*,vol. 1, *The Philosophy of Moral Development*, New York, Harper and Row,1981, and vol. 2,
263 *The Psychology of Moral Development*, New York, Harper and Row, 1984.

索　引

（条目后的数字为原书页码，见本书边码）

人文与社会译丛

第一批书目

1.《政治自由主义》(增订版),[美]J. 罗尔斯著,万俊人译　118.00元
2.《文化的解释》,[美]C. 格尔茨著,韩莉译　89.00元
3.《技术与时间:1. 爱比米修斯的过失》,[法]B. 斯蒂格勒著,裴程译　62.00元
4.《依附性积累与不发达》,[德]A. G. 弗兰克著,高铦等译　13.60元
5.《身处欧美的波兰农民》,[美]F. 兹纳涅茨基、W. I. 托马斯著,张友云译　9.20元
6.《现代性的后果》,[英]A. 吉登斯著,田禾译　45.00元
7.《消费文化与后现代主义》,[英]M. 费瑟斯通著,刘精明译　14.20元
8.《英国工人阶级的形成》(上、下册),[英]E. P. 汤普森著,钱乘旦等译　168.00元
9.《知识人的社会角色》,[美]F. 兹纳涅茨基著,郏斌祥译　49.00元

第二批书目

10.《文化生产:媒体与都市艺术》,[美]D. 克兰著,赵国新译　49.00元
11.《现代社会中的法律》,[美]R. M. 昂格尔著,吴玉章等译　39.00元
12.《后形而上学思想》,[德]J. 哈贝马斯著,曹卫东等译　58.00元
13.《自由主义与正义的局限》,[美]M. 桑德尔著,万俊人等译　30.00元

14.《临床医学的诞生》,[法]M. 福柯著,刘北成译　55.00 元
15.《农民的道义经济学》,[美]J. C. 斯科特著,程立显等译　42.00 元
16.《俄国思想家》,[英]I. 伯林著,彭淮栋译　35.00 元
17.《自我的根源:现代认同的形成》,[加]C. 泰勒著,韩震等译　128.00 元
18.《霍布斯的政治哲学》,[美]L. 施特劳斯著,申彤译　49.00 元
19.《现代性与大屠杀》,[英]Z. 鲍曼著,杨渝东等译　59.00 元

第三批书目

20.《新功能主义及其后》,[美]J. C. 亚历山大著,彭牧等译　15.80 元
21.《自由史论》,[英]J. 阿克顿著,胡传胜等译　89.00 元
22.《伯林谈话录》,[伊朗]R. 贾汉贝格鲁等著,杨祯钦译　48.00 元
23.《阶级斗争》,[法]R. 阿隆著,周以光译　13.50 元
24.《正义诸领域:为多元主义与平等一辩》,[美]M. 沃尔泽著,褚松燕等译　24.80 元
25.《大萧条的孩子们》,[美]G. H. 埃尔德著,田禾等译　27.30 元
26.《黑格尔》,[加]C. 泰勒著,张国清等译　135.00 元
27.《反潮流》,[英]I. 伯林著,冯克利译　48.00 元
28.《统治阶级》,[意]G. 莫斯卡著,贾鹤鹏译　98.00 元
29.《现代性的哲学话语》,[德]J. 哈贝马斯著,曹卫东等译　78.00 元

第四批书目

30.《自由论》(修订版),[英]I. 伯林著,胡传胜译　69.00 元
31.《保守主义》,[德]K. 曼海姆著,李朝晖、牟建君译　58.00 元
32.《科学的反革命》(修订版),[英]F. 哈耶克著,冯克利译　58.00 元

33.《实践感》,[法]P. 布迪厄著,蒋梓骅译 75.00元
34.《风险社会:新的现代性之路》,[德]U. 贝克著,张文杰等译 58.00元
35.《社会行动的结构》,[美]T. 帕森斯著,彭刚等译 80.00元
36.《个体的社会》,[德]N. 埃利亚斯著,翟三江、陆兴华译 15.30元
37.《传统的发明》,[英]E. 霍布斯鲍姆等著,顾杭、庞冠群译 68.00元
38.《关于马基雅维里的思考》,[美]L. 施特劳斯著,申彤译 78.00元
39.《追寻美德》,[美]A. 麦金太尔著,宋继杰译 68.00元

第五批书目

40.《现实感》,[英]I. 伯林著,潘荣荣、林茂译 30.00元
41.《启蒙的时代》,[英]I. 伯林著,孙尚扬、杨深译 35.00元
42.《元史学》,[美]H. 怀特著,陈新译 89.00元
43.《意识形态与现代文化》,[英]J. B. 汤普森著,高铦等译 68.00元
44.《美国大城市的死与生》,[加]J. 雅各布斯著,金衡山译 78.00元
45.《社会理论和社会结构》,[美]R. K. 默顿著,唐少杰等译 128.00元
46.《黑皮肤,白面具》,[法]F. 法农著,万冰译 58.00元
47.《德国的历史观》,[美]G. 伊格尔斯著,彭刚、顾杭译 58.00元
48.《全世界受苦的人》,[法]F. 法农著,万冰译 17.80元
49.《知识分子的鸦片》,[法]R. 阿隆著,吕一民、顾杭译 45.00元

第六批书目

50.《驯化君主》,[美]H. C. 曼斯菲尔德著,冯克利译 68.00元
51.《黑格尔导读》,[法]A. 科耶夫著,姜志辉译 98.00元
52.《象征交换与死亡》,[法]J. 波德里亚著,车槿山译 68.00元
53.《自由及其背叛》,[英]I. 伯林著,赵国新译 48.00元

54.《启蒙的三个批评者》,[英]I. 伯林著,马寅卯、郑想译 48.00元
55.《运动中的力量》,[美]S. 塔罗著,吴庆宏译 23.50元
56.《斗争的动力》,[美]D. 麦克亚当、S. 塔罗、C. 蒂利著,李义中等译 31.50元
57.《善的脆弱性》,[美]M. 纳斯鲍姆著,徐向东、陆萌译 55.00元
58.《弱者的武器》,[美]J. C. 斯科特著,郑广怀等译 82.00元
59.《图绘》,[美]S. 弗里德曼著,陈丽译 49.00元

第七批书目

60.《现代悲剧》,[英]R. 威廉斯著,丁尔苏译 45.00元
61.《论革命》,[美]H. 阿伦特著,陈周旺译 59.00元
62.《美国精神的封闭》,[美]A. 布卢姆著,战旭英译,冯克利校 68.00元
63.《浪漫主义的根源》,[英]I. 伯林著,吕梁等译 49.00元
64.《扭曲的人性之材》,[英]I. 伯林著,岳秀坤译 22.00元
65.《民族主义思想与殖民地世界》,[美]P. 查特吉著,范慕尤、杨曦译 18.00元
66.《现代性社会学》,[法]D. 马尔图切利著,姜志辉译 32.00元
67.《社会政治理论的重构》,[美]R. J. 伯恩斯坦著,黄瑞祺译 72.00元
68.《以色列与启示》,[美]E. 沃格林著,霍伟岸、叶颖译 128.00元
69.《城邦的世界》,[美]E. 沃格林著,陈周旺译 85.00元
70.《历史主义的兴起》,[德]F. 梅尼克著,陆月宏译 48.00元

第八批书目

71.《环境与历史》,[英]W. 贝纳特、P. 科茨著,包茂红译 25.00元
72.《人类与自然世界》,[英]K. 托马斯著,宋丽丽译 35.00元

73.《卢梭问题》,[德]E. 卡西勒著,王春华译　39.00 元
74.《男性气概》,[美]H. C. 曼斯菲尔德著,刘玮译　28.00 元
75.《战争与和平的权利》,[美]R. 塔克著,罗炯等译　25.00 元
76.《谁统治美国》,[美]W. 多姆霍夫著,吕鹏、闻翔译　35.00 元
77.《健康与社会》,[法]M. 德吕勒著,王鲲译　35.00 元
78.《读柏拉图》,[德]T. A. 斯勒扎克著,程炜译　68.00 元
79.《苏联的心灵》,[英]I. 伯林著,潘永强、刘北成译　59.00 元
80.《个人印象》,[英]I. 伯林著,林振义、王洁译　35.00 元

第九批书目

81.《技术与时间:2. 迷失方向》,[法]B. 斯蒂格勒著,赵和平、印螺译　59.00 元
82.《抗争政治》,[美]C. 蒂利、S. 塔罗著,李义中译　28.00 元
83.《亚当·斯密的政治学》,[英]D. 温奇著,褚平译　21.00 元
84.《怀旧的未来》,[美]S. 博伊姆著,杨德友译　85.00 元
85.《妇女在经济发展中的角色》,[丹]E. 博斯拉普著,陈慧平译 30.00 元
86.《风景与认同》,[美]W. J. 达比著,张箭飞、赵红英译　68.00 元
87.《过去与未来之间》,[美]H. 阿伦特著,王寅丽、张立立译　58.00 元
88.《大西洋的跨越》,[美]D. T. 罗杰斯著,吴万伟译　108.00 元
89.《资本主义的新精神》,[法]L. 博尔坦斯基、E. 希亚佩洛著,高铦译　58.00 元
90.《比较的幽灵》,[美]B. 安德森著,甘会斌译　79.00 元

第十批书目

91.《灾异手记》,[美]E. 科尔伯特著,何恬译　25.00 元

92.《技术与时间:3. 电影的时间与存在之痛的问题》,
[法]B. 斯蒂格勒著,方尔平译　65.00 元
93.《马克思主义与历史学》,[英]S. H. 里格比著,吴英译　78.00 元
94.《学做工》,[英]P. 威利斯著,秘舒、凌旻华译　68.00 元
95.《哲学与治术:1572—1651》,[美]R. 塔克著,韩潮译　45.00 元
96.《认同伦理学》,[美]K. A. 阿皮亚著,张容南译　45.00 元
97.《风景与记忆》,[英]S. 沙玛著,胡淑陈、冯樨译　78.00 元
98.《马基雅维里时刻》,[英]J. G. A. 波考克著,冯克利、傅乾译 108.00 元
99.《未完的对话》,[英]I. 伯林、[波]B. P. -塞古尔斯卡著,
杨德友译　65.00 元
100.《后殖民理性批判》,[印]G. C. 斯皮瓦克著,严蓓雯译　79.00 元

第十一批书目

101.《现代社会想象》,[加]C. 泰勒著,林曼红译　45.00 元
102.《柏拉图与亚里士多德》,[美]E. 沃格林著,刘曙辉译　78.00 元
103.《论个体主义》,[法]L. 迪蒙著,桂裕芳译　30.00 元
104.《根本恶》,[美]R. J. 伯恩斯坦著,王钦、朱康译　78.00 元
105.《这受难的国度》,[美]D. G. 福斯特著,孙宏哲、张聚国译　39.00 元
106.《公民的激情》,[美]S. 克劳斯著,谭安奎译　49.00 元
107.《美国生活中的同化》,[美]M. M. 戈登著,马戎译　58.00 元
108.《风景与权力》,[美]W. J. T. 米切尔著,杨丽、万信琼译　78.00 元
109.《第二人称观点》,[美]S. 达沃尔著,章晟译　69.00 元
110.《性的起源》,[英] F. 达伯霍瓦拉著,杨朗译　85.00 元

第十二批书目

111.《希腊民主的问题》,[法]J. 罗米伊著,高煜译 48.00 元
112.《论人权》,[英]J. 格里芬著,徐向东、刘明译 75.00 元
113.《柏拉图的伦理学》,[英]T. 埃尔文著,陈玮、刘玮译 118.00 元
114.《自由主义与荣誉》,[美]S. 克劳斯著,林垚译 62.00 元
115.《法国大革命的文化起源》,[法]R. 夏蒂埃著,洪庆明译 38.00 元
116.《对知识的恐惧》,[美]P. 博格西昂著,刘鹏博译 38.00 元
117.《修辞术的诞生》,[英]R. 沃迪著,何博超译 48.00 元
118.《历史表现中的真理、意义和指称》,[荷]F. 安克斯密特著,周建漳译 58.00 元
119.《天下时代》,[美]E. 沃格林著,叶颖译 78.00 元
120.《求索秩序》,[美]E. 沃格林著,徐志跃译 48.00 元

第十三批书目

121.《美德伦理学》,[新西兰]R. 赫斯特豪斯著,李义天译 68.00 元
122.《同情的启蒙》,[美]M. 弗雷泽著,胡靖译 48.00 元
123.《图绘暹罗》,[美]T. 威尼差恭著,袁剑译 58.00 元
124.《道德的演化》,[新西兰]R. 乔伊斯著,刘鹏博、黄素珍译 65.00 元
125.《大屠杀与集体记忆》,[美]P. 诺维克著,王志华译 78.00 元
126.《帝国之眼》,[美]M. L. 普拉特著,方杰、方宸译 68.00 元
127.《帝国之河》,[美]D. 沃斯特著,侯深译 76.00 元
128.《从道德到美德》,[美]M. 斯洛特著,周亮译 58.00 元
129.《源自动机的道德》,[美]M. 斯洛特著,韩辰锴译 58.00 元
130.《理解海德格尔:范式的转变》,[美]T. 希恩著,邓定译 89.00 元

第十四批书目

131.《城邦与灵魂:费拉里〈理想国〉论集》,[美]G. R. F. 费拉里著,刘玮编译 58.00 元

132.《人民主权与德国宪法危机》,[美]P. C. 考威尔著,曹晗蓉、虞维华译 58.00 元

133.《16 和 17 世纪英格兰大众信仰研究》,[英]K. 托马斯著,芮传明、梅剑华译 168.00 元

134.《民族认同》,[英]A. D. 史密斯著,王娟译 55.00 元

135.《世俗主义之乐:我们当下如何生活》,[英]G. 莱文编,赵元译 58.00 元

136.《国王或人民》,[美]R. 本迪克斯著,褚平译(即出)

137.《自由意志、能动性与生命的意义》,[美] D. 佩里布姆著,张可译 68.00 元

138.《自由与多元论:以赛亚·伯林思想研究》,[英]G. 克劳德著,应奇等译 58.00 元

139.《暴力:思无所限》,[美]R. J. 伯恩斯坦著,李元来译 59.00 元

140.《中心与边缘:宏观社会学论集》,[美]E. 希尔斯著,甘会斌、余昕译 88.00 元

第十五批书目

141.《自足的世俗社会》,[美]P. 朱克曼著,杨靖译 58.00 元

142.《历史与记忆》,[英]G. 丘比特著,王晨凤译 59.00 元

143.《媒体、国家与民族》,[英]P. 施莱辛格著,林玮译 68.00 元

144.《道德错误论:历史、批判、辩护》,

[瑞典]J. 奥尔松著，周奕李译 58.00 元

145.《废墟上的未来：联合国教科文组织、世界遗产与和平之梦》，[澳]L. 梅斯克尔著，王丹阳、胡牧译 88.00 元

146.《为历史而战》，[法]L. 费弗尔著，高煜译（即出）

147.《语言动物：人类语言能力概览》，[加]C. 泰勒著，赵清丽译（即出）

148.《我们中的我：承认理论研究》，[德]A. 霍耐特著，张曦、孙逸凡译 62.00 元

149.《人文学科与公共生活》，[美]P. 布鲁克斯编，余婉卉译（即出）

150.《美国生活中的反智主义》，[美]R. 霍夫施塔特著，何博超译 68.00 元

第十六批书目

151.《关怀伦理与移情》，[美]M. 斯洛特著，韩玉胜译 48.00 元

152.《形象与象征》，[罗]M. 伊利亚德著，沈珂译（即出）

153.《艾希曼审判》，[美]D. 利普斯塔特著，刘颖洁译（即出）

154.《现代主义观念论：黑格尔式变奏》，[美]R. B. 皮平著，郭东辉译（即出）

155.《文化绝望的政治：日耳曼意识形态崛起研究》，[美]F. R. 斯特恩著，杨靖译（即出）

156.《作为文化现实的未来：全球现状论集》，[印]A. 阿帕杜拉伊著，周云水、马建福译（即出）

157.《一种思想及其时代：以赛亚·伯林政治思想的发展》，[美]J. L. 彻尼斯著，寿天艺、宋文佳译（即出）

158.《人类的领土性：理论与历史》，[美]R. B. 萨克著，袁剑译（即出）

159.《理想的暴政:多元社会中的正义》,[美]G. 高斯著,范震亚译(即出)

160.《荒原:一部历史》,[美]V. D. 帕尔马著,梅雪芹译(即出)